Friedrich Schleiermacher

Christliche Sittenlehre

Zweiter Teil

Verlag
der
Wissenschaften

Friedrich Schleiermacher

Christliche Sittenlehre

Zweiter Teil

ISBN/EAN: 9783957009388

Auflage: 1

Erscheinungsjahr: 2017

Erscheinungsort: Norderstedt, Deutschland

Hergestellt in Europa, USA, Kanada, Australien, Japan
Verlag der Wissenschaften in Hansebooks GmbH, Norderstedt

Cover: Sandro Botticelli "Die Geburt der Venus"

Bibliothek

theologischer Klassiker.

———

Ausgewählt und herausgegeben

von

evangelischen Theologen.

———

Achtunddreißigster Band:

Friedrich Schleiermachers Christliche Sittenlehre. II.

Gotha.

Friedrich Andreas Perthes.

1891.

Chriſtliche Sittenlehre

in

Vorleſungen
(Winterſemeſter 1822—1823)

von

Friedrich Schleiermacher.

Aus Nachſchriften herausgegeben

von

L. Jonas
(1843).

Zweiter Teil.

Gotha.
Friedrich Andreas Perthes.
1891.

Inhalt.

——— ---

Zweiter Teil.
Das darstellende Handeln.

———

Zweite Abteilung.
Das verbreitende Handeln.

Einleitung.

Der Charakter der positiven Seite des wirksamen Handelns ist Erziehung, Bildung, Fortbildung. Wir haben oben (Bd. 1) gesehen, daß im unmittelbaren Gefühle selbst der Gegensatz gegründet ist zwischen Ruhe und Beweglichkeit, daß auf der ersten das darstellende, auf der andern das wirksame Handeln beruht, und daß dieses letztere entweder den Charakter der Unlust hat oder den der Lust. Das bisher beschriebene Handeln nun geht von der sittlichen Unlust aus, auf der das ganze Wesen des Christentums beruht, sofern es als Erlösung, als Wiederherstellung angesehen werden muß. Das Handeln aber, zu dem wir jetzt übergehen, entspringt aus dem Gefühle der Lust, aus dem Bewußtsein der ungehemmten Kraft, oder in Beziehung auf den Gegenstand gefaßt, aus der Empfänglichkeit, die, sofern er sich seiner selbst bewußt ist, ein Verlangen ist. Wenn wir nun den Standpunkt der christlichen Sittenlehre festhalten, so ist eigentlich alles Handeln des Christen als solchen die Fort-setzung von dem Handeln Christi selbst. Dieser hat das Reich Gottes, auf welches alles christliche Handeln abzweckt, gestiftet und die Grundzüge davon vorgezeichnet, so daß alles Handeln in der chriftlichen Kirche nichts ift, als die Ausführung diefer Grundzüge. Gehen wir alfo darauf zu= rück, daß die verfchiedenen Formen des Handelns in der Wirklichkeit überall beifammen find, folglich daß jede immer angefehen werden kann als alles Handeln darftellend, fo muß auch das ganze erlöfende Handeln Chrifti unter dem Typus des erweiternden Handelns angefehen werden können. Er felbft befchreibt das eigentümliche Leben der ihm Ange= hörigen als ein Eins=fein mit ihm, fo daß fie mit ihm ein Ganzes konftituieren; und wenn er ihnen fagt: „Nicht habt ihr mich erwählt, fondern ich euch", fo fetzt er diefe Ver= bindung und das gefamte Handeln der mit ihm Eins=ge= wordenen als ein verbreitendes und als den allgemeinen Typus des unfrigen, der fich überall im Einzelnen muß zu erkennen geben.

Gehen wir zurück auf den Gegenfatz zwifchen Geift und Fleifch, fo war er, fofern er aufgehoben werden foll, die Grundlage des reinigenden Handelns. Wird er aber auf= gehoben, wird das ἐπιθυμεῖν (Gal. 5, 17), die Renitenz des Fleifches gegen den Geift, aufgehoben, fo wird weder das Fleifch überhaupt noch jedes Verhältnis deffelben zum Geifte auf Null gebracht, fondern es entfteht nur ein neues, welches wir auf zwiefache Weife ausdrücken können. Sehen wir nämlich in diefem neuen Verhältniffe den Geift an als Agens, fo ift das Fleifch das Organ, vermittelft deffen er handelt. Setzen wir aber den Geift als ruhendes Sein, fo ift das Fleifch das Äußere, worin fich der Geift als Inneres manifeftiert. Auf die letzte Weife gefaßt, ift es der Grundtypus des darftellenden, in der erften Form ift es der Grundtypus des verbreitenden Handelns. Denn fetzen wir den Geift als Agens, fo ift die allgemeine Formel des Handelns, das andere mit fich zu vereinigen. Wenden

wir nun dieses an auf Chriſtum, ſo müſſen wir ſagen, daß
in ihm ſelbſt kein Widerſtreit des Fleiſches gegen den Geiſt
aufzuheben, alſo auch kein neues Verhältnis des Fleiſches
zum Geiſte zu ſtiften war; denn vermöge der göttlichen
Natur in ihm ſtand zu derſelben ſeine ſinnliche Natur in
dem vollkommenſten Verhältniſſe des Organs zum Agens
und des manifeſtierenden Äußeren zum Inneren. Sein
Handeln in dieſer Beziehung war alſo ein gänzlich aus ſich
ſelbſt vollendetes. Denn er konnte nicht aus ſich ſelbſt
herausgehen und durch ſeine Wirkſamkeit auf andere der
Anfangspunkt werden der allgemeinen Einigung alles Fleiſches
mit dem Geiſte, als nur inwiefern dieſe Einigung ſchon in
ihm ſelbſt vollendet war. Und ſo wird denn dieſes das
erſte ſein in dem allgemeinen Typus alles verbreitenden
Handelns, daß es immer ein tranſitives iſt, ein aus ſich
herausgehendes, dem aber ein in ſich vollendetes zum Grunde
liegt. In Beziehung auf das Handeln Chriſti iſt das klar,
auf das unſrige ſcheint aber keine unmittelbare Anwendung
davon zuläſſig. Wenn wir indes erwägen, daß kein wirkliches Handeln des Geiſtes denkbar iſt, als vermittelſt des
Fleiſches, ſo muß bei allem verbreitenden Handeln immer
ſchon die Einigung des Fleiſches mit dem Geiſte vorausgeſetzt werden, und zwar als eine in ſich vollendete. Setzen
wir einmal den Fall, der am meiſten zu widerſtreben ſcheint,
nämlich alles das, was die eigene Heiligung des Menſchen
betrifft. So lange es noch einen Fortſchritt hierin giebt,
ſo lange ſetzen wir dabei ein Handeln des Menſchen auf
ſich ſelbſt, ein immanentes. Folglich, ſcheint es, kein tranſitives, und auch kein in ſich vollendetes. Denn iſt es ein
Handeln des Menſchen von ihm ſelbſt auf ſich ſelbſt, und
geſtehen wir, daß es nur inſofern iſt, als er die Einigung
des Geiſtes mit dem Fleiſche noch an keinem Punkte voll-

kommen erreicht hat, so ist dieselbe ja auch da noch nicht, von wo das Handeln ausgeht. So freilich erscheint die Sache auf den ersten Anblick. Aber erwägen wir sie näher, so werden wir doch sagen müssen: Inwiefern wir ein Handeln des Menschen auf sich selbst annehmen und es als ein wirksames setzen, nicht als ein bloß darstellendes, so setzen wir offenbar eine Duplicität, ein Subjekt und ein Objekt: wir teilen uns also den Menschen in ein Agens und in das, worauf gehandelt wird, in ein ποιοῦν und in ein πάσχον. Und sonach haben wir wieder unseren Typus des aus sich selbst herausgehenden Handelns; der Teil des Menschen, der das ποιοῦν ist, handelt auf den, der das πάσχον ist. Nun aber müssen wir auch sagen: Soll das so angesehene Handeln ein Fortschritt sein in der Heiligung, so kann das ποιοῦν darin dieses nur insofern sein, als darin das Fleisch völlig als Organ des Geistes handelt, nicht wiefern es dem Geiste noch irgendwie widerstrebt; denn ist das Agens nicht völliges Geneigtsein des Geistes mit dem Fleische, ist vielmehr beides noch getrennt, so kann kein Fortschritt in der Heiligung daraus hervorgehen. Ob ein solches Handeln des Menschen auf sich selbst angenommen werden kann, lassen wir unentschieden; aber sofern es angenommen werden soll, sofern muß es auch unserem Typus entsprechen; dieser also bleibt ungefährdet.

Ein zweiter Gegensatz ist dieser. Wenn wir uns das Handeln Christi denken, so setzen wir ihn als einzelnen Menschen; und als solcher ist er nicht nur eine Person, eine numerische Einheit, sondern auch ein Individuum, eine qualitative Einheit. Wollen wir ihn als Menschen von allen übrigen unterscheiden, so müssen wir ihn freilich denken, wie die Kirchenlehre es ausdrückt, in absoluter Unsündlichkeit und so, daß die göttliche und die menschliche Natur in ihm absolut vereinigt sind. Aber dieses erschöpft die Sache noch nicht; denn nicht überhaupt war er die Vereinigung des Göttlichen und des Menschlichen, sondern in einer Person, wie denn dieses das Charakteristische der vernünftigen Wesen ist, daß jedes auch qualitativ anders, also auf eigentümliche Weise, bestimmt ist. Somit war auch alles Handeln Christi, in sich betrachtet ein individuelles. Aber wie war es, wenn wir auf die Wirkung desselben sehen? Die Wirkung alles Handelns Christi auf die Menschen sollte sein, die Sünde in ihnen zu überwinden und also das Fleisch mit dem Geiste zu einigen. Diese Wirkung sollte in Beziehung auf alle dieselbe sein, jeder Einzelne aber wurde, nur in höherem Grade und auf höherer Stufe, ein geistig lebendiges Einzelwesen, also wieder ein Individuum, jeder ein anderes. Wären alle dasselbe geworden, ja dann könnte man wohl sagen, sie seien es unmittelbar geworden durch das Handeln Christi, sofern eben dieses ein individuelles sei. Aber sofern jeder Christ auch als neue Kreatur ein eigentümlich bestimmtes Einzelwesen ist, müssen wir uns denken, daß aus dem Handeln Christi zwar eine und dieselbe Wirkung erfolgte auf alle, daß aber jeder dieselbe eigentümlich auffaßte und dadurch wieder ein besonderer wurde. Christi Handeln war also in seinem Ausgangspunkte ein individuelles, in seiner Wirkung auf die Menschen aber ein universelles, und nur dadurch konnte in jedem wieder ein eigenes individuelles entstehen. Aber eben in seinem Ausgehen von Christo war Christi Handeln auch das in sich vollendete, und in seinem Wirken auf andere erst das aus sich selbst herausgehende, und so werden wir sagen müssen, daß überall beides zusammenfällt und jedes verbreitende Handeln in seinem Ausgangspunkte individuell ist und in sich vollendet und in seinem Ankunftspunkte ein aus sich selbst hervorgehendes, und als solches ein universelles.

Wir haben gesehen, in jedem wirklichen Handeln, von welcher Form es sei, sind immer auch Elemente von den anderen Formen. Wenden wir das hier an, so heißt es: In jedem verbreitenden Handeln ist immer auch ein darstellendes und ein reinigendes Element. Wenn wir sagen: Das in sich vollendete ist bei dem aus sich herausgehenden das zum Grunde liegende, und das verbreitende Handeln ist in seinem Ausgangspunkte ein individuelles, so ist es also, in diesem Ausgangspunkte betrachtet, das in sich vollendete, und dieses ist das darstellende. Denn sofern das Handeln noch nicht bei seinem Gegenstande ankommt, ist es auch noch kein wirksames, aber doch ein sich manifestierendes. Durch jedes wirksame Handeln also, sofern wir von seiner Wirkung absehen, manifestiert sich zugleich der Mensch. Der Geist kann nicht anders handeln als durch Organe, die er sich angebildet hat. Er handelt aber mit diesen Organen nur, sofern sie mit mit ihm geeinigt sind, und dieses muß sich immer auch darstellen; folglich ist das wirksame Handeln immer zugleich dasjenige, was wir Offenbarung nennen, eine Thätigkeit, in welcher der Geist seine Organe zur Ausführung bringt, und dieses ist in jedem wirksamen Handeln das darstellende Element. Daß dieses in dem Handeln Christi nicht fehlen durfte, ist klar. Denn hätte sich nicht in jeder Wirkung Christi auf die Menschen seine Unsündlichkeit und göttliche Natur manifestiert, so müßten wir es aufgeben, sein Handeln zum Typus zu nehmen, weil wir es dann gar nicht in seiner Konstanz erkennen könnten. Was aber das andere betrifft, daß jedes verbreitende Handeln auch ein reinigendes Element in sich trägt, so können wir das, wenn wir es auf Christum anwenden, freilich nicht auf jenen Typus zurückführen, nach welchem der im verbreitenden Handeln Begriffene Subjekt und Objekt zugleich ist, sondern sein verbreitendes Handeln kann nur insofern zugleich als ein reinigendes gedacht werden, wiefern andere die Objekte waren. Bei uns dagegen kann das reinigende Element in jeder Form des verbreitenden Handelns vorkommen; und da werden wir eben sagen müssen: Insofern das Handeln des Menschen auf sich selbst doch auch noch eine unvollkommene Einigung des Fleisches mit dem Geiste voraussetzt, müssen wir in den Organen des Geistes noch eine Renitenz gegen den Geist annehmen, welche in dem Handeln selbst beständig überwunden wird. Diese in der Handlung selbst vorkommende Überwindung einer Renitenz gegen die Handlung nennen wir Anstrengung, und diese ist das Element des reinigenden Handelns in jedem verbreitenden. In Christo ist es unter dieser Form nicht denkbar, denn Anstrengung ist nicht ohne die Voraussetzung nicht eines Mangels an gutem Willen, aber eines in dem ganzen Agens ungleichmäßig verteilten guten Willens. Die Analogie davon können wir also in Christo nur finden, insofern wir uns den, auf welchen er handelt, auf gewisse Weise schon mit ihm identifiziert denken; Christi Beharrlichkeit gegen die Renitenz, welche in anderen gesetzt ist, ist das Analogon der Anstrengung.

Noch ein dritter Gegensatz ist zu erwägen. Alles verbreitende Handeln setzt nämlich einerseits Gemeinschaft voraus, anderseits stiftet es Gemeinschaft. Wie sollen wir uns aber dieses in unserem Urtypus, in dem verbreitenden Handeln Christi, denken? Daß auch das Handeln Christi darauf ausging, Gemeinschaft zu stiften, ist für sich klar, aber nicht ebenso das andere, daß es auch schon eine Gemeinschaft voraussetzt. Das geht aber darauf zurück, daß das verbreitende Handeln überall voraussetzt in dem Agens ein Gefühl der Lust als eines Überschusses von Kraft, mit dem es aus sich herausgehen kann, und zugleich ein Gefühl von der Empfänglichkeit der anderen, weil sonst das Handeln keinen Gegenstand haben könnte, also in den anderen ein Verlangen nach der Einwirkung des Agens. Ist aber so das Gefühl, ohne welches ein verbreitendes Handeln gar nicht anfangen kann, ein gegenseitiges, so ist ja immer schon eine wahre κοινωνία vorausgesetzt. Aber ist das nicht ein Widerspruch, daß dasselbe Handeln die Gemeinschaft voraussetzen und auch stiften soll? Die Auskunft, daß die vorausgesetzte Gemeinschaft eine andere sei, und die zu stiftende auch, ist unmöglich; denn beide sind in der That ein und dieselbe, ruhend auf demjenigen bestimmten Verhältnisse zwischen Geist und Fleisch, in welchem der Geist die Herrschaft hat. Die Lösung liegt aber darin, daß der Zustand der Gemeinschaft ein primitiver ist, d. h. daß er immer schon gegeben ist, wo ein verbreitendes Handeln gefordert werden kann. Unter Geist verstehen wir, wenn wir keine Rücksicht nehmen auf das Christliche, die allgemein menschliche Intelligenz, den νοῦς, aber auf dem Standpunkte der christlichen Sittenlehre das πνεῦμα, dem dann auch selbst der νοῦς als Fleisch gegenübersteht. Betrachten wir nun die Sache in allgemein menschlicher Hinsicht, so ist offenbar, daß, wenn wir uns den Menschen in dem Zustande denken, daß er selbst Regeln des Handelns giebt, immer auch schon die Gemeinschaft gegeben ist. Gehen wir auf die Voraussetzung eines ersten Menschen zurück, so ist für diesen nicht eher eine Gemeinschaft, bis wenigstens die Duplicität des Geschlechtes da ist. So lange wir ihn uns nun ganz isoliert denken, so lange giebt es auch keine wirkliche Theorie des Handelns, sondern nur eine bewußtlose Fortentwickelung. Denn dem Einzelnen, der als solcher rein dem Unendlichen gegenübersteht in Beziehung auf unsere Aufgabe, müßte es an allen bestimmenden geistigen Anregungen von Außen fehlen. Von Innen müßten sie ihm kommen; aber das rein von Innen Kommende erscheint uns immer nur als das Zufällige, worüber also gar nichts bestimmt werden kann. Offenbar aber müßte es doch das Herrschende sein; alle Anregungen von Außen könnten also nur sinnlicher Natur sein, nur solche, die eine Reaktion erfordern, das sinnliche Leben zu erhalten. Freilich, wo keine Gemeinschaft ist, da kann auch keine Theorie aufgestellt werden für ein verbreitendes Handeln. Aber wie steht nun die Sache, wenn wir sie vom eigentümlich christlichen Standpunkte aus betrachten, also wenn wir uns das πνεῦμα denken, welches in den Menschen hineingepflanzt ist oder gepflanzt werden soll, um alles in ihm, den ganzen Menschen im Gegensatze von Geist und Fleisch im weiteren Sinne, mit sich zu vereinigen und sich zu seinem Organe anzubilden? Wenn wir hier auf den ersten Anfang zurückgehen, so war dieses πνεῦμα, dieses göttliche Prinzip, ursprünglich in der Person Christi allein, und also scheint es doch, als ob die Gemeinschaft erst mußte angeknüpft werden, nicht daß sie schon da war. Betrachten wir aber die christliche Kirche als schon gegeben, wenn auch noch so klein, so besteht auch schon die Gemeinschaft, und unser Satz hat dann hier so wenig eine Schwierigkeit, als auf dem allgemein menschlichen Standpunkte. Unmöglich nun können wir die Analogie unseres Handelns mit dem Handeln Christi aufgeben, weil wir sonst das ursprüngliche Maß gänzlich verlieren würden; wir können also die Frage nicht umgehen: Wie steht es denn mit dieser Analogie, so lange zwar Christus war, aber die christliche Kirche noch nicht? Es sind hier zwei Punkte, auf welche wir zurückgehen müssen. Der eine ist leichter zu übersehen, der andere schwerer, und jeder giebt für sich eine vollständige Lösung;

aber da jeder auf den andern zurückweist, so ist keiner von beiden zu entbehren. Was den leichteren betrifft, so weist die Schrift darauf hin, daß Christus erst erschienen sei in der Welt, als die Zeit erfüllet war (Gal. 4, 4), und dieser zwar unbestimmte, aber doch sehr prägnante Ausdruck schließt sich genau an unser gegenwärtiges Bedürfnis an. Die Zeit war nämlich nicht eher erfüllt, als bis das Verlangen nach den Einwirkungen des Geistes so deutlich ausgesprochen war, daß, sobald nur der Geist selbst in Christo erschienen, auch die Gemeinschaft schon angeknüpft war. Wäre dieses nicht gewesen, so wäre auch die Zeit nicht erfüllt gewesen. Daß das nun wirklich der eigentliche Sinn des Ausspruches ist, geht aus dem großen Zusammenhange hervor, in welchem er vorkommt. Nämlich so lange wir uns denken, daß sich die Menschen beruhigen bei einem Gehorsam gegen ein Gesetz, welches als Buchstabe immer ein σαρκικόν ist, wiewohl Paulus ganz mit Recht es seinem Ursprunge nach ein πνευματικόν (Röm. 7, 14) nennt, so lange ist kein Verlangen nach dem Geiste, also auch die Zeit nicht erfüllt. Aber dieses weist nun unmittelbar hin auf den zweiten, auf den schwierigeren Punkt. Nämlich der Zustand des Verlangens nach der Erscheinung des noch nicht erschienenen Geistes setzt notwendig voraus eine Gemeinschaft zwischen dem Geiste im allgemein menschlichen Sinne, denn nur in diesem konnte das Verlangen sein, und dem πνεῦμα, dem göttlichen Prinzipe des Christentums. Eine Gemeinschaft aber läßt sich nicht denken ohne eine Einheit ihrer Glieder, d. h. hier ohne Identität zwischen dem Geiste im allgemein menschlichen und dem Geiste im christlichen Sinne. Es scheint also, wir streifen gleich an die sogenannte rationale Ansicht des Christentums, nach welcher das πνεῦμα Christi nichts anderes ist, als der Geist im allgemein menschlichen Sinne, nur in einer gesteigerten Erscheinung. Aber wir können ebenso gut diese Formel aufstellen: Es muß vorausgesetzt werden, daß beide identisch sind; folglich ist der Geist im allgemein menschlichen Sinne nichts anderes, als was das $\pi\nu\varepsilon\tilde{\upsilon}\mu\alpha$ auch ist, aber er ist das $\pi\nu\varepsilon\tilde{\upsilon}\mu\alpha$ auf einer niedrigeren Potenz. Und so wie wir nun sagen: Diese niedere Potenz konnte nicht durch sich selbst auf die höhere erhoben werden, so haben wir zusammen, was als rationalistisch und was als supranaturalistisch erscheint, und die Differenz zwischen beidem ist auf Null gebracht; ein Ergebnis, auf das man notwendig immer kommt, wenn man den Gegensatz bis auf sein letztes verfolgt. Dieses aber vorausgesetzt, so werden wir also sagen können: Die Identität beider läßt sich nachweisen als in der Idee von der erfüllten und nicht erfüllten Zeit mit enthalten. Nämlich fragen wir: Was lag denn dem Apostel am nächsten, als er dieses aussprach Ὅτε δὲ ἦλθε τὸ πλήρωμα τοῦ χρόνου? so müssen wir doch antworten: Offenbar hatte er die Periode der messianischen Weissagungen im Sinne. Worin besteht aber diese eigentlich? Es ist darin ausgedrückt dieses beides: das Nichtbefriedigtsein unter dem Gesetze und das Gefühl von der Unzulänglichkeit des Gesetzes, verbunden mit der Ahnung von dem bevorstehenden Zustande einer neuen, auf einem Individuum beruhenden Entwickelung, die zu etwas Höherem erheben würde, als der Zustand ist unter dem Gesetze. Nun hat dieses Gesetz seinen Ursprung im νοῦς, im Geiste im allgemein menschlichen Sinne. Sagen wir also: Vor Christo war das $\pi\nu\varepsilon\tilde{\upsilon}\mu\alpha$ als Agens nicht da, so müssen wir doch sagen: Unter der Form des Verlangens, als Sehnsucht war es allerdings, wie uns denn dieses in der Periode der messianischen Weissagungen repräsentiert ist, und das „Als die Zeit erfüllet war" ist nichts anderes, als daß diese Periode der Weissagungen nun erst ihre volle Wirkung hatte. Und so zeigt sich denn, wie im Geiste im menschlichen Sinne der Geist im christlichen Sinne gesetzt war und nicht gesetzt, gesetzt nämlich als Verlangen, aber mit der Unmöglichkeit, ohne Christum zur Erscheinung zu kommen, also als Verlangen, das nicht durch sich selbst in Erfüllung übergehen kann, so daß also hierin das supranaturalistische Postulat liegt. Das ist die Lösung des scheinbaren Widerspruches in Beziehung auf den ersten Anfang des eigentlich christlichen Lebens; das ganze Dasein Christi erscheint uns von dieser Seite als der Anfang, das Verlangen nach dem πνεῦμα zu erfüllen, gleichsam als der positive Pol, den negativen schon vorhandenen zu sättigen. Und was ist das anders, als das Stiften der Gemeinschaft, weil sie vor der Erscheinung schon gegeben war.

Um nun eine Einteilung zu gewinnen, müssen wir versuchen, uns im allgemeinen das ganze Gebiet des verbreitenden Handelns abzustecken. Das πνεῦμα als Agens an und für sich ist das schlechthin Einfache; es ist also nichts in ihm, was uns Gelegenheit geben könnte zu einer Teilung. Das Fleisch dagegen ist in seinem ganzen Umfange das schlechthin Mannigfaltige. Aber auch dieses an und für sich kann uns das Prinzip der Einteilung nicht geben, denn sie würde, als vom ganz sinnlichen Materiale hergenommen, keine sittliche sein. Es bleibt also nur übrig, sie zu suchen in der Art, wie Geist und Fleisch eins sind. Eine Anleitung dazu finden wir schon in dem, was wir über das Verhältnis des νοῦς zum πνεῦμα schon gesagt haben. Der νοῦς, die Vernunft, der Geist im allgemein menschlichen Sinne gehört, vom christlichen Standpunkte aus angesehen, mit zur σάρξ, und wenn er auch nicht, wie Luther falsch übersetzt, gefangen genommen werden soll unter den Ge-

horſam des Glaubens, das will doch der Apoſtel, daß die
νοήματα, die Aktionen des Geiſtes im allgemein menſch=
lichen Sinne, unter der πίστις ſollen zuſammengefaßt wer=
den (2 Kor. 10, 6); und der Satz, daß alle außerchriſtlichen
Tugenden nichts ſind als glänzende Laſter, läßt ſich in aller
Strenge durchführen, denn ſie beziehen ſich alle mehr oder
weniger auf ein beſchränktes Gebiet, wie z. B. das natio=
nale, und gehören alſo dem Sinnlichen an, der σάρξ, wie
ſie dem πνεῦμα gegenüberſteht. Dem ohnerachtet müſſen
wir immer noch wohl unterſcheiden zwiſchen Geiſt im all=
gemein menſchlichen Sinne und Fleiſch, und ſagen: Wenn
nun das πνεῦμα das einzige Agens iſt, ſo iſt ihm doch der
νοῦς, der Organismus der Intelligenz, viel näher als der
mehr ſinnlich pſychiſche Organismus und der mit demſelben
verbundene leibliche. Das führt uns alſo auf den Unter=
ſchied einer mehr innerlichen und einer mehr äußerlichen
Art und Weiſe, wie das πνεῦμα das eigentliche Agens iſt.
Die mehr innerliche Art iſt das Eins=geworden=ſein des
πνεῦμα mit dem νοῦς, mit dem ganzen geiſtigen Organis=
mus der menſchlichen Natur, alſo das, was wir Geſinnung
nennen; die mehr äußerliche Art iſt das Eins=geworden=ſein
des πνεῦμα mit der ψυχή, mit dem Organismus der ver=
ſchiedenen Funktionen der Sinnlichkeit des Menſchen, aber
nur vermittelſt des νοῦς, alſo das, was wir Talent nennen
im Gegenſatze gegen die Geſinnung.

Daß nun beide, Geſinnung und Talent, auf gleiche
Weiſe ganz innerhalb des ſittlichen Gebietes liegen, iſt nicht
zu verkennen. Denn unter Geſinnung verſtehen wir im
allgemeinen immer eine feſte und entſchiedene Richtung des
Willens, verbunden natürlich mit Billigung deſſen, was ihr
entgegengeſetzt iſt. Reden wir von Geſinnungen, ſo iſt das
ſchon ein mehr untergeordneter und den Begriff nicht mehr

ganz erschöpfender Sprachgebrauch; denn es ist überall die
Einheit in der Richtung des Willens, welche wir suchen und
uns zur Aufgabe stellen, und wir glauben nicht eher den
richtigen Ausdruck für eine Richtung des Willens gefunden
zu haben, bis wir ihn auf die Einheit zurückgebracht haben,
so daß auch das, was als Mannigfaltigkeit erscheint, nur
eine bestimmte Anwendung dieser Einheit ist. Unter Talent
aber verstehen wir eine Fertigkeit, die schon im Dienste des
Willens ist und nicht mehr selbst als Wille angesehen wird.
Sofern es also etwas Erworbenes ist, betrachten wir es
als eine Fertigkeit, die der Wille in Bewegung setzen kann.
Aber ist es uns nicht auch ein Ursprüngliches, eine Natur=
gabe, unabhängig von der Anwendung des Willens und
derselben vorangehend? Allerdings, aber das eine wider=
streitet dem anderen nicht, sondern beides hängt genau zu=
sammen. Wir können also auch nicht sagen, daß unsere
Einteilung über das sittliche Gebiet hinausgeht. Freilich
pflegt man teilweise Talent, z. B. auf dem Kunstgebiete,
nicht eigentlich als sittlich anzusehen, weil man ja sittlicher=
weise nicht fordern könne, daß es jemand habe. Aber das
beruht nur auf mangelnder Anschauung, darin nämlich, daß
man die ganze sittliche Aufgabe zu sehr nur in Beziehung
auf den einzelnen Menschen und zu wenig auch in Beziehung
auf die Gesamtheit faßt.

Ebenso aber ergiebt sich auch, daß beide Begriffe alles
Sittliche wirklich unter sich befassen. Der Begriff der
Tugend freilich macht Schwierigkeiten. Denn verwechseln
wir auch oft Gesinnung und Tugend im gemeinen Leben,
so scheint doch genau genommen die letzte nicht unter die
erste subsumiert werden zu können. Gesinnung ist nichts
als die Richtung des Willens, Tugend dagegen ist ein ge=
wisses Quantum in der Realisation des Willens; wo also

Gesinnung stark ist, da kann Tugend noch schwach sein. Noch weniger scheint Zustimmung zu finden, Tugend unter Talent zu subsumieren, weil man unter Tugend gar vieles zu begreifen pflegt, was wir doch nicht Talent nennen. Der Begriff Tugend scheint also zwischen beiden zu liegen. Aber der Ausdruck Tugend ist gar nicht auf christlichem Boden erwachsen, sondern auf heidnischem. Er kommt zwar auch in der Schrift vor, aber nur sparsam und immer ohne besonderen Nachdruck. Denn wenn z. B. ἀρετή und ἔπαινος (Phil. 4, 8) verbunden werden, so sieht man, daß auch die erste sehr in das äußerliche Gebiet gezogen ist. Der dominierende christliche Begriff für alles, was Tugend im höheren Sinne des Wortes genannt werden kann, ist χάρισμα. Gesinnung aber im christlichen Sinne ist die Richtung des Willens, welche durch das πνεῦμ ἅγιον hervorgebracht wird. Wenn nun die Schrift sagt: Διαιρέσεις χαρισμάτων εἰσί, τὸ δὲ αὐτὸ πνεῦμα (1 Kor. 12, 4), und wenn die mancherlei Gaben nichts anderes sein können, als der Organismus der Gesinnung, die Fertigkeiten verschiedener Funktionen, sofern diese durch den Impuls des πνεῦμα ἅγιον in Bewegung gesetzt werden, so haben wir die vollständige Analogie zu unserer Einteilung in Gesinnung und Talent; und wir werden sagen müssen: Was wir Tugend zu nennen pflegen, ist nichts anderes als das Sittliche im Menschen, welches wir hier Talent nennen, nicht eine Fertigkeit, getrennt von der Gesinnung, denn eine solche könnte hier gar nicht in Erwägung kommen, da sie nichts Sittliches ist, sondern eine Fertigkeit, welche nicht gedacht wird, ohne zugleich auf die Gesinnung als ihren Ursprung zurückgeführt zu werden.

Aber dieses führt uns nun auch darauf, daß der Gegensatz zwischen Gesinnung und Talent doch nur ein relativer ist. Daß nämlich Talent in unserem Sinne in der Realität

von Gesinnung nie absolut zu trennen ist, haben wir eben
festgestellt. Aber auch das ist klar, daß die Richtung des
Willens, die wir Gesinnung nennen, in der Realität nie
absolut zu trennen ist von 'einer Thätigkeit; Gesinnung ist
nicht, wo sie nicht Talent oder Tugend produziert. Rich-
tung des Willens ist nicht, wie wir oben gesagt haben, ohne
Billigung und Mißbilligung, also nicht ohne Richtung des
Gefühls. Diese Richtung des Gefühls ist das erste, die
Willensrichtung ist das zweite, und daher sagen wir, die
Frömmigkeit, d. i. die Gesinnung vom Standpunkte der
religiösen Sittenlehre aus gefaßt, hat ihre erste Basis im
Gefühl. Wie nun die Frömmigkeit als Bestimmtheit des
Gefühls nicht ist ohne die ihr entsprechende Willensrichtung,
so ist auch die Bestimmtheit des Willens nicht, ohne daß
Fertigkeiten und Handlungsweisen daraus hervorgehen. Ge-
sinnung ist also niemals absolut ohne Talent. Müssen
wir aber beides unterscheiden und ist doch das eine nie ohne
das andere, so ist der Gegensatz nur relativ.

Was nun die Tauglichkeit des Gegensatzes zu einer
Einteilung betrifft, so kann man freilich sagen einerseits,
es sei unnötig, eine andere Doktrin vorzutragen, als die der
Gesinnung. Denn werde diese nur vollständig beschrieben,
so sei ja die Gesamtheit der Talente mitgegeben. Ander=
seits, es sei unnötig, etwas anderes vorzutragen als die
Doktrin der Talente. Denn da Talent in unserem Sinne
nur aus der Gesinnung hervorgehe, so werde ja mit der
Gesamtheit der Talente die Gesinnung vollständig mit be=
schrieben. Zudem sei die Gesinnung etwas ganz Einfaches
in sich und lasse sich also nicht wohl beschreiben. Alles das
ist richtig; aber eben weil wir in diesem Dilemma stehen,
würde es immer einseitig sein, nur auf die eine oder die
andere Weise zuwerke zu gehen. Wozu noch kommt, daß,

wenngleich beides, Gesinnung und Talent, wesentlich verbunden ist, doch jedes seinen besonderen Exponenten hat, nach welchem es fortschreitet und eben darin von dem anderen differiert. Dieses bedarf noch einer näheren Erklärung. Die christliche Gesinnung ist, wie wir schon angedeutet haben, nur eine und unteilbar. Wollten wir z. B. sagen, sie sei πίστις δι᾽ ἀγάπης ἐνεργουμένη (Gal. 5, 6) oder die Liebe selbst, und in dieser lasse sich doch unterscheiden Liebe zum Erlöser, Liebe zu den Gläubigen, allgemeine Liebe, so läßt sich doch die eine Form von den anderen gar nicht trennen, sondern alle müssen wesentlich zusammen sein, und zwar so, daß die eine keinen anderen Maßstab hat als die anderen; denn ist die eine stark, so sind es die anderen auch, und verhält es sich anders, so ist der Zustand krankhaft. In dieser Hinsicht also ist die Liebe einfach, und wir können uns nicht denken, daß sie gegen den Herrn zunimmt, während sie gegen alle übrigen abnimmt, und umgekehrt. Aber das gilt nur von der Liebe als Gesinnung. Dagegen läßt sich sehr wohl denken ein Zunehmen in der Gesinnung, welches nicht auf dieselbe Weise ein Zunehmen ist des Talentes, und ebenso umgekehrt. Das letztere ist leicht einzusehen. Denn ist auch die Gesinnung des Menschen ein Wachsendes, so giebt es doch für den Einzelnen dabei gleichsam einen Saturationspunkt, wie im physischen Wachstume. Aber auch auf diesem Punkte kann der Mensch immer noch zunehmen an Tugend, weil diese eine Sache der Übung ist; also giebt es für die Tugend einen Exponenten, der für die Gesinnung nicht gesetzt ist. Und auch das erste ist nicht zu leugnen. Denn denken wir uns den Menschen in einer Zeit, in welcher er zunimmt an Gesinnung, so läßt sich gar nicht darthun, daß er in demselben Maße auch zunehmen müsse an Tugend. Denn ist

diese eine Fertigkeit, so schließt sie auch in sich eine Leichtigkeit, den Widerstand zu besiegen, und bedarf also eines
Elementes in ihrem Exponenten, dessen der Exponent der
Gesinnung nicht bedarf. Haben nun aber beide, Gesinnung
und Tugend, jede ihr besonderes Maß, und ist jede in
ihrem Werden von der anderen verschieden, so muß auch
jede besonders vorgetragen werden, nur daß auch niemals
darf aus dem Auge gelassen werden, daß sie in der Wirklichkeit immer zusammen sind, daß nur beide zusammengenommen das sittliche Gebiet erschöpfen und daß sie nur
gesondert werden können und müssen in der Betrachtung.
Auch hier taucht uns der Gegensatz auf zwischen Ratio-
nalismus und Supranaturalismus, aber wir erkennen auch
sogleich seine Nichtigkeit. Denn auf beiden Seiten müssen
wir immer beides haben, die Vernunft und die Natur. Ist
die Gemeinschaft in Beziehung auf die Verbreitung des Er-
lösungsprozesses etwas Ursprüngliches, so folgt, daß Christus
schon auf ursprüngliche Weise in Gemeinschaft steht mit der
menschlichen Natur, daß also das göttliche Prinzip und die
menschliche Natur in Christo wesentlich zusammen gehören.
Betrachten wir nun dieses vonseiten der Vernunft, so stellt
sich heraus, daß, was wir Geist nennen im allgemeinen
menschlichen Sinn und was $\pi\nu\epsilon\tilde{\upsilon}\mu\alpha$ im christlichen, etwas
wesentlich Zusammengehöriges ist, und daß eine ursprüng-
liche Identität zwischen beiden gesetzt werden muß, aus welcher
allein die Ursprünglichkeit der Gemeinschaft zu erklären ist,
oder, mit anderen Worten, daß der $\nu o\tilde{\upsilon}\varsigma$, die Vernunft,
nur verständlich ist als Übergang von den anderen Funk-
tionen des menschlichen Wesens zu dem in Christo sich mani-
festierenden göttlichen Prinzip, daß das $\pi\nu\epsilon\tilde{\upsilon}\mu\alpha$ nur eine
höhere Entwickelung ist von dem, was wir Vernunft nennen.
Und dieses letztere streitet keineswegs gegen die eigentümlich

christliche Offenbarungstheorie, weil wir ja Gott selbst die Vernunft nennen, wobei dann doch nicht an die beschränkte menschliche Vernunft zu denken ist. Betrachten wir aber das Ganze vonseiten der Natur, so kommen wir hier mehr auf den Gegensatz von Natur und Gnade. Was der Geist im allgemeinen menschlichen Sinne wird und werden kann, sowohl in sich betrachtet, als in der Vereinigung mit den übrigen Funktionen, das ist der Inbegriff der Natur. Die Erscheinung Christi aber und die von ihm anfangende Verbreitung des πνεῦμα ist die Gnade. Ist das, so ist auch kein absoluter Gegensatz zwischen Natur und Gnade; sondern die Natur ist dann, so wie sie ist, nur da unter Voraussetzung der Gnade, und die Gnade ist nur da in Beziehung auf die menschliche Natur. Wollen wir nun von hier aus den Gegensatz zwischen Naturalismus und Supranaturalismus entwickeln, so wird er so zu stehen kommen: Der Eine behauptet, die natürliche Entwickelung des Menschen durch die Vernunft sei völlig verschieden von der Entwickelung des Menschen durch die Gnade; der andere behauptet, die Entwickelung des Menschen durch die göttliche Gnade und seine natürliche Entwickelung seien ein und derselbe Prozeß. Jener hat recht, wenn er die Sache bloß von der Seite der menschlichen Thätigkeit aus betrachtet; denn der eigentümliche Sinn des Christentums kann nur so aufgefaßt werden, daß, wenn wir alles zusammennehmen, was im Menschen ist, mit Ausschluß des göttlichen Prinzips, doch niemals dasselbe bewirkt werden kann, was durch das göttliche Prinzip bewirkt wird. Der letztere hat recht, wenn er die Sache von der Seite der göttlichen Ratschlüsse aus betrachtet. Denn da sagt er: Wir können allerdings den göttlichen Ratschluß der Erschaffung der menschlichen Natur und den der Erlösung unterscheiden; aber es ist nur eine Unterscheidung für uns.

Im göttlichen Wesen dagegen können beide nicht verschieden sein, weil niemals ein göttlicher Ratschluß in Beziehung auf den andern zufällig sein kann. Eine Mehrheit von göttlichen Ratschlüssen zu unterscheiden, ist nur ein Hilfsmittel für uns; für Gott giebt es nur einen Ratschluß, weil alles in ihm auf absolute Weise zusammenhängt. Und so vernichtet sich denn dieser Gegensatz wieder, wenn wir ihn, wie wir denn nicht anders können, nur als relativ auffassen. Wenn wir also die Handlungsweise, die wir hier zu betrachten haben, ihrem Inhalte nach fassen, so fällt sie in den Gegensatz zwischen der Vernunft und dem über die Vernunft Hinausgehenden; betrachten wir sie aber ihrer Form nach, so fällt sie in den Gegensatz zwischen der Natur und dem über die Natur Hinausgehenden. Beides aber wird uns erst ein Gegensatz, wenn wir es auf die Erscheinung Christi beziehen, die der Typus unseres Handelns ist. Was durch die Mitteilung Christi und durch sein verbreitendes Handeln in der menschlichen Natur gesetzt wird, das hätte nimmermehr können hervorgebracht werden durch alle fortgesetzten Wirkungen der menschlichen Vernunft für sich allein und ohne die Erscheinung des göttlichen Prinzips in Christo. Und das ist eben die Differenz zwischen dem Geiste in der vorchristlichen Entwickelung und dem Geiste im eigentümlich christlichen Sinne. Der Form nach aber betrachtet, ist alles, was wir als göttliche Gnadenwirkung ansehen, etwas Übernatürliches, weil wir nämlich die Erscheinung Christi selbst oder das, was er in seinem Leben geworden ist, nicht ableiten können aus der Einwirkung der vor ihm vorhandenen Gesamtvernunft auf ihn, sondern etwas Ursprüngliches in ihm, eine ursprüngliche göttliche Einwirkung auf ihn annehmen müssen, nur daß wir dann, wenn wir auf der einen Seite sagen müssen: Natur ist nur Erfüllung der göttlichen

Ratschlüsse in Raum und Zeit, von der anderen Seite auch sagen können: In dem höheren Begriffe der Natur liegt auch die Erscheinung Christi.

Wenden wir dieses wieder an auf den Gegensatz von Gesinnung und Talent, so sind beide, die durch das christliche verbreitende Handeln entwickelt werden sollen und also dabei auf ursprüngliche Weise in Christo, auf abgeleitete Weise in der allgemein menschlichen Vernunft schon vorausgesetzt werden, Wirkungen des Geistes. Wenn also χάρισμα im allgemeinen die Wirkung des πνεῦμα in der menschlichen Natur bezeichnet, so ist nicht nur das Talent, sondern ebenso wohl auch die Gesinnung ein χάρισμα, so daß man erst einen engeren Sprachgebrauch unterscheiden muß, wenn man den Ausdruck allein für Talent im christlichen Sinne aufbewahren will. Wenden wir es aber an auf unsere Aufgabe im allgemeinen, so ist deutlich, daß, wenngleich das verbreitende Handeln als allgemeine sittliche Aufgabe gefaßt werden muß, es doch immer zugleich nur als göttliche Gnadenwirkung zu begreifen ist. Und muß diese letztere Betrachtungsweise in einer christlichen Sittenlehre offenbar dominieren, so rechtfertigt es sich auch hier, daß wir nicht die imperativische, sondern die beschreibende Form für unsere Darstellung wählen; denn die imperativische Form eignet wohl der allgemeinen sittlichen Aufgabe, aber dem, was als Wirksamkeit des göttlichen Geistes gefaßt werden soll, ist sie weniger angemessen.

Ehe wir nun den aufgestellten Gegensatz von Gesinnung und Talent weiter benutzen, müssen wir erst noch auf einen andern Rücksicht nehmen, welcher nicht die Materie des verbreitenden Handelns betrifft, sondern die Form, d. h. das verbreitende Verfahren selbst. Nämlich auf jedem Punkte, auf welchem die Aufstellung einer sittlichen Theorie

im Christentum möglich ist, können wir sagen, daß wir zwei
verschiedene Elemente des Verfahrens selbst finden, ein extensives und ein intensives. Die Einteilung scheint freilich
weiter zu gehen als unsere Terminologie. Denn bei dem
Ausdruck: Verbreitendes Handeln denkt man schon fast ausschließlich an das extensive, daß die Herrschaft des Geistes
sich über immer mehrere Punkte verbreiten soll, nicht an
das intensive, daß sie als Herrschaft, wo sie schon ist, soll
gesteigert werden. Aber die Unvollkommenheit liegt nur
auf der Seite des gewählten Ausdrucks, weil wir keinen
haben, der beides zugleich bezeichnete. Daß aber auf jedem
Punkt, wo noch eine sittliche Theorie aufgestellt werden
kann, beides aufgegeben ist, ist klar. Denn denken wir uns
die absolute Vollendung des ganzen menschlichen Geschlechts,
so ist dann eine sittliche Theorie eigentlich gar nicht mehr
aufzustellen; sondern es könnte dann nur geben eine Be-
schreibung der menschlichen Natur, wie sie wirklich wäre,
und also hörte dann aller Unterschied ganz auf zwischen sittlicher Theorie und Naturbeschreibung. Dieses wird recht
deutlich werden, wenn wir es uns auf das Dasein Christi
zurückführen. Denn wer möchte wohl sagen, es habe für
Christum eine Sittenlehre gegeben, nach welcher er sich gerichtet habe. Eine solche konnte ihm nicht von außen gegeben worden sein bei seiner Entwickelung; aber gesetzt, sie
wäre ihm irgendwoher aufgestellt worden, sie hätte doch
nie etwas anderes für ihn sein können, als das Bewußtsein
dessen, was ursprünglich schon in ihm war. Von der andern Seite ist allerdings eine Sittenlehre von ihm ausgegangen, aber für andere, wie er denn auch immer nur redet
von dem, was des Menschen Sohn thut und bewirken solle
für andere, aber nie von einem inneren Sollen in Beziehung auf sich selbst, was doch der eigentliche Gegenstand

der Sittenlehre ist. So lange also die absolute Vollendung
des ganzen menschlichen Geschlechts noch nicht gesetzt ist, nur
so lange ist eine sittliche Theorie möglich; aber so lange
diese noch möglich ist, werden auch beide Elemente des Prozesses sich vereint finden. Sie sind einander entgegengesetzt,
aber nur relativ, so daß das eine nur vollendet sein kann
mit dem andern, und auch in jedem Moment das eine reduziert werden kann auf das andere. Das extensive Element des Prozesses kann nicht vollendet sein, so lange sich
das menschliche Geschlecht durch Erzeugung immer erneuert.
Das intensive aber auch nicht, weil bei jeder Generation
der ganze Prozeß von neuem beginnen muß. Und daß das
eine Element immer noch nicht weiter ist, als es eben ist,
hat seinen Grund darin, daß das andere noch nicht weiter
ist als es eben ist. Beide sind also unendliche Aufgaben,
und das eine ist immer das Komplement des andern.

Hier sind wir nun auf einem Punkt, wo die Analogie
zwischen Christo und dem, was in der christlichen Kirche sein
soll, zu verschwinden scheint. Denn in der Person Christi
scheint dieser Zusammenhang zwischen beiden Elementen aufgehoben, wenn wir doch das göttliche Prinzip in ihm auf
so absolute Weise wirksam setzen, daß an eine Steigerung
nicht mehr zu denken war; das intensive Element war in
ihm vollendet, das extensive fing erst mit ihm an. Allein
dies beruht auch ganz ausschließlich darauf, wodurch sich
Christus von allen anderen Einzelnen unterscheidet. Gehen
wir aber darauf zurück, daß wir sagen: Auch hier müssen
wir schon eine Gemeinschaft annehmen, die primitiv ist, so
müssen wir sagen: Eben daraus, daß in Christo intensiv
alles vollendet, also keine Steigerung möglich war, zusammengenommen damit, daß wir ihn in relativer Gemeinschaft
mit der menschlichen Natur ansehen, folgt auch die exten-

sive Vollendung des ganzen menschlichen Geschlechts; denn so wie wir Christum setzen, den intensiv absolut Vollendeten, so setzen wir auch, daß ihm zur extensiven Vollendung des ganzen Prozesses nichts fehlt als die Zeit, so daß doch wieder beides in seiner Person allein zusammengeknüpft ist.

So werden wir denn alles beisammen haben, um die ganze Aufgabe zu übersehen. Doch wollen wir gleich noch auf ein Verhältnis aufmerksam machen zwischen zwei festgesetzten Punkten. Wir haben gesagt, der verbreitende Prozeß setze einerseits überall Gemeinschaft voraus, anderseits stifte er sie. Da scheint man aber sagen zu können: Das eine macht das andere vollkommen überflüssig. Wenn die Gemeinschaft schon ist, wie soll ich darauf kommen, sie zu stiften? wenn die Erlösung schon geschehen ist, so ist nicht nötig, daß ich etwas dazu thue. Das ist das Prinzip der Passivität, der sittlichen Nullität, dasselbe, welches allen verschiedenen Formen des Quietismus zum Grunde liegt. Wir haben ferner gesagt, auf jedem einzelnen Punkte sei uns aufgegeben ein steigerndes und ein extensives Verfahren. Und da scheint man wieder sagen zu können: Jedes von beiden ist unendlich; habe ich also das eine begonnen, so kann ich nie zum andern kommen. Das ist die allgemeine Form der sogenannten Kollision der Pflichten. Was nun jenen ersten Punkt betrifft, so haben wir schon für ihn allein eine Auflösung der Schwierigkeit im allgemeinen gefunden, aber auch nur für den scheinbaren theoretischen Widerspruch, daß etwas gestiftet werden soll, was schon vorausgesetzt wird; wir haben die Schwierigkeit gelöst, indem wir sagten, die κοινωνία sei immer schon gegeben, wo ein verbreitendes Handeln gefordert werde. Aber damit ist sie weder an und für sich ganz gelöst, noch in Verbindung mit der anderen Schwierigkeit. Sondern in dieser Verbindung.

und auf ebenso bestimmte Weise praktisch, wie oben theoretisch, wird sie erst gelöst, wenn wir darauf sehen, daß Gemeinschaft in diesem Sinne nichts ist als Thätigkeit und nur durch Thätigkeit fortbestehen kann. Denn dann fällt der Vorwand ganz weg, daß Gemeinschaft nicht gestiftet zu werden brauche, weil sie schon vorausgesetzt werde, da sie ja nur durch eben dasselbe ihre Gültigkeit behält, durch welches sie gestiftet ist, nämlich durch eine fortlaufende Thätigkeit. Und hiervon können wir sofort auch Anwendung machen auf den anderen Punkt. Der Einwurf nämlich, weil in jedem Augenblick das extensive und auch das intensive Element des verbreitenden Handelns aufgegeben sei, so müsse ich auch immer in Zweifel sein, ob ich in dem einen versieren solle oder in dem andern, würde ganz richtig sein, wenn der Einzelne in seinem Handeln rein zu isolieren wäre. Aber steht fest, daß Gemeinschaft immer vorauszusetzen ist, daß sie nichts ist als Thätigkeit, daß sie immer muß gestiftet werden und nur fortbestehen kann durch immerwährende Thätigkeit der Einzelnen, so folgt, daß für den ganzen Prozeß, von welchem wir reden, die Gesamtheit der eigentliche Träger und der Einzelne immer nur Durchgangspunkt ist; und ist das, so kann der Einzelne niemals zweifelhaft sein, ob er in diesem Elemente oder in jenem versieren solle; denn er ist immer nur in einem von beiden begriffen, sofern er durch die Gemeinschaft bestimmt ist; und die Aufgabe besteht also darin, daß jeder danach strebe, daß seine Thätigkeit ganz vom Ganzen bestimmt werde, und daß die Gemeinschaft jedem vollständig seine Thätigkeit anweise. Auf dem Gebiete der philosophischen Sittenlehre hat Fichte den Versuch gemacht, die Kollision der Pflichten auf diesem Wege aufzuheben. Die zum Grunde liegende Ansicht war richtig, aber der Versuch selbst mußte mißlingen, weil er das Prinzip

der Gemeinschaft und das Verhältnis des Einzelnen zu ihr
nur im Buchstaben des Gesetzes fand. In diesen Fehler
können wir bei der christlichen Sittenlehre gar nicht geraten;
denn da soll jeder, durch den Besitz des Geistes, des leben=
bigen Prinzips der Gemeinschaft, vom Buchstaben befreit,
dem Geiste folgen. Wenn wir also den Versuch machen,
das Verhältnis des Einzelnen zur Gemeinschaft so zu kon=
struieren, daß ihm sein Handeln durch die Gemeinschaft selbst
auf geistige Weise angewiesen werde, so müssen wir zu einer
solchen Auflösung kommen, daß von einer Kollision der Pflich=
ten gar nicht mehr die Rede sein kann.

Hieraus geht hervor, daß wir bei der Behandlung der
Sache selbst damit anfangen müssen, das Verhältnis des
Einzelnen zur Gemeinschaft festzusetzen. Allein ehe wir dazu
übergehen, müssen wir erst darauf zurückkommen, uns aus
den vorliegenden Punkten die ganze Aufgabe auf eine solche
Weise darzustellen, daß wir sie übersehen können, d. h. sie
uns zu schematisieren. Wir haben dazu in den letzten Aus=
einandersetzungen zwei Einteilungen gefunden, welche gleich=
zustehen scheinen, so daß wir zweifeln könnten, welche wir
sollten zur Haupteinteilung, welche zur durchkreuzenden Unter=
einteilung machen, nämlich die Einteilung in extensive und
intensive Fortschreitung und die Einteilung in das Fortbilden
der Gesinnung und das Fortbilden des Talents. Denn
beide sind wirklich verschieden, daß sie sich kreuzen, da die
Gesinnung extensiv fortgebildet wird, wenn sie in solche
kommt, in denen sie noch nicht ist, intensiv, wenn sie ge=
steigert wird in denen, die sie schon haben; und ebenso das
Talent. Wir finden aber einen Entscheidungsgrund, wenn
wir zurückgehen auf die Art, wie wir das reinigende Han=
deln dargestellt haben. Wir sonderten da nämlich dasjenige
reinigende Handeln, welches unmittelbar gesetzt ist in der

chriftlichen Gemeinschaft als solcher und von dem eigentüm=
lichen Prinzip derselben ausgeht, und dasjenige, welches in
der bürgerlichen Gemeinschaft gesetzt und von derselben be=
stimmt ist, aber auf chriftliche Weise. Dazwischen stellten
wir das reinigende Handeln in der häuslichen Gemeinschaft,
weil diese das organische Element ist sowohl der Kirche als
des Staats. Gewährt uns nun das, worauf wir hier ge=
kommen sind, eine Ähnlichkeit mit jenem? Offenbar; denn
fragen wir: Was liegt der chriftlichen Kirche als solcher
mehr am Herzen, der extensive Fortschritt, daß alle Men=
schen Christen werden, oder der intensive, daß jeder ein
befferer wird? so werden wir sagen müffen: Dieses beides
verhält sich ihr ganz gleich; sie weiß nicht das eine Inter=
effe dem andern unterzuordnen. Aber fragen wir: Was
liegt der Kirche mehr am Herzen, die Verbreitung der Ge=
sinnung oder die der Talente? so wird niemand Bedenken
tragen zu antworten: Das erste. Denn wie wir uns dar=
über erklärt haben, daß der Gegensatz nur ein relativer sei,
kann man nur sagen: Die chriftliche Gemeinschaft wird sich
lieber dafür entscheiden, nur auf die Gesinnung zu wirken
und sich dann darauf zu verlaffen, die Gesinnung werde
sich schon ein bestimmtes Maß von Talenten anbilden, als
für das Umgekehrte, nur die Fertigkeiten auszubilden und
sich dann darauf zu verlaffen, die Gesinnung werde schon
aus denselben hervorgehen. Der Staat dagegen wird die
Frage offenbar entgegengesetzt beantworten. Denn sein un=
mittelbarer Zweck ist kein anderer, als die Kräfte einer be=
stimmten Maffe von Menschen zum Behuf der Naturbe=
herrschung zu vereinigen, und die Natur wird nicht beherrscht
ohne ausgebildete Talente. Freilich auch nicht ohne Ge=
sinnung; aber der Staat wird doch niemals sagen, er könne
auch wohl einmal bloß auf die Gesinnung wirken, und am

wenigsten, wenn er ein christlicher ist, denn dann wird er sich, was die Bildung der Gesinnung betrifft, ganz besonders auf die Kirche verlassen. Wenn wir also teilen in Verbreitung der Gesinnung und Verbreitung der Talente, so haben wir eine der beim reinigenden Handeln konstruierten ganz analoge Teilung, und diese wollen wir daher auch hier zum Grunde legen, aber, versteht sich, den Gegensatz nur in seiner Relativität gefaßt. Es giebt hier, sagen wir, einen zwiefachen Kreis, einen mehr inneren und einen mehr äußeren. Der innere ist der eigentlich religiöse, der für uns auch aus dem eigentümlichen Prinzip des Christentums hervorgehen muß, so daß es also gilt, die eigentümlich christliche Gesinnung fortzuentwickeln, und das Talent nur in Beziehung auf sie, nur um ihretwillen. In dem mehr äußeren, wo als der Haupttypus der Gemeinschaft der Staat zu setzen ist, ist die Bildung des Talents die Hauptsache, und die Gesinnung wird in ihm nur gebildet um der Talentbildung willen. Also da ist eine entgegengesetzte Unterordnung. Wir sagten: Talentbildung um der Bildung, der Gesinnung willen und umgekehrt. Daß wir nicht gesagt haben: Die eine durch die andere, hängt so zusammen. Denken wir uns die christliche Gemeinschaft rein als solche, ganz ohne die bürgerliche, was freilich eine leere Voraussetzung ist, die wir aber einen Augenblick machen wollen, um uns die christliche Gemeinschaft gänzlich zu isolieren, so ließe sich behaupten, in der christlichen Gemeinschaft komme Talentbildung als eine eigene Aufgabe an und für sich gar nicht vor; sondern nur indem extensiv und intensiv auf die Gesinnung gewirkt werde, hebe sich auch die talentbildende Kraft der Gesinnung. Da hätten wir also die Formel, Talentbildung durch Gesinnungbildung. Nun ist freilich jene Voraussetzung falsch; denn denken wir uns auch, die christliche

Gemeinschaft hätte angefangen, wo noch gar keine bürgerliche Gemeinschaft gewesen wäre, so würde sich doch die
letztere aus der ersten herausgebildet haben, weil eben die
Talentbildung auch ein Glied für sich ist. Aber auch bei
dieser Verbindung von Kirche und Staat würde die christliche Sittenlehre immer nur Talentbildung fordern durch
die Bildung der Gesinnung. Anders indes ist es, wenn
die Kirche den Staat findet und beide Gemeinschaften neben
einander bestehen; denn die Kirche zieht dann den Staat
an und überläßt ihm die Bildung der Talente um der
Gesinnung willen. Sie hört also insofern freilich nicht auf,
auch talentbildend zu sein; aber wir können doch nicht mehr
sagen, sie fordere Talentbildung bloß durch die Gesinnung,
sondern vielmehr um der Gesinnung willen. Und eben dasselbe ergiebt sich nun auch von der anderen Seite. Denken
wir uns nämlich die bürgerliche Gesellschaft rein aus sich
selbst entstehend und ohne irgendein Verhältnis zu Menschen
außerhalb ihrer selbst, so wird ihr Talentbildung die Hauptsache sein. Die allgemein sittliche Gesinnung wird sie zu
ersetzen suchen durch die Kraft des Gesetzes, nämlich durch
Strafe und Belohnung; und von der eigentlich bürgerlichen,
von der vaterländischen Gesinnung wird gar nicht die Rede
zu sein brauchen, so lange kein Gegensatz da ist zwischen dem
Staate und solchen, die sich außerhalb desselben befinden.
Entsteht aber dieser Gegensatz, so wird man von der Kraft
der fortschreitenden Talentbildung die Bildung der den Staat
zusammenhaltenden und ebenso auch der allgemein sittlichen
Gesinnung erwarten, Gesinnungbildung also rein durch
Talentbildung. Denken wir uns aber, daß die christliche
Kirche sich im Staate herausbildet und dieser nun mit ihr
in Gemeinschaft tritt, so wird er sich dann auf sie verlassen
in Beziehung auf die Bildung der Gesinnung; er wird

sagen: Ich erkenne die christliche Gemeinschaft an als vorzüglich auf die Bildung der Gesinnung berechnet. Er ver-
fährt aber so besonders insofern, als die Talentbildung seine
Hauptangelegenheit ist, so daß wir dann also im Staate
nicht mehr Gesinnungbildung haben bloß durch Talentbildung, sondern vielmehr um der Talentbildung willen.

Wir handeln also zuerst vom verbreitenden Handeln
in der Kirche, dann vom verbreitenden Handeln im Staate.

I. Das verbreitende Handeln in der Kirche.

Einleitung.

Der unmittelbare Zweck dieses Handelns ist die Verbreitung der christlichen Gesinnung und die Verbreitung aller
eigentlichen Geistesgaben nur um der Gesinnung willen. Das
ist der eigentliche Charakter dieses Handelns. Soll es nun
dargestellt werden, so müssen wir zunächst zurückgehen auf
den Charakter der Gemeinschaft selbst, insofern wir nämlich
sahen, daß der scheinbare Widerstreit zwischen diesen beiden
Sätzen: Die verbreitende Tendenz setzt immer schon Gemeinschaft voraus und sie stiftet immer Gemeinschaft, sich
nichts anders lösen lasse als dadurch, daß die Gemeinschaft
immer müsse aufs neue gestiftet werden, um immer vorausgesetzt werden zu können. Indem wir aber dieses Fortbestehen der Gemeinschaft zuerst ins Auge fassen, müssen wir
zuvörderst nach dem Umfange derselben fragen. Wie werden
wir ihn finden? Nur wenn wir auf die Entstehung der
christlichen Kirche zurückgehen und auf die Idee, welche dabei
zum Grunde lag. Hier können wir aber nur davon anfangen, daß eben die Gesinnung, welche der Gegenstand der
Gemeinschaft und der Verbreitung ist, ursprünglich nur in
der Person Christi war, daß aber in dieser zugleich die

Kraft lag, sie zu verbreiten, und zwar, da die Kraft eine
unendliche ist, in unendlicher Ausdehnung, durch nichts be-
grenzt, als durch die Fähigkeit, den von Christo ausgehenden
Geist in sich aufzunehmen, so daß also die Verbreitung der
Gesinnung von Christo aus keine andere Grenze hat als
die menschliche Natur selbst, in welcher wir überall jene
Fähigkeit voraussetzen. Somit haben wir zwei Grenzpunkte,
auf der einen Seite die einzelne Persönlichkeit Christi als
Anfangspunkt des Prozesses, auf der anderen Seite die
Vollendung der Totalität des menschlichen Geschlechtes in
Christo als Endpunkt. Die erste ist die aller unserer
Thätigkeit vorhergehende Voraussetzung, die letzte ist die Ge-
meinschaft, welche nie vorausgesetzt werden kann, sondern
immer nur gestiftet werden soll; denn wäre dieses Ziel
jemals erreicht, so gäbe es kein verbreitendes Handeln mehr,
und auch keine Theorie mehr darüber. Aber auch in unserer
Ausübung ist die einzelne Persönlichkeit immer etwas dem
Prozesse schon Vorangehendes.

Wie wird uns nun aber die einzelne Persönlichkeit gegeben? Ihr Entstehen ist bedingt durch den Naturprozeß
der Fortpflanzung. Die Frage, inwiefern auch die persönliche Erscheinung Christi ganz oder nur einseitig an diesen
Naturprozeß gebunden gewesen sei, geht uns hier nichts an.
Denn da Christus selbst insofern außer der Sittenlehre liegt,
als es für ihn keine geben kann, so haben wir auch diese
Frage hier nicht auszumachen, sondern sie bleibt rein dog-
matisch. Steht aber fest, daß das verbreitende Handeln,
welches von der uns mitgeteilten Kraft Christi auszeht, die
sich als den Geist Gottes in der christlichen Gemeinschaft
zeigt, nicht anders fortgesetzt werden kann als durch die
einzelne Persönlichkeit und unter der Form derselben, so muß
auch immer die einzelne Persönlichkeit gegeben sein. Da aber

diese nicht anders gegeben sein kann, als durch den Naturprozeß der Fortpflanzung, so muß auch dieser Naturprozeß
fortgesetzt werden; denn ohne das würde der Verbreitungsprozeß ein Ende finden, nicht weil er wirklich vollendet wäre,
sondern weil es ihm an Organen fehlte. Und eben deswegen nun, weil das Erscheinen der einzelnen Persönlichkeit
auf jenen Naturprozeß gegründet ist, muß auch auf jedem
Punkte, auf welchem eine sittliche Aufgabe besteht, und also
die Theorie, die wir suchen, angewendet werden kann, eine
Mehrheit von Persönlichkeiten vorausgesetzt werden und eine
organische Verbindung derselben. Die organische Verbindung
aber derer, die als Personen schon Organe des verbreitenden Prozesses sind, ist die christliche Kirche in ihrem jedes-
maligen wirklichen Bestehen. Wir haben also hier zwischen
dem Anfangspunkte, nämlich der einzelnen Persönlichkeit, und
dem Endpunkte, nämlich der Verbreitung der christlichen
Gesinnung durch das ganze menschliche Geschlecht, zwei Gemeinschaften, eine, welche sich auf den Anfangspunkt bezieht,
um die Persönlichkeit hervorzubringen, die Geschlechtsverbindung, und die andere, welche sich auf den Endpunkt bezieht,
die organische Verbindung derer, in welchen ein die christliche
Gesinnung verbreitendes Handeln schon sein kann, die christliche Kirche.

A. Von der Geschlechtsgemeinschaft.

In welchem Verhältnisse stehen denn beide zueinander,
die Geschlechtsgemeinschaft und die Kirche? Gehen wir auf
den ersten Anfang der letzteren zurück, so bestand sie damals
nicht aus Familien, nicht aus Individuen, deren jedes eine
Geschlechtsgemeinschaft bildete, sondern nur aus einzelnen,
aus den organischen Verbindungen einzelner Personen, welche
verschiedenen Hauswesen angehörten, und insofern erscheint

also die eine Gemeinschaft von der anderen unabhängig. Anderseits aber können wir dieses nur als einen unvollkommenen Zustand der christlichen Kirche ansehen, besonders wenn wir auf den Prozeß achten, auf den es uns jetzt ankommt. Denn giebt es überall, wo die christliche Gesinnung ist, auch eine Richtung auf die Verbreitung derselben, und kann diese nie ohne Erfolg sein, weil sie ihren Grund in dem Göttlichen hat, das der menschlichen Seele mitgeteilt ist, so scheint es natürlich, daß sie auch da zunächst Erfolg hat, wo ihre nächsten Gegenstände sind. Es wäre also das Natürlichste, daß die Gesinnung sich immer von einem Punkte aus zunächst durch ein ganzes Hauswesen verbreitete; und die christliche Kirche scheint der Organisation nach nur da in ihrer Vollständigkeit zu sein, wo sie ganz aus christlichen Hauswesen besteht. Allein jener unvollkommene Zustand, in welchem die Kirche nur aus Einzelnen bestand, mußte notwendig einmal sein und dem vollkommeneren vorangehen. Indem wir also einerseits die Unabhängigkeit der Familie von der christlichen Kirche anerkennen, so erscheint sie als eine Verbindung, welche nicht von der christlichen Gesinnung allein ausgehen kann. Anderseits aber, wenn wir sagen: Die christliche Kirche ist erst vollständig organisiert, wenn sie nur aus christlichen Hauswesen besteht, so liegt darin, daß das eigentümliche Prinzip des Christentums auch in das Hauswesen eingehen, dieses also auf eigentümliche Weise modifizieren muß. Auf dieses beides muß sich die ganze Theorie der christlichen Sittenlehre über die Stiftung des Hauswesens gründen.

Das Hauswesen besteht in der Geschlechtsgemeinschaft und den Resultaten derselben. Die Geschlechtsgemeinschaft ist aber eine Natursache, die Naturbedingung des menschlichen Daseins auf der Erde, auf die Fortpflanzung des

menschlichen Geschlechts berechnet, und insofern von ihrer
sittlichen Seite angesehen, besonders und wesentlich dem verbreitenden Prozesse angehörig, die ursprüngliche Form desselben; denn sie produziert neue Verbindungen der Intelligenz
mit der irdischen Materie in der Form des Organismus,
auf welchen nachher alles andere Durchdrungen-werden des
irdischen Stoffes durch die Vernunft beruht. Aber eben
weil diese Fortpflanzung des menschlichen Geschlechts die ursprüngliche Form des verbreitenden Prozesses ist, gehört sie
ebensowohl derjenigen Seite desselben an, auf welcher die
Talentbildung der Hauptpunkt ist, als derjenigen, auf welcher
die Gesinnungbildung; sie bedingt nicht weniger das Fortbestehen der bürgerlichen Gesellschaft als das der Kirche.
Sofern aber jene früher war als diese, sofern ist auch jene
Qualität der Geschlechtsverbindung früher als diese.

Hieraus folgt nun als erster Kanon der christlichen
Sittenlehre in dieser Beziehung dieses, daß, wo eine Geschlechtsverbindung schon besteht vor dem Eintreten der christlichen Gesinnung in dieselbe, sie dadurch nicht zerstört werden darf, daß der eine Teil die christliche Gesinnung in sich
aufnimmt, der andere nicht, oder wie Paulus diesen Grundsatz ausdrückt, daß, wenn von Ehegatten der eine gläubig
wird, während der andere ungläubig bleibt, der Gläubige
sich nicht scheiden soll von dem Ungläubigen (1 Kor. 7, 12
bis 14). Fordern wir außer der biblischen noch eine andere
Begründung, so ist zuerst klar, daß, wenn auch die Geschlechtsverbindung vor dem Eintreten der christlichen Gesinnung in einem der Ehegatten entstanden ist, sie bemohnerachtet nicht nur als ein Naturprozeß, sondern auch auf
sittliche Weise und als zur sittlichen Aufgabe gehörend geworden ist. Ist aber das, so darf doch ein Teil die sittliche
Aufgabe des anderen nicht stören. Sodann ist zu bedenken,

daß, wenn ein Teil Christ wird, der andere nicht, dieses niemals angesehen werden darf als absoluter Gegensatz, sondern nur als Unterschied zwischen schon Gewordenem und noch nicht Gewordenem; denn die Hoffnung, daß auch der andere Teil der christlichen Gesinnung werde zugänglich werden, kann niemals aufgegeben werden, wie feindlich er sich auch zeige, wenn es dem Christen doch unmöglich sein soll, sich in der Erfüllung seiner sittlichen Aufgabe für überwunden zu halten durch das Böse. Freilich stellt Paulus unserem Kanon noch den anderen gegenüber, daß, wenn der ungläubige Teil sich scheiden wolle, der gläubige es sich solle gefallen lassen (1 Kor. 7, 15); aber das ist nur zu verstehen nach Maßgabe dessen, was für die Geschlechtsverbindung, wie sie in der bürgerlichen Gesellschaft besteht, rechtens ist. Bestimmt z. B. das Gesetz, daß nur der Mann das Recht hat, die Ehe aufzulösen, so kann der gläubige Mann durch den Wunsch der ungläubigen Frau nicht bestimmt werden, das Band der Ehe zu zerreißen; seine christliche Gesinnung läßt ihm das nicht zu, so gewiß sie es ihm unmöglich macht, die Hoffnung aufzugeben, daß der andere Teil auch noch werde bekehrt werden. Stellt dagegen das Staatsgesetz beide Teile gleich, so tritt ein ganz anderes Verhältnis ein. Denn wie in jenem Falle der gläubige Mann zur Auflösung der Ehe nicht verpflichtet ist, weil der Staat sie ganz in seine Willkür stellt, und nicht berechtigt, weil seine Gesinnung ihn an der Hoffnung festhalten läßt, so kann in diesem Falle der gläubige Teil sich nicht das Recht anmaßen, das bürgerliche Recht des ungläubigen Teils zu kränken; und es tritt dann eben der Trost ein, daß man ja doch keine absolute Gewißheit darüber habe, ob Fortbestehen der Verbindung Bekehrung des ungläubigen Teiles würde zur Folge gehabt haben (1 Kor. 7, 16).

3*

Berechtigt nun nicht einmal die größte Differenz, die zwischen Ehegatten denkbar ist, nämlich der gänzliche Mangel der christlichen Gesinnung in dem einen Teile, den christlichen Teil dazu, von seinem Rechte, die Geschlechtsgemeinschaft als Element des Staates aufzulösen, Gebrauch zu machen, so folgt, daß ihn nichts dazu berechtigen kann, und daß in der christlichen Kirche die Ehe schlechthin unauflöslich ist. Das lehrt auch Paulus 1 Kor. 7, 10. 11, und zwar ausdrücklich als Christi Gebot, und wo Christus die Trennung zuzulassen scheint, wenn nämlich der eine Teil die Ehe gebrochen habe (Matth. 5, 32), da spricht er eben nicht von der Ehe unter Christen, wie Paulus, sondern von der Ehe unter Juden. Was aber den Widerstreit zwischen unserer Theorie und unserer eigenen Kirche betrifft, so müssen wir, ehe wir davon handeln, zu dem ersten Kanon erst noch einen zweiten suchen, der uns die eigentliche Form der Geschlechtsgemeinschaft feststellt.

Wir haben oben gefunden, daß die christliche Kirche erst dann vollständig organisiert ist, wenn sie die Geschlechtsverbindung als Familie sich ganz angeeignet und dieselbe völlig durchdrungen hat. Betrachten wir das näher, so geht daraus hervor, daß die Geschlechtsgemeinschaft, sofern wir sie auf die christliche Kirche beziehen, nur die Tendenz hat, die des höheren Lebens fähigen menschlichen Einzelwesen fortzupflanzen und zu vermehren. Wird aber so die Erzeugung ganz auf das höhere Leben bezogen, so sind auch insofern Erzeugung und Erziehung gar nicht zu trennen, sondern ein und derselbe Prozeß. Aber dann folgt auch unmittelbar, daß die Geschlechtsverbindung in der christlichen Kirche keine Form haben kann als die monogamische, daß sie nichts sein kann, als Ehe im engeren Sinne des Wortes. Die Polygamie wurzelt in einer rein bürgerlichen Ansicht von der

Geschlechtsgemeinschaft. Denn für den Staat ist der Mann allein Repräsentant der Familie und das weibliche Geschlecht dem männlichen immer subordiniert, was bei rohen Völkern oft so weit geht, daß der Zustand der Weiber sich wenig von dem der Sklaven unterscheidet, und daraus entwickelt sich dann von selbst, daß ein Mann, wie mehrere Sklaven, so auch mehrere Weiber haben kann. Die christliche Kirche aber erkennt solche Unterordnung nicht an; alle menschlichen Seelen stehen ihr in einem und demselben Verhältnisse zu dem göttlichen Werke der Erlösung, denn alle empfangen ein und dasselbe geistige Leben und aus einer und derselben Quelle. Sind die Weiber von etwas ausgeschlossen, so sind sie es doch nicht von den Gaben des Geistes, sondern nur von einer gewissen Art und Weise sie zu äußern. Im Christentume fehlt also die Veranlassung zur Polygamie. Doch das ist nur die eine Seite der Sache. Die andere ist diese. Sind Erzeugung und Erziehung identisch, so ist auch die Erziehung eine gemeinschaftliche; und ist das, so kommt unter Voraussetzung der Polygamie der Mann offenbar in Widerspruch mit sich selbst. Denn abstrahiert man von der Idee der Subordination, so ist es nicht möglich, daß die Erziehung dieselbe sei bei einer Mehrheit von Frauen. Jede derselben ist verschieden von jeder anderen; jede würde also auch ihren Anteil an der gemeinschaftlichen Erziehung verschieden gestalten, und der des Mannes müßte dadurch in einen wesentlich anderen Gang geleitet werden. Ohne absolute Stumpfsinnigkeit könnte also das Verhältnis mit der einen Mutter nicht denen mit den anderen gleich sein, und das eine müßte sich doch alle übrigen subordinieren; die Polygamie würde folglich selbst zur Monogamie führen. Freilich, wenn man sagt, die Monogamie verdanke dem Christentume eigentlich ihr Entstehen, so ist das zuviel gesagt; denn die germanischen Völker hatten sie schon, ehe das Christentum da war. Aber ihre wahre sittliche Begründung und ihre wesentliche Haltung hat sie erst in ihm. Denn wo sie im Mohammedanismus vorkommt, in welchem die Polygamie die herrschende Form ist, ist sie nur ein Produkt der Armut; bei den Juden war sie nicht Prinzip, sondern nur darum vorherrschend, weil Polygamie für eine Sache des Luxus galt und den Verdacht des Reichtums erweckte, und bei den vorchristlichen germanischen Völkern hatte sie nicht ein sittliches Fundament, sondern sie gründete sich auf äußere Verhältnisse, auf Klima und andere Konstitution des Geschlechtstriebes. Nur im Christentume ist sie durchaus Prinzip. Freilich enthält die Schrift darüber keine aus- drückliche Vorschrift; denn was an einigen Stellen von den Bischöfen gesagt wird, sie sollten eines Weibes Mann sein (1 Tim. 3, 2. Tit. 1, 6), ist teils zweifelhafter Auslegung, teils könnte es als nur den Bischöfen geltend angesehen werden. Aber die Sache liegt so. Teils waren die ersten Christen aus denjenigen Ständen, in welchen ohnehin schon die Monogamie der herrschende Zustand war, teils beachtet die Schrift die Ehe mehr als ein schon bestehendes, denn als ein erst zu stiftendes Verhältnis; eine bestimmte Vor- schrift über den vorliegenden Punkt ist also nicht zu erwarten. Was aber in der Schrift fehlt, hat die christliche Sitte sehr bestimmt suppliert; denn die Polygamie ist sehr bald für durchaus unchristlich erklärt. Dazu fehlt es nicht an indirekten Andeutungen in der Schrift; so weist das Zurück- gehen auf das erste Menschenpaar (Matth. 19, 3 ff. Mark. 10, 2 ff.) auf die Monogamie hin als auf die ursprünglich von Gott geordnete Form der Ehe, und ebenso auch der Vergleich des Verhältnisses zwischen Mann und Weib mit dem Verhältnisse zwischen Christo und der Gemeinde;

denn offenbar ist dem Apostel die Kirche nur eine (Eph. 6, 22 ff.).

In unseren beiden Kanones haben wir die Theorie des Christentums über die Ehe vollständig, und es würde nichts hinzuzufügen sein, wenn wir nicht eine Differenz zwischen der evangelischen und der katholischen Kirche berühren müßten. Eigentlich sind ihrer zwei; wir werden sie aber gleich in Beziehung aufeinander zu betrachten haben. Unsere Kirche nämlich läßt Trennung der Ehe zu und Schließung einer neuen, die katholische aber nicht. Das ist die eine Differenz. Die zweite ist diese, daß die katholische Kirche dem ehelosen Stande eine größere Heiligkeit zuschreibt als der Ehe. So scheint sie gewissermaßen in Widerspruch zu sein mit sich selbst. Denn wenn dem ehelichen Leben an und für sich ein geringerer Grad von Heiligkeit zukommt als dem ehelosen, so scheint es nicht recht der Mühe wert, noch einen besonderen Wert zu legen auf solche Einzelheit, wie der Wechsel der Ehegatten ist. Aber ebenso scheint auch die evangelische Kirche in Beziehung auf diese beiden Punkte mit sich selbst in Widerspruch zu sein. Denn wenn sie dem ehelichen Leben den höchsten Grad der Heiligkeit beilegt, wie kann sie, die Mehrheit im Nebeneinander verwerfend, die Mehrheit im Nacheinander zugeben? Dieser Widerspruch ist auch in einem Teile der evangelischen Kirche in dem Maße gefühlt worden, daß man selbst nach dem Tode des einen Ehegatten dem anderen die Schließung der zweiten Ehe nicht hat zulassen wollen. Der wichtigste Punkt ist offenbar die Frage, ob dem ehelosen Leben eine besondere Heiligkeit zuzuschreiben sei. Er hat in der Schrift selbst vorzüglich zwei Stützen, einmal den Ausspruch Christi, in dem Leben nach der Auferstehung werde keine Ehe mehr statthaben (Matth. 22, 30), dann den des Paulus, er wünsche, alle Christen möchten

sein, wie er, d. h. ehelos (1 Kor. 7, 7). Aber welchen
Wert haben diese Aussprüche ursprünglich? Wir haben gesehen, der ganze Prozeß des verbreitenden Handelns hat sein
Ende, wenn die christliche Gesinnung über das ganze Menschengeschlecht verbreitet ist und es vollkommen durchdrungen
hat, und wenn nun auch niemand mehr hinzukommt, der
eine Erneuerung des Prozesses veranlassen könnte. Wenn
also das Leben nach der Auferstehung als der Zustand der
Vollendung angesehen werden soll, so darf keine Fortpflanzung mehr sein. Aber daraus folgt durchaus keine
größere Heiligkeit des ehelosen Lebens in dieser unserer Ordnung der Dinge. Denn wenn wir hier der christlichen Ansicht treu bleiben und die Fortpflanzung auf die Verbreitung
der Gesinnung beziehen, so ist diese Art der Ausbreitung
des Christentums ganz parallel der anderen, es durch die
Mission mitzuteilen. Nun aber sagt niemand, es sei größere
Heiligkeit, das Christentum für sich zu behalten, als es über
die Mitlebenden zu verbreiten; es kann also auch keine
größere Heiligkeit sein, ehelos zu bleiben, als in das eheliche
Leben zu treten, d. h. es kann keine größere Heiligkeit sein,
das Christentum nicht zu verbreiten, indem kein Anteil genommen wird an der Fortpflanzung des menschlichen Geschlechts. Aber freilich, der Ausspruch des Paulus hat noch
eine ganz besondere Färbung. Der Apostel sagt nämlich
auch: Um der Unkeuschheit willen habe jeder sein eigenes
Weib, jede ihren eigenen Mann (1 Kor. 7, 2), und da scheint
er also die Ehe anzusehen als ein notwendiges Übel, als
etwas, das nur geduldet werden müsse, um größerer Unsittlichkeit vorzubeugen, also allerdings als einen Zustand
sehr verminderter Heiligkeit. Indessen beides ist offenbar
zu sondern. Denn nicht darum wünscht er, daß alle könnten
ehelos sein wie er, weil die Ehe doch nichts wäre, als eine

Ableitung für die Unkeuschheit, sondern darum, weil es damals viel wichtiger war, das Christentum auszubreiten unter den Mitgliedern anderer Religionsgemeinschaften, als durch Stiftung neuer Familien; ich wollte, meint er, alle wären ehelos, wie ich, um durch das Familienleben nicht gehindert zu sein, sich ganz der Verkündigung des Evangelii unter den Juden und den Heiden hinzugeben. Seitdem aber sind die Verhältnisse ganz andere geworden. Der im Anfange ganz zurücktretende Verbreitungsprozeß durch Erzeugung und Erziehung ist allmählich in dem Maße der überwiegende geworden, daß die andere Art der Ausbreitung des Christentums nur fortbestehen und gedeihen kann, wenn die erstere recht gesichert ist, so daß Paulus, wenn er jetzt lebte, unmöglich sagen könnte: Ich wollte, alle wären wie ich. Und so ist nun auch das andere Wort nur zu verstehen in Beziehung auf die damaligen Verhältnisse. Wie groß im heidnischen Altertume die Zügellosigkeit war in der Befriedigung des Geschlechtstriebes, ist bekannt. Paulus meint also nur, für die Ausbreitung des Christentums wäre es unter den gegebenen Umständen wohl wünschenswert, ehelos zu bleiben; aber zu verbieten sei die Ehe schon darum nicht, weil ohne sie Unordnungen zu befürchten wären, die dem Christentume mehr widerstrebten, als irgendetwas; keineswegs will er Mißfallen äußern an wahrhaft christlichen Ehen, sondern die sind auch ihm etwas an sich Gutes, weil sie das Zusammenwirken beider Geschlechter zur Erziehung sind. Wie hätte er auch sonst den Vergleich machen können zwischen der Ehe und dem Verhältnisse Christi und der Gemeinde! (Ephes. 6, 22 ff.).

Ist nun deutlich, daß die katholische Kirche irrt, indem sie dem ehelosen Zustande eine größere Heiligkeit zuschreibt, als dem Leben in der Ehe: hält sie nicht doch die Ehe hei-

liger, als die evangelische sie hält? Die katholische Kirche
giebt nur eine relative Trennung der Ehe zu, eine solche,
die eine Wiedervereinigung gestattet. Und so gefaßt, wäre
ihre Differenz von der evangelischen freilich nur eine scheinbare, nur eine Differenz in der Form. Der wesentliche
Unterschied zwischen beiden ist aber der, daß die katholische
den getrennten Ehegatten verbietet, während der andere Teil
noch am Leben ist, eine neue Verbindung einzugehen, die
evangelische dagegen es erlaubt. Und freilich, hier hat die
katholische den Buchstaben der Schrift für sich, das Wort
Christi: Wer sich scheidet von seinem Weibe und freiet eine
andere, der bricht die Ehe an ihr; und so ein Weib sich
scheidet von ihrem Manne und freiet einen anderen, die
bricht ihre Ehe (Mark. 10, 11. 12). Aber daß sie deshalb
die Ehe heiliger halte als wir, ist doch nur eine mehr
scheinbare als wahre Behauptung. Bei uns ist es allmählich dahin gekommen, daß die Auflösung der Ehe allgemein
als eine Sache der Gerichte angesehen wird. Die Kirche
hat eigentlich nichts dabei zu thun, als die Sühne zu versuchen. Gelingt das nicht, so geschieht die Scheidung vonseiten des Staats. Aber freilich, wenn hernach die Kirche
eine zweite Ehe der Getrennten einsegnet, so erkennt sie an,
daß durch die gerichtliche Scheidung die erste Ehe vollständig
gelöst war, und das thut die katholische nicht. Dagegen
aber hat in dieser der römische Bischof das Recht, zwar
nicht die Ehe aufzulösen, aber sie doch für nichtig zu erklären,
wenn er auch nur selten und nur zum Vorteile der hohen
und höchsten Personen davon Gebrauch macht. Und das ist
in Wahrheit viel schlimmer als unsere Auflösung der Ehe;
denn nicht nur verlieren die Kinder dadurch die Qualität
der ehelichen Geburt, sondern die Trennung der Ehe geht
dabei auch ganz eigentlich von der Kirche aus und wird so

ein die Vornehmen vor den übrigen auszeichnender kirchlicher
Mißbrauch der ärgsten Art. Die Prinzipien der katholischen
Kirche sind also gewiß den unsrigen nicht vorzuziehen; und
wenn sie eine vom Staate angeordnete Ehescheidung nicht
so anerkennt, wie wir sie anerkennen, so liegt das in nichts
anderem, als in der günstigeren Stellung zum Staate, die
sie vor uns voraus hat. Offenbar nun ist jede Auflösung
der Ehe eine Unvollkommenheit; aber es ist doch auch klar,
daß die rechte christliche Ehe auch nur erst etwas im Werden
Begriffenes ist, wie jedes andere rechte christliche Verhältnis.
Ist aber das, so kann es nicht fehlen, daß die Ehen unter
sich sehr ungleich sind und das Bewußtsein von der Unvollkommenheit einzelner unter ihnen oft so groß wird, daß
beide Teile nichts dringender wünschen, als daß sie sich nicht
verbunden hätten und daß sie könnten in den früheren Stand
zurücktreten. In dieser Hinsicht drückt die katholische Kirche
in ihrer Formel die Sache richtiger aus, wenn sie nämlich
sagt, die Ehe könnte nur getrennt werden, wenn man ein-
sieht, daß sie gar nicht hätte sollen geschlossen werden. Es
ist dieses aber kein Vorzug in der Sache, sondern nur in
der Formel. Denn unsere Kirche meint es doch ebenso, und
daß sie die Formel nicht ebenso bestimmt aufstellt, hat noch
den Wert, daß nun bei uns ohnerachtet der Trennung die
Kinder doch als eheliche können angesehen werden. Die
Sache steht also so: Die Kirche für sich kann die Ehescheidung niemals als zulässig ansehen, ohne gegen das zu
streiten, was sie selbst als das Vollkommene anerkennt, ja
ohne gegen einen bestimmten Ausspruch Christi zu verstoßen.
So lange aber der Staat es dem Gemeinwohle für zuträg-
lich hält, daß Ehen aufgelöst werden unter gewissen Bedingungen, so lange kann sie es nicht hindern, weil die Ehe
keine ausschließlich kirchliche, sondern ebenso wohl eine politische

Angelegenheit ist, und weil sie sich keine Superiorität über den Staat kann schaffen wollen, wie sie die katholische Kirche sich angemaßt hat. Ja, wenn uns der Staat plötzlich dieselbe Stellung in dieser Hinsicht geben wollte, welche die katholische Kirche hat, wir würden uns sicher in nicht geringer Verlegenheit finden. Denn da das Verlangen nach Trennung der Ehe immer nur da entsteht, wo bloß die Leidenschaft oder fremde Motive sie geschlossen haben, welchen Erfolg könnten wir erwarten? Keinen anderen, als das erzwungene Fortbestehen aller der Ehen, die von Anfang an nichts waren als Scheinehen und deren Auflösung beide Teile fortwährend wünschen. Die Kirche müßte also doch erst einen größeren Einfluß gewinnen auf die Schließung der Ehen, ehe sie es für an der Zeit halten könnte, alle bestehenden Ehen für unauflöslich zu erklären; und bis dahin müssen wir denn die Möglichkeit der Scheidung für ein Dokument der Unvollkommenheit der Kirche in ihrer Erscheinung ansehen, und es für sehr bedenklich halten, sie aus einem Purismus gänzlich zu negieren. Aber dahin trachten muß das ganze kirchliche Leben, auch in dieser Hinsicht alle Unvollkommenheit immer mehr aufzuheben; das wird der einzig rechte Weg sein, die Ehescheidungen immer seltener zu machen und das eheliche Leben dem rein und echt christlichen immer mehr anzunähern.

Und nun auch dieses noch. Wenn es das christliche Ideal der Ehe ist, daß beide Teile sich auf ganz eigentümliche Weise und unauflöslich aneinander gebunden fühlen, so folgt streng genommen allerdings, daß auch die Deuterogamie unzulässig sei. Aber es wird doch jeder gestehen, daß sie zu verbieten die bürgerliche Qualität der Ehe in vielen Fällen gar nicht zuläßt. Nicht als ob nicht das kirchliche Leben so gestaltet sein könnte, daß der überlebende Teil alle

Hilfe findet, deren er bedarf, ohne eine zweite Ehe zu
schließen; aber es ist doch noch nicht so gestaltet und kann
es auch nicht eher sein, als bis jenes christliche Ideal der
Ehe in der Kirche realisiert ist. Auf beides also, welches
aufs genaueste zusammenhängt, muß hingewirkt werden; die
Deuterogamie wird dann ganz von selbst aufhören.

Ein geschichtlicher Blick auf die Sache lehrt, daß wir
es sehr natürlich finden müssen, daß während des Überganges
zur eigentlich christlichen Ehe dem heidnischen Zustande der
Geschlechtsgemeinschaft gegenüber dem ehelosen Leben eine
vorzügliche Heiligkeit zugeschrieben, die Geschlechtsgemeinschaft
aber überwiegend nur als etwas Animalisches angesehen wurde.
Aber auch nur daraus ist es erklärlich; denn der Anschauung
der Geschlechtsgemeinschaft vom rein christlichen Standpunkte
aus ist es geradezu entgegengesetzt. Nehmen wir nun dazu,
daß im Anfange die Verbreitung des Christentums im Raum
die in der Zeit durch Fortpflanzung bei weitem überwiegen
mußte, so begreifen wir, daß als Resultat die Theorie entstehen konnte, die Paulus für seine Zeit aufstellt, daß nämlich die Ehe zwar zulässig, daß es aber doch wünschenswert
sei, alle Christen blieben ehelos, und dann auch die Praxis,
daß man verlangte, wer etwas gelten wolle in der Kirche,
dürfe, nachdem er einmal verehelicht gewesen sei und so
gleichsam seine Schuld an die Natur abgetragen habe, keine
zweite Ehe eingehen. Wir haben gesehen, daß die Kirche,
wenn die Ehe in ihr auf rein christliche Weise gestaltet und
zu ihrer Vollkommenheit wird gelangt sein, auf diesen Punkt
wird zurückkommen müssen, aber von einem anderen Prinzipe aus und auf ganz allgemeine Weise. Sie hat aber
früh einen anderen Gang genommen und jene Forderung
dahin gesteigert, der Klerus solle gar nicht heiraten, womit
sich bald des Bestreben eines großen Teils der Laien ver-

banb, dem Klerus wenigstens in dieser Art der Heiligkeit ähnlich zu werden, wenn sie auch sonst nicht imstande wären, die ihm obliegenden Pflichten zu erfüllen. Daher das klösterliche Wesen, durch welches das Vorurteil von einer besonderen Heiligkeit des ehelosen Standes bis zur Reformation permanent geworden ist. Von der Reformation an aber hat man den Weg wieder rückwärts gemacht und also natürlich damit angefangen, die beiden Punkte, in denen das πρῶτον ψεῦδος lag, zusammengenommen zu bestreiten, nämlich einerseits, daß die sinnliche Begründung der Ehe die richtige sei, und anderseits, daß dem ehelosen Stande eine besondere Heiligkeit zuzuschreiben sei. Und das ist der negative Teil der evangelischen Theorie über die Ehe. Der positive ist die wahrhaft sittliche Begründung der Geschlechtsgemeinschaft, die Aufstellung des wahrhaft sittlichen Prinzips der Ehe und die Anleitung, demselben im Leben immer näher zu kommen.

Steht nun aber die Sache so, daß die Fortpflanzung des menschlichen Geschlechts ein wesentlicher Teil des ganzen verbreitenden Prozesses ist; ist ferner der verbreitende Prozeß eine ganz allgemeine Pflicht, müssen wir dann nicht sagen: Der ehelose Stand, weit entfernt ein vorzüglich heiliger zu sein, ist ein ganz besonders unvollkommener, und kein Christ darf sich der Ehe entziehen, eben weil er sich keinem wesentlichen Elemente der ganzen sittlichen Aufgabe entziehen darf? So viel freilich werden wir ohne weiteres zugeben müssen, daß ein bestimmter Entschluß, unter keiner Bedingung das eheliche Band zu knüpfen, allemal unsittlich sei. Aber weiter werden wir auch nicht gehen können. Denn wenn wir die Möglichkeit nicht leugnen können, daß jemand niemals zu der Überzeugung kommt, mit einer bestimmten Person eine der Idee entsprechende Ehe führen zu können, so müssen wir auch zugeben, daß der ehelose Stand auf ganz schuldlose Weise vorkommen kann. Desto fester aber müssen wir dabei beharren, daß es das Prinzip unserer evangelischen Kirche ist, daß niemand darf außer der Ehe bleiben wollen; schon die Pflicht, Anteil zu nehmen an der extensiven Verbreitung des Christentums in der Zeit, darf solchen Willen niemals aufkommen lassen, ganz abgesehen davon, daß das christliche Familienleben von unersetzlichem Wert ist für den gesamten intensiven Verbreitungsprozeß.

B. Von der Kirchengemeinschaft in Beziehung auf den verbreitenden Prozeß.

Wir können uns die lebendige Persönlichkeit Christi nicht denken, ohne daß eine Verbreitung des göttlichen Prinzips auf andere von ihm ausgegangen wäre. Denn erst beides zusammengenommen macht die Qualität des Erlösers aus: seine eigene Unsündlichkeit und die Kraft sie auf andere zu übertragen, die erste als conditio sine qua non, die letztere als die positive Seite seiner erlösenden Thätigkeit. Setzen wir nun also voraus, daß der göttliche Geist mehreren eingepflanzt ist, aber ohne daß der Zielpunkt, die Durchdringung des ganzen menschlichen Geschlechtes, schon erreicht wäre, so folgt, daß diesen mehreren sich auch die Richtung auf die Verbreitung muß mitgeteilt haben. Damit aber, daß jeder diese Richtung nur für sich hätte, würde keine Kirche sein; denn diese ist die organische Verbindung der Gläubigen, auf welcher die Verbreitung des christlichen Geistes beruht; sie müssen also organisch untereinander verbunden sein. Sind sie nicht verbunden, so kann auch unsere Aufgabe nicht gelöst werden. Denn jeder Einzelne, welcher der christlichen Gesinnung soll teilhaftig werden, bedarf auf sich des vereinigten Einflusses aller, sofern diesseit der absoluten Vollendung kein

Einzelner vollendet ist, und also jeder zur Vollendung des Prozesses das Seinige beitragen muß. Und wirken alle nur zufällig auf jeden Punkt, so ist keine Gemeinschaft im engeren Sinne, sondern nur auf unbewußte Weise. Aber eine solche zufällige Gemeinschaft wäre selbst etwas Unvollkommenes; wäre also nichts gegeben als sie, so wäre die nächste Aufgabe die, sie zu einer bewußten herauszubilden. Folglich müssen alle organisch verbunden sein und in organischer Gemeinschaft wirken, d. h. sie müssen Kirche sein.

Die vollständige Theorie der Kirche aufzustellen, ist nicht dieses Ortes. Die Theorie der Ehe war hier an der Stelle, denn die Ehe hat ihre dominierende Tendenz in dem Teile der Aufgabe, den wir jetzt behandeln. Der Verbreitungsprozeß ist zwar auch eine wesentliche Funktion der Kirche, aber das eigentliche innerste Wesen derselben besteht doch in dem gemeinsamen Leben der Gläubigen, sofern es ist, nicht sofern es anderen mitgeteilt werden soll; die Theorie der Kirche hat also wesentlich ihren Ort im darstellenden Handeln. Der Zusammenhang in unserer Darstellung ist dieser: Beim reinigenden Handeln haben wir beide Gemeinschaften vorausgesetzt, die Familie und die Kirche; hier im verbreitenden Handeln war der Ort, die Entstehung der Familie zu entwickeln, die Kirche aber bleibt noch Voraussetzung; denn um zu beschreiben, wie der Verbreitungsprozeß in ihr beschaffen sei, haben wir mehr zu sehen auf ihr Bestehen, als auf ihr Entstehen; aber im darstellenden Handeln wird der Ort sein, auch ihre Genesis zu entwickeln.

Muß nun Kirche sein, damit verbreitendes Handeln sei, wie wird denn das verbreitende Handeln der Kirche beschaffen sein? Von der Ehe haben wir geredet, und zwar gerade sofern sie aufgegeben ist durch den verbreitenden Prozeß, aber wir haben nicht gezeigt, wie das verbreitende Handeln in ihr sich gestalte. Dessen bedurfte es aber auch nicht. Denn das Besondere gehört in die eigentliche Technik der Erziehung, mit der wir es hier nicht zu thun haben; abgesehen aber davon wird mit dem verbreitenden Handeln der Kirche überhaupt das verbreitende Handeln in der Familie vollständig beschrieben, gerade so wie auch das Handeln des Einzelnen in der Kirche auf sich selbst, das wir im gemeinen Leben immer postulieren, und welches andere sonst denkbar ist, da in Wahrheit nur die Kirche es ist, die da verbreitend handelt, und die unmittelbaren Subjekte nichts anderes dabei sind als die Organe derselben. Womit auch übereinstimmt, was wir als Gegenstück dazu annehmen müssen, daß alles, was wir uns in Beziehung auf den Verbreitungsprozeß als vollendet denken, eo ipso Kirche wird und aufhört, für sich zu bestehen als Einzelnes. Wir werden also das verbreitende Handeln im häuslichen Leben als das Handeln der Kirche ansehen müssen und in dieses mit aufnehmen. Weil aber die Kirche vollständiger organisiert ist, sofern sie die Familie in sich aufgenommen hat und die organische Verbindung ist von christlichen Hauswesen, und unvollständiger, sofern sie nur die organische Verbindung ist von Einzelnen, so werden wir zweierlei Formen des verbreitenden Handelns in ihr zu unterscheiden haben, eine, die sich auf den vollkommenen Zustand der Organisation bezieht, das Handeln in der Familie und von der Familie aus, und eine, die auch in der unvollkommenen Organisation stattfindet, das Handeln der Einzelnen. Andere organische Verbindungen aber, die untergeordnete Teile der Kirche sind, kennen wir noch nicht; wir können also auch auf sie noch keine Rücksicht nehmen.

Fragen wir aber nach dem Inhalte des verbreitenden Handelns in der Kirche, so ist es unserer früheren Entwickelung gemäß auf die Bildung der Gesinnung gerichtet,

und auf Talentbildung nur um der Bildung willen der Gesinnung. Aber was wird verbreitet, indem Gesinnung verbreitet wird? Wir haben uns schon überzeugt, daß der
Gegensatz zwischen Gesinnung und Talent nur ein relativer
ist. Wenn also auch das Talent eine Mehrheit ist und die
Gesinnung eins, sofern eins dem anderen gegenübergestellt
wird, so wird doch die Gesinnung, an sich betrachtet, nur eine
relative Einheit sein und es wird sich eine Mehrheit darin
unterscheiden lassen, ohne daß man auf das Gebiet des
Talentes übergeht. Sofern sie aber eine Einheit ist, ist sie
nichts anderes, als die Herrschaft des heiligen Geistes.

Bleiben wir hierbei einen Augenblick stehen und fragen
wir wieder, wie denn diese Herrschaft solle hervorgebracht
werden in einem Menschen, in welchem sie noch Null ist, so
können wir nur antworten: Durch Einwirkung eines anderen,
in welchem der heilige Geist schon herrschend geworden ist.
Aber diese Einwirkung wird leer sein, wenn nicht in demjenigen, auf welchen gewirkt wird, eine Rezeptivität vorhanden
ist für das einwirkende Prinzip. Führt uns nun das erste
gleich zurück auf die Idee eines erlösenden Individuums, so
müssen wir sagen, ohne Rezeptivität im menschlichen Geschlechte wäre die Erscheinung des Erlösers umsonst gewesen.
Aber auch das ist klar, daß, wenn die Rezeptivität von selbst
hätte in Spontaneität übergehen können, die Erscheinung des
Erlösers überflüssig gewesen wäre. Folglich ist auch der
Übergang aus der Rezeptivität in die Spontaneität nur als
Produkt einer Einwirkung von außen zu denken. Hier
kommen wir aber in einen scheinbaren Widerspruch, wenn
wir fragen, wie denn der verbreitende Prozeß dabei solle
zustande kommen. Er beruht nämlich auf dem Gefühle der
religiösen Lust, d. h. auf dem Bewußtsein der Kraft, auf
andere zu wirken. Aber wohin soll die Kraft sich wenden?

Offenbar auf die allgemein im menschlichen Geschlechte vorauszusetzende Rezeptivität. Aber wohin hier? Offenbar, wo
sie bestimmt hervortritt und also bestimmend auf die Kraft
einwirkt. Indessen wie soll sie bestimmt hervortreten, wenn
nicht zuvor auf sie gewirkt ist? Da scheint also die Kraft
warten zu müssen auf die Rezeptivität und diese auf jene,
und die eine scheint nicht bestimmt hervortreten zu können,
ehe sie durch die andere bestimmt hervorgerufen ist. Das
wäre nun in der That ein unauflöslicher Widerstreit, wenn
es keine andere Thätigkeit des herrschenden göttlichen Geistes
gäbe, als die verbreitende selbst. Er löst sich aber sogleich,
wenn wir zurückgehen auf das darstellende Handeln, in
welchem die Kirche ihren wesentlichen Ort hat und aus
welchem das verbreitende sich allein entwickeln kann. Nämlich indem sich in dem inneren Leben der Kirche die Herrschaft des heiligen Geistes manifestiert, durch die Darstellung
aber dieses Leben Erscheinung wird, so wird dadurch der
Geist selbst erscheinend und wahrnehmbar und kann die
Rezeptivität derer, die außerhalb der Kirche sind, wecken, so
daß nun auch sie ihrerseits darstellen, daß sie den wahren
Gegenstand ihres Verlangens gefunden haben. Und so war
es ja auch in dem Leben Christi; die reine Darstellung seiner
selbst machte ihm diejenigen sichtbar, auf welche er sein
eigentlich verbreitendes Handeln richten konnte.

Nun aber zurück zu unserer Frage nach dem eigentlichen
Inhalte von der Übertragung der Herrschaft des Geistes.
Wir müssen sagen, zunächst ist es der Geist im allgemein
menschlichen Sinne, der auf die Potenz des Geistes im
christlichen Sinne erhoben und also vergöttlicht werden soll.
Aber der Geist im allgemein menschlichen Sinne offenbart
sich in der Seele schon in zwei voneinander nicht zu trennenden Formen, nämlich in Vorstellungsvermögen und Be-

4*

gehrungsvermögen, in Verstand und Willen; folglich wird auch die Verbreitung der Gesinnung selbst sogleich eine solche Duplizität werden und darin bestehen, daß Vorstellungsvermögen und Begehrungsvermögen Organe des Geistes werden, daß nur unter der Potenz des göttlichen Geistes gedacht wird und gewollt. Indem wir aber vorausgesetzt haben, der erste Anfang könne nur durch eine von einem anderen ausgehende Einwirkung des göttlichen Geistes gemacht werden, so muß doch diese Einwirkung aufgenommen, also zuerst eine Fähigkeit sie aufzunehmen da sein, und beides zusammengenommen wird zunächst eine Veränderung im Selbstbewußtsein hervorbringen, so daß das erste, was geschieht dieses ist, daß der Geist eindringt in das Gefühl, in das unmittelbare Selbstbewußtsein, und das zweite dieses, daß er Spontaneität wird durch den Übergang in die Duplizität des Verstandes und des Willens; denn in dem unmittelbaren Selbstbewußtsein an und für sich bleibt er Rezeptivität. Aber hierin ist nun auch der ganze Prozeß beschlossen, auch die intensive Vollendung der ganzen Aufgabe. Denn ist das Selbstbewußtsein nichts mehr als Rezeptivität für den göttlichen Geist, und ist die Duplizität des Verstandes und Willens dem Geiste vollständig als Organ angebildet, so ist einerseits unmöglich, daß die untergeordnete Funktion, das was die Schrift das Fleisch nennt, noch irgendwie für sich sei und herrsche, anderseits daß es an irgendetwas fehle, was zur Lösung der ganzen sittlichen Aufgabe irgend wesentlich ist. Wir haben also die vollständige Formel für den ganzen Prozeß und werden nun betrachten können, was die Kirche eigentlich Spezielles ist in Beziehung auf die Verbreitung, und wie das verbreitende Handeln in Beziehung auf die schon aufgestellten Gegensätze weiter zu entwickeln ist.

Der Gegensatz zwischen der extensiven und der intensiven

Richtung ist zwar nur ein relativer, läßt sich aber doch auf bestimmte Weise fixieren. Die erste bewirkt, daß immer mehr Menschen Christen werden, die andere, daß in allen, welche zur Gemeinschaft der christlichen Gesinnung schon gehören, die Gewalt des christlichen Geistes immer vollständiger wird. Offenbar aber ist die erste eigentlich ein immer erneutes Anknüpfen, und die letzte schließt das in sich, was auf dieses Anknüpfen folgt. Die extensive Richtung kann keine andere Grenze haben, als die Totalität des menschlichen Geschlechtes selbst, ist also insofern unendlich, als wir uns dasselbe auf Erde fortbestehend denken durch den Wechsel von Tod und Erzeugung. Wie steht es aber in dieser Hinsicht mit der intensiven Richtung? Denken wir uns hier die Kirche als handelndes Subjekt und diejenigen, die schon in die Gemeinschaft der Gesinnung aufgenommen sind, aber des Handelns auf sich noch bedürfen, als Objekt, so können wir die Sache auf eine zwiefache Weise ansehen. Wir können nämlich sagen: Hier ist ein Handeln der Kirche auf diejenigen, die in einem gewissen Sinne schon Kirche sind, in einem anderen noch nicht. Wir können aber auch sagen, hier ist ein Handeln der Kirche auf sich selbst, indem doch alle, in denen die christliche Gesinnung schon begonnen hat, zur christlichen Gemeinschaft gehören. Welche Ansicht ist — nicht die richtigere, denn beide sind richtig, aber welche ist für den Gebrauch in der Theorie die bequemere? Die erste wird unbequem, weil wir doch bei ihr Subjekte und Objekte nicht recht unterscheiden können. Denn da es, bis die absolute Vollendung der Kirche erreicht sein wird, keinen Einzelnen in ihr giebt, in welchem nicht die Herrschaft des Geistes noch einer Erhöhung fähig wäre, so sind immer alle Objekt. Und da sich anderseits niemals bestimmen läßt, wie weit die Gesinnung in einem Einzelnen schon müsse gesteigert sein, damit er anfangen könne, auf solche zu wirken, in welchen die Gesinnung noch nicht auf dem rechten Punkte ist, so sind immer alle, die schon in der Kirche sind, auch Subjekt. Dies führt uns also auf die andere Ansicht zurück, daß der ganze Prozeß der Steigerung anzusehen ist als ein Handeln der Kirche auf sich selbst. Betrachten wir ihn nun so, so scheinen wir sagen zu müssen: Von Christus konnte immer noch eine Wirkung ausgehen auf jeden anderen; der Prozeß war also als ein unendlicher anzusehen, so lange Christus auf Erden lebte. Seitdem aber der Prozeß ein Handeln ist der Kirche auf sich selbst, scheint er in sehr enge Grenzen eingeschlossen. Die Einzelwesen, welche die Kirche bilden, sind jetzt freilich in sehr verschiedenem Grade vom Geiste beseelt, und diejenigen, in welchen die Herrschaft des Geistes über das Fleisch am stärksten ist, können allerdings auf die übrigen wirken. Aber sie können es doch nur so lange, als diese ihnen noch nicht gleich sind; ihre steigernde Wirksamkeit muß also ein Ende haben, sobald sie erreicht sind. Wird der ganze geschichtliche Verlauf der Kirche auf diese Weise konstruiert, so wird Mannigfaltigkeit und Wechsel der Zustände nur möglich erscheinen unter der Form der Oscillation, der freilich alles Irdische unterworfen ist, und es wird ein Fortschritt nur denkbar sein, wenn zuvor ein Rückschritt stattgefunden hat. Und wirklich sagt man: Die erste christliche Kirche ist der Normalzustand, denn in den unmittelbaren Jüngern Christi, die sie bildeten, war das Maximum seiner Wirkung; sie waren alle auf dem Punkte, auf den alle gebracht werden sollen, und alle auf diesen Punkt zu bringen, war ihre Tendenz. Aber von ihnen an giebt es nichts als Oscillation, Rückschritt, und dann wieder Fortschritt; übertroffen werden können sie nicht. Aber diese Ansicht kann uns nicht befriedigen; wir postulieren beständige Fortschreitung, und das gründet sich auf die Voraussetzung der Christo inwohnenden göttlichen Kraft. Wie ist nun dieses auszugleichen? Nur in der Idee des heiligen Geistes als des gemeinsamen Lebensprinzips in der Kirche. Seine Gewalt in der Kirche entwickelt sich in beständiger Steigerung, auch ohne Rücksicht auf die Individuen; er steigert die Kirche als ein Ganzes, indem er seine Vereinigung mit ihr steigert, und das Mehr oder Weniger, das sich dabei in den Einzelnen findet, sind nur die mehr oder weniger hellen Punkte des Bewußtseins der Kirche von der immer wachsenden Gemeinschaft mit ihm, sowohl was das Vorstellungsvermögen betrifft, als was das Begehrungsvermögen. So daß wir also sagen können, jene Grenze ist aufgehoben in dem freien Walten des göttlichen Geistes als des schlechthin gemeinsamen Lebensprinzips in der Kirche; denn zu jeder Zeit manifestiert er sich in Einzelnen in einem höheren Grade, als er sich im Durchschnitte jeder früheren Zeit manifestierte; und so ist immer wieder etwas in Einzelnen gesetzt, das über das Gegebene hinaus geht und dem alle übrigen angenähert werden müssen. Dies ist freilich nicht in dem Grade begreiflich, daß man es einem Calculus unterwerfen könnte, aber es ist auch nicht einzusehen, warum man es für das gemeinsame Leben nicht sollte gelten lassen, da man es für das Einzelne gar nicht leugnen kann, wie denn jedermann die Differenz reicherer und dürftigerer Momente in demselben Individuum anerkennt. Auch leugnet man es nicht, wenn man die menschliche Natur betrachtet, abgesehen vom Geiste im eigentümlich christlichen Sinne. Die Vernunft — so lehren schon die Alten — ist der κοινὸς λόγος, das in allen Identische, und ihr Leben manifestiert sich in einem freien, keinem Calculus zu unterwerfenden Walten, das in Einzelnen stärker hervortritt, als in allen übrigen, ohne von den Einwirkungen anderer abhängig zu sein, und so etwas Neues hervorbringt. Und nicht nur nicht zu berechnen ist es, es ist auch die Grenze dessen, worüber sittliche Vorschriften gegeben werden können. Nämlich darüber, daß eine Manifestation des christlichen Geistes erfolge, die den Durchschnitt des bisher gegebenen christlichen Lebens übersteigt, läßt sich nichts sittlich vorschreiben; wir können nur sagen, daß sie, wenn sie einmal gegeben ist, ein neuer Impuls werden soll zu verbreitendem Handeln, und daß die größte und schleunigste Annäherung an sie, als an das gegebene Maximum der Manifestation des Geistes, gefordert ist. Eine solche höhere Manifestation des Geistes, die so geschichtlich auf eine nicht zu berechnende Weise erscheint, ist eine neue Gnadenwirkung Gottes in Christo. Unmöglich also kann es für ihr Entstehen eine sittliche Anweisung geben. Aber ist sie da, so muß sie Natur werden, und dabei ist sie dann auf dem Gebiete der sittlichen Vorschriften Denken wir uns nun einen Zeitpunkt, der freilich niemals eintreten wird, in welchem alle Glieder der Kirche absolut gleich wären, so könnte ein weiteres geschichtliches Leben nur entstehen, wenn dieser ganzen Masse als einer für die göttliche Gnade empfänglichen Natur eine neue Manifestation dieser Gnade zuteil würde, an deren Wahrnehmung sich dann der Prozeß des verbreitenden Handelns von neuem anschließen könnte und müßte, und das wäre der reine Typus des Prozesses, wie wir ihn hier im Auge haben. Wenn wir also den Steigerungsprozeß immer nur ansehen können als Handeln der Kirche auf sich selbst, aber unter der Voraussetzung von sich wiederholenden Anfangspunkten, die in dem freien Walten des göttlichen Geistes begründet sind, so müssen wir sagen, daß der Unterschied der extensiven und intensiven Richtung auf gewisse Weise zusammenfällt mit dem früher aufgestellten Gegensatze des repräsentativen und

korrektiven Handelns, d. h. auf der einen Seite eines Handelns, welches ein gewisses Maß des sittlichen Zustandes nur
ausdrückt, und auf der anderen Seite eines Handelns, wodurch dieses Maß sich erhöht. Denn denken wir uns die
ganze christliche Gemeinschaft thätig in der Verbreitung nach
außen, so kann sie nur mitteilen wollen, was in ihr schon
gesetzt ist. Der ganze extensive Prozeß ist also nur der
Ausdruck des Grades von Vollkommenheit, den die Kirche
schon hat, des Maßes, in welchem der Geist sich ihr schon
mitgeteilt hat. Durch den intensiven Prozeß dagegen wird
dieser Grad, dieses Maß selbst erhöht.

Betrachten wir nun beide Seiten noch näher. Die eine
Seite der Aufgabe ist doch, daß die christliche Gemeinschaft
die christliche Gesinnung überallhin zu verbreiten suche, wo
sie noch nicht ist. Nach welcher Regel soll denn dieses geschehen? Geschichtlich sind zwei Formen dazu gegeben. Die
eine nähert sich gleichsam dem Naturgesetze der Kontinuität,
indem dasjenige, was dem Raume nach der christlichen Kirche
am nächsten steht, von ihr angezogen wird, so daß eine
Kohärenz entsteht, die sich immer erweitert. Die andere
nähert sich dem Naturgesetze der Wahlanziehung, indem einzelne wirksame Punkte sich, abgesehen von allen Raumverhält-
nissen, dasjenige aufsuchen, zu dem sie in besonderer Verwandtschaft stehen. Das letztere Verfahren ist dasjenige,
welches dem gesamten Missionswesen in der christlichen Kirche,
das erstere dasjenige, welches dem Erziehungswesen zum
Grunde liegt, und zwar dem Erziehungswesen sowohl im
eigentlichen Sinne in Beziehung auf die Zeitfolge der Geschlechter, als im uneigentlichen in Beziehung auf die äußeren
Grenzen der Kirche. Denken wir uns, daß die Kirche irgendwo
an unchristliche Gebiete grenzt, so sind diese der Stoff, der
zum Christentume erzogen werden soll, und das Streben,

sie sich einzuverleiben, kann der Kirche niemals ganz fehlen,
wenn sie anders nicht bloß eine leere Form ist. Von Anfang an ist aber auch das andere Gesetz in der christlichen
Kirche herrschend gewesen, denn schon von den Aposteln selbst
ist das Christentum durch Aufsuchen des Verwandten in der
Ferne verbreitet worden. Wie stehen nun beide Methoden
zueinander? Die Verbreitung des Christentums ist ein so
allgemeiner Beruf, daß sich eigentlich kein Christ davon ausschließen kann. Allein wollte man sagen, jeder müsse auch
an beiden Formen derselben teilnehmen, so würden wir das
nicht zugeben können; und das allgemeine Gefühl wird auch
immer dieses sein, daß die Mission einen ganz besonderen
Beruf erfordert und also nicht eines jeden Sache sein kann.
Das aber nun als sittliche Aufgabe festzustellen und die
Formel dafür zu suchen, scheint sehr schwierig. Wir haben
schon früher bei der Behandlung der Ehe auf beide Methoden
aufmerksam gemacht und auch darauf, daß sich das Verhältnis derselben in der Zeit sehr geändert hat. In der
ersten Zeit der christlichen Kirche erscheint uns die Form der
Mission als diejenige, durch welche am meisten ausgerichtet
wurde, jetzt dagegen erscheint es umgekehrt, jetzt scheint jeder
nur den Beruf zu haben, das Christentum in seinen häuslichen Verhältnissen fortzupflanzen, und das Hinausgehen
aus diesen, um das Christentum in die Ferne zu verbreiten,
kann man zwar zulassen, wenn eine unüberwindliche Neigung
dazu treibt, aber es ist niemandem zuzumuten. Von Christo
selbst freilich finden wir nur die Form der Mission eingesetzt (Matth. 28, 19) und für die andere Form keinen
bestimmten Auftrag. Aber wie sehr man das auch urgieren
will, niemals kann man daraus folgern, daß Christus damit
der Methode der Mission einen Vorzug gegeben habe vor
der durch die ursprüngliche Konstitution des menschlichen

Geschlechtes eingesetzten. Über diese letztere besondere Vorschriften zu geben, hielt Christus nicht für nötig, denn sie
verstand sich von selbst, und der eigentliche Sinn seiner Anweisung ist dieser: Thut was ihr könnt, eure Kinder und
alle, mit denen ihr sonst in unmittelbarer Berührung seid,
zu Christen zu bilden; aber begnügt euch nicht damit, sondern bringt es auch anderen, bringt es allen. Ein Wechsel
dieser Formen aber in Beziehung auf ihren Umfang war
sehr natürlich, und wenn wir sagen, die Wirkung, welche an
den Grenzen der Kirche durch Verkehr mit nichtchristlichen
Völkern von selbst erfolgt, sei etwas nicht eigentlich zu der
Form der Mission Gehöriges, sondern dem Gesetze der Kontinuität unterworfen, so müßte eigentlich jetzt, wo einzelne
christliche Elemente über alle Gegenden der Erde ausgestreut
sind, das Christentum sich verbreiten können, ohne daß die
Form der Mission stattfände. Und fragen wir, warum ist
jetzt noch die Form der Mission notwendig und wie läßt
sie sich rechtfertigen, so können wir nur antworten: Wenn
solche Zerstreuungen christlicher Elemente, wie wir sie jetzt
überall sehen, über solche Gegenden, die noch nicht mit dem
großen Körper der christlichen Gemeinschaft zusammenhangen,
ursprünglich vom christlichen Interesse ausgegangen wären,
so würden jetzt keine Missionen mehr nötig sein. Da sie
aber ursprünglich von anderen Interessen, besonders von dem
des Handels, ausgegangen sind, so muß nun dem am
Christentume auf besondere Weise genügt werden; an die
Zivilisationsmissionspunkte müssen sich christliche Missionen
anschließen, und diese müssen nun offenbar von da ausgehen,
wo der christliche Geist am lebendigsten wirkt. Aber damit
sind wir nun auch wieder an der Grenze, und wir können
keine Formel aufstellen, vermöge deren einer an der Mission
teilzunehmen verbunden wäre oder von ihr ausgeschlossen,

sondern es hängt alles dabei ab von dem besonderen Triebe des Geistes und von der Stärke der Überzeugung, und ist also rein dem Gewissen eines jeden anheimzustellen.

Wie nun die freie Wirksamkeit des Geistes in den Individuen einerseits zu unterscheiden sei von der Wirksamkeit des göttlichen Geistes in Christo und anderseits ihr gleichzusetzen, das ist ein in der Dogmatik zu erledigender Punkt. Hier aber fragt sich, welche sittliche Regeln daraus abzuleiten sind.

Denken wir uns die christliche Kirche einer Steigerung fähig, sowohl in Beziehung auf das Vorstellungsvermögen als in Beziehung auf das Begehrungsvermögen, und nun in einem Punkt etwas entstehend, was sich für eine Steigerung ausgiebt, so ist das Ganze anfangs nicht fähig zu beurteilen, ob das eine Steigerung sei oder eine Abweichung. Es wird zunächst immer nur als eine Abweichung vom Bestehenden erscheinen, und ob es als Steigerung zu setzen sei, als Gnade in den Einzelnen, bestimmt, auf die Masse als auf Natur zu wirken, oder als Abweichung vom rein Christlichen, darüber wird sich nicht gleich ein sicheres Gefühl bilden, und das Gefühl, welches darüber besteht, wird nie als untrügliches anzusehen sein.

Welche Grundsätze müssen nun hier in der Kirche gelten, damit die Steigerung selbst möglich bleibe? Kein anderer, als der, daß jeder das Recht habe, sein Urteil über alles frei auszusprechen, daß Freiheit sei des Urteils, Freiheit in der Mitteilung auch desjenigen, was als Abweichung erscheint, weil es eine Steigerung in sich schließen kann. Denn sowie wir uns die Kirche so geschlossen denken, daß nichts in derselben mit der Absicht, daß es sich verbreite, mitgeteilt werden darf, was nicht dem Bestehenden gemäß ist, so ist an keine Steigerung zu denken. Freilich ist unser

Grundſatz gegenwärtig rein proteſtantiſch; denn die katholiſche
Kirche ſieht alles, was ſich dem ſchon Ausgeſprochenen ent-
gegenſtellt, als häretiſch an und läßt alſo eigentlich gar keine
Steigerung zu. Aber ehe der Gegenſatz zwiſchen Katholicismus
und Proteſtantismus ausgeſprochen war, herrſchte weniger
Zwang. Die katholiſche, die Entwicklung der Kirche durchaus
hemmende Praxis hat die Theorie zum Hintergrunde, nach
welcher die erſcheinende Kirche als abſolut vollendet angeſehen
wird. Unſere evangeliſche Theorie dagegen ſetzt die erſcheinende Kirche als werdend und als in keinem Momente
der Idee völlig entſprechend, alſo als immer noch einer
Reinigung fähig und einer Steigerung. Sobald wir daher
etwas dem katholiſchen Analoges, z. B. die Annahme, in
den ſymboliſchen Büchern ſei die vollkommenſte Darſtellung
der chriſtlichen Begriffe enthalten, in unſere Kirche eindringen
laſſen, ſtreben wir ſelbſt gegen ihr innerſtes Weſen an, gegen
das Prinzip, ohne welches ſie niemals hätte entſtehen können
und niemals beſtehen kann, ſo daß auch der ſie vernichtete,
der ſagen wollte, die Reformation ſei die letzte Vollendung
des Chriſtentums geweſen, die evangeliſche Kirche allein enthalte nur Wahrheit, und über ſie hinaus ſei keine Steigerung
mehr denkbar. Es entſteht alſo nach unſerer Regel von
dem erſten Momente der Erregung eines Einzelnen an ein
Verkehr, gleichſam ein Dialog zwiſchen ihm und der Maſſe,
und das chriſtliche Prinzip in dieſem Verkehre iſt das
ἀληθεύειν ἐν ἀγάπῃ, d. h. das Wahrheitſuchen unter der
Vorausſetzung, die Maſſe werde die Wahrheit, die ihr dargeboten wird, ſobald ſie ſie als Wahrheit erkannt hat, auch
annehmen, und der Darbietende werde, wenn er überzeugt
wird, er habe nicht etwas Beſſeres dargeboten, als ſchon
beſtand, ſeine Behauptungen als irrtümliche zurücknehmen.
Das entgegengeſetzte Prinzip, die Vorausſetzung, Gedanken-

probuktion auf der einen und Urteil darüber auf der andern Seite werde von ganz etwas anderem geleitet, als von dem chriftlichen Prinzipe, ist das der Ketzermacherei. Oft hat man unfere Grundfätze befchränken wollen burch die Feftftellung, die geforderte Mitteilung bürfe nur im Klerus ftatthaben, die Laien dagegen feien von dem ganzen Verkehr über noch ftreitige Punkte gänzlich auszufchließen. Wir können an biefer Stelle freilich infofern nicht vollkommen über biefe Befchränkung unferes Prinzips entfcheiden, als wir hier nicht auseinanberfetzen können, wie fich der Gegenfatz zwifchen Klerus und Laien in unferer Kirche geftalten muß. Aber wir werden doch in dem Gefagten hinreichende Mittel finden, den ganzen Vorfchlag abzuweifen. Denn ift es einmal das Prinzip der evangelifchen Kirche, die erfcheinende Kirche überhaupt als eine immer noch unvollkommene anzufehen, fo kann man davon auch keinen Punkt ausfchließen. Die Unvollkommenheit wird daher auch jederzeit in der Art und Weife fein, wie der Gegenfatz zwifchen Klerus und Laien konftruiert wird. Freilich, gehörte jemals zum Klerus kein anderer, als wer auch innerlich dazu qualifiziert ift, und gehörten jemals zum Klerus alle diejenigen, die wirklich dazu qualifiziert find, fo wäre die Befchränkung ganz in der Ordnung, denn dann wäre das Selbftbewußtfein des Ganzen im Klerus. Allein einen folchen Zuftand können wir unferem Prinzipe nach niemals als einen wirklichen annehmen; im Gegenteil, wir müffen annehmen, daß es in jebem gegebenen Zeitpunkte Perfonen giebt außerhalb des Klerus, welche ihrer Qualifikation nach Kleriker fein könnten. Von biefen müffen alfo ebenfo wohl Verbefferungen ausgehen können als von Klerikern. Daß fie nachher felbft Kleriker werden, ift etwas für fich Beftehendes. So war Calvin urfprünglich nicht Kleriker fonbern Jurift. Und

ebenso auf der Seite der Rezeptivität. Denn solange im
Klerus noch Personen sind, die nicht in ihm sein sollten,
so lange kann über viele Gegenstände ein weit richtigeres
Gefühl sein bei den Laien, als bei ihm, wie denn die
Reformation offenbar viel mehr durch das Gefühl und das
Urteil der Laien als durch das der Geistlichen entschieden
wurde. Nimmer also könnten wir uns in der evangelischen
Kirche solche Beschränkung gefallen lassen. Außer unserem
Kanon ist nun aber auch nichts weiter über die Sache festzustellen. Denn welchen Erfolg eine auf Verbesserung ge-
richtete Thätigkeit haben werde, hängt von dem Zustande
ab, in welchem sich das Ganze befindet, und für den Einzelnen
kann es keine Regel geben als die, daß er mit gutem Gewissen handle, wozu aber wesentlich gehört, daß er ein
richtiges Bewußtsein habe von dem Standpunkte, den er im
Verhältnisse zum Ganzen einnimmt. Wer unter dem Durchschnitte des Ganzen steht, kann nicht das Ganze steigern.
Will er es dennoch, so kann er nicht mehr guten Gewissens
sein und bedarf, daß ein reinigendes Verfahren auf ihn gerichtet werde, welches, wenn es zur rechten Zeit eintritt und
recht zu Werke geht, der Korruption teils vorbeugen, teils
abhelfen wird, die offenbar vorhanden sein muß, wo viele
auftreten, auf das Ganze zu wirken, die mit gutem Gewissen nur bereit sein könnten, das Ganze auf sich wirken
zu lassen.

Aber wie wir sehen, daß hier beide Prozesse ineinander
greifen, der reinigende und der verbreitende, so tritt nun
auch hervor, daß, wenn der extensive Prozeß des verbreitenden Handelns im Vergleich mit dem intensiven als
ein absolutes Anfangen betrachtet wird, und wenn also alles,
was nicht mehr der absolute Anfang ist, dem intensiven
anheimfällt, dieser intensive selbst wieder in einen relativen

Gegensatz zerfallen muß, indem es einerseits darauf ankommt, die Einzelnen zu dem im Ganzen schon Gegebenen, und anderseits darauf, das Ganze zu dem im Einzelnen neu Entstandenen hinanzubilden. Und halten wir das im Auge, so überblicken wir zugleich die ganze Stufenfolge der Örter, welche es für die Einzelnen in der Kirche giebt und in Beziehung auf die eben jeder suchen muß, zum rechten Selbstbewußtsein zu gelangen. Denken wir uns nämlich den Einzelnen so in die christliche Gemeinschaft verflochten, daß die christliche Gesinnung als Prinzip in ihm gesetzt ist, so kann man von der einen Seite sagen, daß von diesem Momente an für kein anderes Handeln auf ihn noch Raum ist, als für ein reinigendes. Denn hat er einmal das christliche Prinzip aufgenommen, so liegt darin, daß ihm von nun an die ganze Organisation gehört, und zeigt sich, daß er sie sich in einem bestimmten Punkte doch nicht angeeignet hat, so kann man das ansehen als einen Rückschritt, der ein wiederherstellendes Handeln fordert; was damit zusammenhängt, daß jedes sittliche Handeln auf jede der drei Formen zurückgeführt werden kann, auf die reinigende, die verbreitende und die darstellende. Jetzt sehen wir aber die Sache von der anderen Seite an, von der nämlich, daß die Einpflanzung der christlichen Gesinnung in den Einzelnen nur ein absoluter Anfang ist, das christliche Prinzip bei seinem Eintreten in den Einzelnen quantitativ nur ein Minimum. Dann aber wird der Einzelne unterhalb des Durchschnittes des Ganzen stehen, und der erste Ort für ihn wird der sein, auf welchem er dem Ganzen erst zu assimilieren ist, der zweite der, an welchem er selbst Anteil nehmen kann an dem von dem Ganzem ausgehenden Assimilationsprozesse, also mitwirken kann auf diejenigen, die noch auf dem ersten Punkte stehen, auf dem des absoluten Anfanges. Dieser zweite Ort ist der der religiösen Mündigkeit, bei uns bezeichnet durch die Konfirmation, auf dem aber jeder immer noch das Bewußtsein haben wird, daß er selbst auch noch der Einwirkung auf sich vom Ganzen aus bedürfe und daß er am Steigerungsprozesse im engsten Sinne noch nicht teilnehmen könne. Kann er daran teilnehmen, so nimmt er die höchste Stufe ein, den dritten Ort, der aber nicht genauer zu bestimmen ist. Sehr viele werden diese Qualität haben, ohnerachtet sie nicht zum Klerus im realen Sinne gehören, so daß wir hier ein Reales und Ideales unterscheiden, womit wir aber auf rein protestantischem Standpunkte stehen, da die katholische Kirche eine solche Unterscheidung nicht zuläßt.

Die christliche Gemeinschaft muß also, wie einerseits in der extensiven Verbreitung der christlichen Gesinnung begriffen sein, so anderseits sich die Aufgabe stellen, zuerst diejenigen, in welchen der christliche Geist zu wirken begonnen hat, auf den Punkt der religiösen Mündigkeit zu bringen und sie dann so weit zu fördern, daß sie ein Recht gewinnen zur Mitteilung ihres Urteils über alles, was die Vervollkommnung der christlichen Gesinnung darstellt, ein Recht also, an dem allgemeinen Steigerungsprozesse teilzunehmen, worin zugleich liegt, daß jeder, der so sittlich mitsprechen kann, auch angesehen werde als ein solcher, in welchem sich die Kraft erzeugen könne zur Steigerung der Gemeinschaft als eines Ganzen. Offenbar kann diese Aufgabe niemals so gelöst werden, daß nicht immer eine Ungleichheit bliebe in der christlichen Gemeinschaft; sie wird immer ihre verschiedenen Räume und Abteilungen haben. Aber so soll sie gelöst werden, daß auf fortwährende Steigerung jedes Einzelnen hingewirkt und keine andere Grenze angenommen wird, als die jeder hat in seiner Empfänglichkeit. Fragen wir nun: Wie kann sie gelöst werden? so müssen wir zurückgehen auf die Duplizität, in welcher sich die Herrschaft des Geistes darstellt, also auf diese Herrschaft unter der Form [des Gedankens und unter der Form der Willensbestimmung. Im allgemeinen aber werden wir sagen müssen, daß die christliche Kirche, soweit sie in diesem Handeln begriffen ist, sich uns darstellt unter der Form der Schule, und zwar in dem zwiefachen Sinne dieses Ausdrucks, sofern er uns einerseits eine Fortpflanzung und Erhaltung, eine Tradition bestimmter Lehren, und anderseits auch eine Übungsanstalt bezeichnet, oder sofern er einerseits mehr auf die Idee der Wissenschaft, oder anderseits mehr auf die Idee der Kunst bezogen wird. Aber nicht so fassen wir den Ausdruck Schule, wie er auf Talentbildung geht, auf Fertigkeiten; sondern wenn wir sagen, die christliche Kirche solle zur Steigerung der Gesinnung als Schule organisiert sein, so meinen wir nur, sie solle eine Institution sein, die sich selbst erhält, indem sie ihr Prinzip in jedem ihrer Mitglieder immer von neuem erregt und so sich permanent in ihnen und durch sie fortbildet, und das liegt doch wesentlich in dem Begriffe einer Schule.

Wie kann nun durch die Einwirkung einer solchen eine bestimmte Art und Weise der Willensthätigkeit in den Einzelnen erregt werden? Das ist nur möglich, wenn wir in ihnen selbst eine Duplizität voraussetzen oder hervorrufen, vermöge deren sie uns einerseits Objekte der Thätigkeit sind, anderseits aber auch dem, was auf sie wirken soll, angehören, und wir müssen sagen: Alle Wirksamkeit der Kirche auf Erhöhung der Gesinnung im Einzelnen beruht darauf, daß er durch sein Gemeingefühl der christlichen Gemeinschaft auch in dieser ihrer Wirksamkeit schon angehört, zugleich aber durch sein persönliches Gefühl der Gegenstand sei, auf den sie wirkt. Wir werden uns diese Formel zu

einer lebendigen Anschauung erheben können, wenn wir dazu
nehmen, daß eine fortgehende sich gleichbleibende Art zu
handeln in einem Ganzen, wenn wir sie in dem Einzelnen
betrachten, dasjenige ist, was wir Sitte nennen, und nun
sagen: Die Kirche als Schule der Erhöhung der Willensthätigkeit ist nichts anderes, als eine Institution einer gemeinsamen sich gleichbleibenden Sitte. Diese als gemeinsames
Leben ergreift den Einzelnen so, daß er sich nicht von ihr
losmachen kann. Im ersten Anfange erscheint er dabei als
leidend; je mehr aber der Gegensatz verschmilzt, desto mehr
wird alle eigene Willensthätigkeit der gemeinsamen assimiliert,
die Übereinstimmung des Einzelnen mit der Sitte wird seine
eigene Thätigkeit, und das ist der Übergang von dem Zustande,
in welchem die christliche Kirche auf ihn wirkt, zu demjenigen,
vermöge dessen er mitwirkt. Die Aufgabe wird also von
dieser Seite dadurch gelöst, daß in der Kirche eine Gleich-
mäßigkeit der Sitte besteht, in welche sich immer mehr alle
Einzelnen hineinfügen, die aber selbst auch wieder als der
Vervollkommnung fähig angesehen werden muß, solange die
Kirche noch im Werden ist. Wird der Ausdruck Sitte oft
nur auf das mehr Äußerliche bezogen, so ist das eine Beschränkung, in die wir hier nicht eingehen; wir verstehen
darunter die gesamte christliche Handlungsweise, die sich in
der Gesamtheit der christlichen Tugenden darstellt. Übrigens
ist hier wieder ein Punkt, wo wir auf den folgenden Teil
verweisen müssen. Denn fragen wir: Worin besteht
materialiter die Sitte? so gehört das nicht hierher, sondern
ins darstellende Handeln. Hier betrachten wir sie bloß
formaliter und sagen: Sofern sie in der christlichen Kirche
herrscht, ist sie Schule, Bildungsanstalt für die Willensthätigkeit der Einzelnen.

Aber was ist nun diese Wirksamkeit als Thätigkeit der

5*

Einzelnen, die zusammen die chriſtliche Gemeinſchaft bilden?
Keine andere als die des guten Beiſpiels. Je mehr dieſes
in der chriſtlichen Kirche gegeben wird, deſto ſchneller wird
der Entwickelungsprozeß in den Einzelnen fortſchreiten; je
weniger, deſto geringer iſt die Wirkſamkeit des Ganzen, der
chriſtlichen Sitte als Schule. Es kommt alſo jedem zu,
das Seinige beizutragen, daß die Wirkſamkeit der Kirche in
dieſen Beziehung ihr Maximum erreiche, d. h. immer in
der Bahn des guten Beiſpiels zu bleiben. Freilich, wenn
oft geſagt wird, man müſſe manches um des guten Beiſpiels
willen thun, was man ſonſt nicht thun würde, ſo iſt das
durchaus verwerflich. Ein ſolches Handeln wäre unwahr,
könnte alſo auch niemals zur Förderung der Sittlichkeit ge-
reichen, niemals ein gutes Beiſpiel ſein. Darum kann nur
der ein gutes Beiſpiel geben, der materialiter nichts thut,
was er nicht auch ohne alle Rückſicht auf das Beiſpiel thun
würde; das gute Beiſpiel iſt nichts, als die Herrſchaft der
chriſtlichen Sitte ſelbſt. Allerdings könnte man dagegen
anderſeits ſagen, ſo ſei nun zwar der Ausdruck „Gutes Beiſpiel“ ganz gereinigt, aber auch ganz leer. Denn wenn ich,
was ich als gutes Beiſpiel thue, ohnehin ſchon thun muß
um meiner eigenen Sittlichkeit willen, ſo kommt durch die
Formel nichts hinzu zu meinem Handeln. Aber es ſoll
auch in der That materialiter nichts hinzukommen. Wenn,
wie wir darüber ſchon einig geworden ſind, jede der drei
Formen des Handelns auf jede reduziert werden kann, ſo
kann alles verbreitende Handeln angeſehen werden als in
dem darſtellenden eingeſchloſſen. Das iſt vollkommen wahr.
Aber es kommt in dem verbreitenden Handeln doch etwas
hinzu, äußerlich freilich nichts, aber in dem Handelnden ſelbſt
dieſes, daß er ſein der chriſtlichen Sitte gemäßes Handeln
auch beſtimmt will als ein ſittliches Element in dem Ver-

breitungsprozeſſe des Ganzen; es iſt eine Erhöhung des
Bewußtſeins von dem eigenen Handeln für den Verbreitungsprozeß im Ganzen. Und in dieſem Sinne kann man von
jedem fordern, daß er ein gutes Beiſpiel gebe, d. h. daß
er das Bewußtſein habe, daß der Grad, in welchem ſeine
Geſinnung der chriſtlichen Sitte angemeſſen iſt, zugleich eine
Vermehrung oder Verminderung des verbreitenden Handelns
in der Gemeinſchaft in ſich ſchließt.

Wollen wir nun ebenſo im allgemeinen die andere Seite
betrachten, die Verbreitung der Geſinnung unter der Form
des Vorſtellungsvermögens, ſo müſſen wir weiter zurückgehen als bei dem vorigen Punkte. Nämlich das iſt gleich
von ſelbſt klar, daß nach allen Seiten hin eine veränderte
Handlungsweiſe entſtehen muß, ſobald der chriſtliche Geiſt
in ein einzelnes menſchliches Leben hineintritt, obgleich die
Veränderung größer ſein wird, wenn der Einzelne bisher
rein unter der Botmäßigkeit der Sinnlichkeit geweſen iſt,
geringer, wenn er ſich ſchon unter der Botmäßigkeit der
Vernunft befunden hat. Aber wenn man ſagt: Der Eintritt des chriſtlichen Geiſtes in ein menſchliches Leben bewirkt
auch eine gänzliche Veränderung in der Gedankenbildung, ſo iſt
das nicht ſogleich von ſelbſt einleuchtend. Dieſe Differenz hat
ihren Grund in dem Übergewichte des Praktiſchen über das Theo-
retiſche in den meiſten Menſchen. Nichtsdeſtoweniger aber geht
auf dieſer Seite eben ſolche Veränderung vor ſich als auf jener,
und wir müſſen darüber zu klarer Einſicht zu gelangen ſuchen.
Im allgemeinen wird es niemand leugnen, weil die Parallele
zwiſchen den beiden Funktionen im Menſchen zu klar iſt;
aber auch im Einzelnen muß es klar zu machen ſein. Die
Gedankenbildung und die Art, wie ſich unſere Willens-
beſtimmungen ausprägen, weiſen immer die eine auf die
andere zurück; und wie wir ſagen können, es giebt eine rein

materialistische und atomistische Handlungsweise, so können
wir auch sagen, es giebt eine rein sinnliche materielle Den=
kungsart, so daß wir das Ganze werden in der Formel zu=
sammenfassen können, daß mit dem Eintreten des christlichen
Geistes eine veränderte Ansicht von allem, was die Gedanken=
bildung des Menschen ausfüllt, entstehen müsse. Wenn eine
neue Willensrichtung ganz im allgemeinen eintritt, so muß
auch alles dasjenige, was Gegenstand der christlichen Er=
kenntnis ist, einen anderen Wert bekommen. Dadurch werden
aber die Gegenstände auch anders klassifiziert, es entsteht
also eine ganz andere Verzweigung der Begriffe, folglich
eine ganz neue Form der Gedankenbildung. Diese kann
wieder nicht bestehen ohne eine veränderte Sprachbildung,
denn Gedanke und Sprache müssen immer aufeinander zurück=
geführt werden; und so lehrt denn auch die ganze Geschichte,
daß die Entwickelung der christlichen Gesinnung auf dieser
Seite sich immer hat zu erkennen gegeben durch Bildung
einer eigenen Sprache. Die Sprache aber in dem ganzen
Umfange des Wortes als Niederlegung eines eigentümlichen
Systems von Begriffen, worin auch ein eigentümliches System
von Urteilen enthalten ist, ist auf dem Gebiete des Denkens
ganz dasselbe, was wir auf dem Gebiete der Willens=
bestimmung die Sitte genannt haben; sie ist die gemeinsame
Denkweise, wie die Sitte die gemeinsame Handlungsweise ist.
Der Satz also, die Kirche in der intensiven Seite des Ver=
breitungsprozesses der Gesinnung betrachtet, ist Schule, heißt
auf dieser Seite des Gedanken= und Vorstellungsvermögens,
sie ist eine Institution zu gleichmäßiger Erhaltung der eigen=
tümlichen Sprache, in welche jeder seine Denkweise hinein=
bilden muß, welche aber auch selbst der Vervollkommnung
fähig ist, so lange die Kirche noch im Werden begriffen ist.
Entwickelt sich nun in dem Menschen die Sprache früher,

als er auf lebendige Weise die christliche Gesinnung in sich
tragen kann, so muß in jedem eine Umbildung der Sprech-
und Denkweise vor sich gehen; denn ehe diese nicht erfolgt
ist, ist das eigentümlich Christliche in der Sprache Null für
ihn, nämlich dem Gehalte nach, und etwas anderes als
dieses, ihm den Gehalt ihrer Sprache anzueignen, kann die
Kirche nicht thun, um in ihm die christliche Gesinnung als
Denkweise zu erhöhen. Dieser Prozeß des Aneignens aber
der Sprache, der auf keine Weise ein Anlernen ist, ist ganz
derselbe, wie auf der Seite des Begehrungsvermögens. Die
Negation des christlichen Gehaltes in der Sprache für denjenigen, in dem die christliche Gesinnung noch nicht ist, ist
sein Persönliches. Denken wir nun das Hineintreten des
göttlichen Geistes in ihn, der christlichen Gesinnung, so ist
dieser analog die Denkweise in der ganzen christlichen Kirche,
und so wie er diese anerkennt, so ist sie auch in ihm, aber
nur vonseiten seines Gemeinbewußtseins, und sie muß nun
immer erst in ihm persönlich werden, ehe er aufhören kann,
bloß empfangend zu sein in der Kirche, und anfangen, selbst
produktiv in ihr zu sein. In diesem Persönlich-werden aber
besteht eben die wahre lebendige Aneignung der christlichen
Denkweise, so daß er von da an in der christlichen Ge-
bankenbildung produktiv sein kann. So lange in ihm aber
der Gegensatz noch fortbesteht zwischen persönlichem Bewußtsein und Gemeinbewußtsein, so liegt auch darin die Möglichkeit, daß die christliche Sprache als Depositum der christlichen Gesinnung immer noch wieder verunreinigt wird; und
eben darum ist Schule notwendig als beständige Institution,
um die Verunreinigung abzuhalten und die christliche Denkweise den Einzelnen einzupflanzen, und darum kann die
Steigerung auch immer nur aus dieser Schule hervorgehen
und natürlich nur aus denen, welche in derselbe Leitende sind.

Wie wir auf der einen Seite hier abſehen mußten von
dem Inhalte dieſer Wirkſamkeit der Kirche, ſo werden wir
uns von der andern Seite auch nicht darauf einlaſſen können,
ſie ihrer Form nach weiter zu verfolgen; denn dieſes würde
uns in eine Technik führen, die der praktiſchen Theologie
angehört. Die Kirche, als Schule angeſehen bildet zwei
große Syſteme, auf der praktiſchen Seite die Sitte, auf der
theoretiſchen die Sprache. Wie dieſe aber zweckmäßig zu
konſtituieren ſind, das zu unterſuchen gehört nicht mehr in
das eigentlich ethiſche Gebiet. Das iſt beſonders klar auf
der theoretiſchen Seite. Denn wie wir hier faſt überall in
der chriſtlichen Kirche eine Duplizität finden, eine populäre
Inſtitution und eine wiſſenſchaftliche, und jede beſtimmt or-
ganiſiert, ſo iſt auch niemandem zweifelhaft, daß es der
praktiſchen Theologie zukommt, die Prinzipien dafür aufzu-
ſtellen. Was uns aber hier noch obliegt, iſt, zunächſt die
Thätigkeit des Einzelnen zu beſtimmen in dieſen beiden
Inſtitutionen der theoretiſchen Seite. Wie nun die Wirkſamkeit des Einzelnen auf der praktiſchen Seite unter der
Formel des guten Beiſpiels zuſammenzufaſſen war, ſo werden wir hier ſagen müſſen, ſie ſei zuſammenzufaſſen unter
der Formel der Belehrung. Die Belehrung geht immer
von den Einzelnen aus. Denn ſind dieſe auch auf ganz
beſtimmte Weiſe als Organe des Ganzen geſetzt, in der Belehrung bleibt das Perſönliche in ihnen immer das Überwiegende. Schon ein flüchtiger Blick auf unſeren evangeliſchen Kultus wird uns davon überzeugen. Er hat einen
liturgiſchen Beſtandteil, von welchem das Perſönliche ganz
ausgeſchloſſen iſt, aber nicht minder auch die Belehrung;
alles Liturgiſche iſt nichts als die Tradition einer beſtimmten
Form, nichts als reine Darſtellung. Der andere Beſtandteil dagegen, die Predigt, gehört freilich auch in das Gebiet

der eigentlichen Darstellung, aber sie gehört doch nicht minder auch der Kirche als Schule an. Sie muß, wenngleich
sie eigentlich Darstellung ist, Belehrung in sich enthalten
zum Behuf der Darstellung; sie muß, um verstanden zu
werden, an abnorme Vorstellungen anknüpfen und sie be-
richtigen. Aber darum tritt auch gleich die Persönlichkeit
sehr in ihr hervor. Und wie nun die Belehrung hervortreten muß in dieser vollständig organisierten Form, so überall
auch von da abwärts bis zur völlig formlosen Art des
religiösen Gespräches im Umgange; denn der Christ darf
keine Gelegenheit vorübergehen lassen, als Organ des Ganzen
nach allen Seiten hin belehrend zu wirken. Weitere sittliche Vorschriften lassen sich aber darüber nicht geben. Nur
muß festgehalten werden die Analogie, die gerade hier
zwischen dem reinigenden und dem verbreitenden Handeln
stattfindet, und als Prinzip aller Belehrung, daß sie durchaus nichts anderes sein darf als ein gemeinschaftliches Aufsuchen der Wahrheit, geregelt durch die verschiedenen Verhältnisse, in welchen die Einzelnen zueinander stehen, durch
die Auktorität, die jedem nach der Reife seiner Geistes-
bildung, nach der Vollständigkeit seines Bewußtseins, nach
der Vielseitigkeit seiner Erfahrung zukommt, so daß also
die Belehrung in allen Formen zurückgeht auf den oben
aufgestellten Kanon der freien Mitteilung. Aber auch das
ist deutlich, daß beide Seiten, die mehr praktische und die
mehr theoretische, hier immer nebeneinander gehen, und daß
jeder Christ als Glied des Ganzen seinen Beruf immer
in beiden zugleich hat, der eine unter einer mehr bestimmten
Form in der Organisation des Ganzen, der andere unter
einer mehr unbestimmten. Es wird nicht denkbar sein, daß
die eine Seite der andern könnte in den Weg treten, sondern beide werden sich immer von selbst miteinander ver-

binben. Denn es giebt kein Gebiet des Lebens, wo sich nicht die Rede beständig verbände mit der Handlung, und keinen Ort für die Rede, als vermöge der Konstitution der Gesellschaft, also keinen, als das Gebiet der Sitte.

Sodann haben wir noch das Verhältnis zu betrachten, in welchem die ursprüngliche und elementarische Gemeinschaft, die häusliche nämlich, in dieser Beziehung zur Wirksamkeit der Kirche steht. Die Kirche hat, wie wir gesehen haben, nicht eher ihre vollkommene Organisation, als bis sie aus christlichen Familien besteht. Aber weil es doch auch schon vorher eine Kirche giebt, so giebt es in ihr auch noch andere wirksame Punkte als die Familien, Einzelne nämlich, welche nicht unmittelbar einem christlichen Hauswesen angehören. Diese können deswegen nicht ausgeschlossen sein von dem Berufe, die christliche Sitte zu erhalten, und auch nicht von dem Prozesse der Bildung des Vorstellungsvermögens. Ihre Thätigkeit ist also zu verbinden mit der der Familien, und es muß Maxime sein, daß jedes Hauswesen als Organ der Kirche sich erweitere und sich die Thätigkeit solcher aneigne, die nicht wesentlich zu einem christlichen Hauswesen gehören. Diese Maxime ist keine andere als die, durch welche die religiöse Geselligkeit in der Kirche organisiert wird, die Kommunikation der christlichen Familien unter sich und die Erweiterung derselben. Natürlich hat die Maxime zwei Formen, die zusammengehören; denn nicht nur die Hauswesen, auch die Einzelnen, die eigentlich keinem Hauswesen angehören, sind als freithätig anzusehen. Wie also die Familien sich die Thätigkeit der Einzelnen anzueignen haben, so müssen die Einzelnen auch suchen ihre Thätigkeit mit der größeren der Familien zu verbinden. Und so gefaßt ist nun die Maxime rein protestantisch, der in der katholischen Kirche anerkannten besonderen Geselligkeit derer entgegengesetzt, die zu keinem Hauswesen gehören und nach dem Geschlechte gesondert ein klösterliches Leben führen. Denn daß die protestantische Kirche diese vom Familienleben abgesonderte Geselligkeit verwirft, beruht nicht auf politischen oder anderen ihr fremden Gründen, sondern auf der rein religiösen Maxime, daß dem Hauswesen als einer natürlichen und sittlichen Organisation ein Übergewicht zukommt, und daß ein bloßes Aggregat von Einzelnen nicht geeignet ist, eine feste Institution für die Sitte und deren Wirksamkeit zu bilden. Was auch ganz zusammenstimmt mit der Art, wie wir uns die Einheit der Kirche denken. Denn ist das klösterliche Leben nichts, wenn nicht klösterliche Sitte und Sitte des geselligen Lebens in der Welt entgegengesetzt sind; verliert das Institut der Klöster sofort seinen Charakter, wenn es seine Sitte der Weltsitte nähern will, und beruht es deshalb wesentlich auf dem Gelübde, ehelos zu bleiben, so ist uns mit demselben eine Duplizität des sittlichen Prinzips und damit eine Aufhebung der Einheit in der Kirche gesetzt. Wir können also immer nur in der Kombination der Thätigkeit der Familien und der der Einzelnen die Formel finden, nach welcher alle Mitglieder der Kirche zur Verbreitung der Gesinnung auf dem Gebiete der Sitte zu wirken haben.

Was nun aber die andere Seite betrifft, die der Vorstellung und der Sprache, so tritt sie also in der Kirche hervor in zwiefacher Form, in populärer nämlich und in wissenschaftlicher. Man könnte fragen, ob denn nicht ebenso eine Duplizität auf dem Gebiete der Sitte zu konstruieren sei, wenn doch der Gegensatz zwischen gebildeten und ungebildeten Ständen so wenig zu verkennen ist, als der analoge zwischen wissenschaftlichen und unwissenschaftlichen Einzelnen. Allein dies würde ganz gegen den eigentlichen Geist des Christentums sein. Jene Duplizität bezieht sich zu sehr auf das Äußere und kann keine Bedeutung haben, wo es auf das rein Innere, auf die Gesinnung als Herrschaft der Sitte ankommt, die wir in allen Ständen in derselben Fülle und Reinheit finden und auch für alle auf gleiche Weise postulieren. Aber auf die Art, wie sich die Menschen zusammenthun in Beziehung auf die Talentbildung, wird die Differenz immer einen großen Einfluß haben, also auch da nicht ohne Einfluß sein, wo die Gesinnung, wie auf dem Gebiete des Gedankens und der Sprache offenbar der Fall ist, dem Gebiete des Talentes am nächsten liegt. Freilich, wenn wir von allen dieselbe Reinheit der Gesinnung fordern, so müssen wir auch von allen die gleiche Reinheit der christlichen Denkungsart fordern, und das thun wir auch. Aber das ist doch nicht zu leugnen, daß nicht alle gleich geschickt sind, diese Denkungsart mit bestimmtem Bewußtsein an ein System von Zeichen zu binden und durch die Erhaltung desselben nun auch auf andere verbreitend wirksam zu sein, so daß also dem letzten Grunde nach die Sache darin liegt, daß nicht in allen Menschen die gleiche Identität ist zwischen Gedanken und Ausdruck, die die Bildung des Talents der Sprache in gewisser Hinsicht voraussetzt. Der Ungebildete wird sich oft bei sehr reiner Denkungsart sehr unangemessen ausdrücken, weil er nicht den rechten Takt für die Anwendung der Zeichen hat. Und das macht für ihn selbst auch gar nichts aus; aber ein Organ zu sein für die Verbreitung, dazu können wir ihn nicht auf dieselbe Weise für geschickt halten, wie den, der des Ausdrucks vollkommen mächtig ist, denn es kann nicht fehlen, daß er Irrtum veranlaßt und Verwirrung anrichtet. Und so sehen wir denn auch, daß die Kirche, seitdem sie zu ihrer vollkommenen Organisation gelangt ist, sich auf die Familie, der die Erziehung wesentlich obliegt, weit mehr verläßt in Beziehung auf die Sitte,

das Praktische, als auf die Sprache, das Theoretische; denn
für das letztere giebt sie ihr ein reftifizierendes Institut zuhilfe, so daß sie selbst die populäre Form der Sprache nicht
der Familie allein überläßt, sondern auch dafür einen von
dem Hauswesen unabhängigen gemeinschaftlichen Unterricht
anordnet und denselben nur denen anvertraut, die sich ihr
dazu als besonders bewährt empfohlen haben, d. h. als
solche, die auch in der Sprache so durchgebildet sind, daß
sie als tüchtige Organe zur Bildung der reinen christlichen
Sprache dienen können. Von Anfang an hat die christliche
Kirche dieses für ihre Pflicht gehalten; denn wir finden die
Spuren davon schon in der Zeit, wo sie noch nicht aus
christlichen Familien bestand, also ihre vollständige Organisation noch gar nicht hatte, und auch seitdem sie zu derselben
gelangt ist, hat sie das reftifizierende Institut der Katechese
immer weiter ausgebildet.

Weiter können wir diese Sache hier nicht verfolgen, ohne
in die Technik einzugehen, die nicht dieses Ortes ist. Wir
würden also die Theorie für diese intensive Seite des die
Gesinnung verbreitenden Prozesses beschließen können, wenn
nicht noch zweierlei hinzuzufügen wäre.

Das erste ist nämlich dieses. Wir können zwar hier
die allgemeinen Prinzipien der Duplizität der populären und
der wissenschaftlichen Verbreitung und Sicherstellung der
christlichen Denkweise und Sprache, die wir vorausgesetzt
haben, nicht auseinandersetzen. Aber aus dem Gesagten
geht doch hervor, daß dieser ganze Teil des Prozesses der
Talentbildung näherliegt, als der andere, und das bestätigt
uns, daß wir in dem Gebiete der Gesinnungbildung eine
Talentbildung um der Bildung willen der Gesinnung annehmen müssen. Die Einsicht in die Sprache als System
und die Beurteilung ihrer Identität mit den Gedanken, die

ausgedrückt werden sollen, ist ein Talent, und dieses Talent
muß in der Kirche ausgebildet werden, um die Identität der
Gesinnung und die Verbreitung derselben durch die Rede
sicherzustellen, und das ist nun die Talentbildung um der
Gesinnungbildung willen und die Art, wie das Institut dazu,
die Theologie, in dem Verbreitungsprozesse der Kirche seinen
Ort findet. Ist die Theologie aber so festgestellt, so wird
dann auch mit Recht von ihr jenes Institut abhängig gemacht, welches alles zu rektifizieren hat, was in der Familie
als populäre Tradition gegeben ist.

Das zweite aber ist dieses. Wir haben die Kirche als
eins betrachtet und ihre Verbreitung gefaßt als Hinzufügung
solcher Elemente, die noch nicht in ihr waren. Nun zeigt
sich uns aber die Kirche in ihrer geschichtlichen Entwickelung
nur sehr selten in einer reinen Einheit, sondern gewöhnlich
sind Spaltungen in ihr, und da finden wir denn das Bestreben jeder Masse, sich auf Kosten der anderen zu verbreiten.
Wie ist das anzusehen? Wenn die christliche Kirche nicht immer
eine vollkommene Einheit, also nicht immer einen unzertrenn-
lichen Complexus von Thätigkeiten gebildet hat, woher ist das
entstanden? Immer durch Handlungen innerhalb der Kirche
selbst. Sind diese sittlich gewesen und können sie also sittliche Folgen haben? Wir haben diesen Punkt schon beim
wiederherstellenden Handeln berührt, weil beides oft zusammengetroffen ist, ein Bestreben, Mißbräuche abzuschaffen,
und eine Spaltung der Kirche, und mit Rücksicht auf den
Gegensatz zwischen einem Handeln mit überwiegend univer-
sellem, und einem Handeln mit überwiegend individuellem
Charakter die Entscheidung gegeben, daß sittlich aus einem
reinigenden Handeln keine Spaltung entstehen könne, außer
inwiefern sich zugleich ein neues individualisierendes Prinzip
entwickele. Ob das aber die einzige Art ist, wie Trennungen

in der Kirche sich bilden können, ist hier nicht zu entscheiden, wenngleich unsere Frage, ob eine Partialkirche sich auch erweitern könne aus denen, die einer anderen angehören, allerdings damit zusammenhängt. Setzen wir das Streben danach in der einen, in der andern aber nicht, so wird, leistet dieje nicht kräftigen Widerstand, von der aus, die es hat, die Trennung aufgehoben; aber so, daß, die es nicht hat, allmählich verschwindet. Die Evangelischen nun schreiben der katholischen Kirche immer eine solche Tendenz zu, und es ist natürlich, weil doch in jedem der Unsrigen der Selbsterhaltungstrieb des Ganzen lebendig sein muß, daß wir nicht nur die katholische Proselytenmacherei, sondern oft auch alles Verfahren der Art tadeln. Aber darum müssen wir um so mehr acht auf uns haben und keine Gründe gelten lassen als theoretische, damit wir nicht etwas im Streite gegen die katholische Kirche verwerfen, was an sich gar nicht verwerflich ist. Zugegeben also die Spaltung, darf der eine Teil sich auf Kosten des anderen erweitern? Setzen wir zuerst den Fall, die Spaltung beruhe auf einem individualisierenden Prinzipe, sind dann die individuellen Verschiedenheiten als etwas Angeborenes anzusehen oder nicht? Die Frage liegt freilich auf einem anderen Gebiete, aber wir können sie dem ohnerachtet hier nicht ganz umgehen. Wäre nun das erste, so hätten sie eigentlich einen unvertilgbaren Charakter, und es wäre ein vergebliches Bemühen, sie wegschaffen zu wollen. Psychologisch und physiologisch können wir aber die Sache hier nicht untersuchen, sondern nur historisch, und da müssen wir sagen: Es giebt keine Trennung in der christlichen Kirche, welche ursprünglich gewesen wäre, sondern alle, die gewesen sind und sind, sind aus der ursprünglichen Einheit der Kirche hervorgegangen. Ist aber das, so sind sie, wenn auch auf einem individuellen

Prinzipe beruhend, doch nicht angeboren, man müßte denn
sagen: In der ursprünglichen Einheit der Kirche waren die
verschiedenen Prinzipe immer schon vorhanden, aber unbe-
wußt, und also ohne der Einheit zu schaden, und erst nachdem sie zum Bewußtsein gekommen sind, haben sich Trennungen gebildet. Diese Annahme kann man auf unserem
Standpunkte nicht widerlegen. Ja, kommen wir auf den
Fall zurück, der uns immer am meisten interessiert, so müssen
wir sagen: Die Keime der Reformation sind längst vor
dem Heraustreten derselben vorhanden gewesen und lassen
sich leicht entdecken. Wir können also die Möglichkeit nicht
leugnen, daß sie auf unbewußte Weise ursprünglich sind und
angeboren. Wenn wir aber dieses immer nur annehmen
können unter der Voraussetzung, daß, was jetzt bestimmtes
Bewußtsein ist, früher bewußtlos war, und wenn doch in
dem Bewußtlosen der Unterschied zwischen Wahrheit und
Schein verschwindet, so hängt mit der Annahme auch dieses
zusammen, daß der Einzelne in einer Partialkirche sein kann,
ohne daß er ihr individuelles Prinzip mit Bewußtsein in sich
trägt, daß er also auch nur durch äußerliche Verknüpfung
in den Complexus gekommen ist, den sie bildet, und wenn
er zum Bewußtsein gebracht wird, gerade das entgegengesetzte
individuelle Prinzip in sich entdeckt. Und so könnte man
sagen: Das Bestreben einer Partialkirche, einzelne Glieder
einer anderen zu sich herüberzuziehen, sei nichts als ein
Versuch, dieselben zum Bewußtsein darüber zu bringen,
welchem Complexus sie eigentlich angehören, und sich so
selbst aus ihnen zu ergänzen; etwas, was niemand tadeln
wird. Setzen wir nun aber auch den anderen Fall, eine
Trennung sei irgendwie anders entstanden, als durch ein
individuelles Prinzip, wie dann? Wir werden dann doch
sagen müssen: Ein wirklicher Unterschied verschiedener Par-

tialkirchen kann in diesem Falle nur darin liegen, daß in der einen eine andere Mischung ist des Vollkommenen und des Unvollkommenen, als in der anderen. Nun aber hört doch trotz aller Trennungen in der Kirche die Kirche selbst niemals auf, eine Einheit zu sein dem Unchristlichen und dem Außerchristlichen gegenüber, und nicht alle Vollkommenheiten können zu allen Zeiten auf gleiche Weise dazu beitragen, das Christentum gegen die Nichtchristen zu erhalten und es aus denselben zu vergrößern, so wie auch nicht alle Unvollkommenheiten zu allen Zeiten auf gleiche Weise nachteilig wirken. Es giebt also für jeden, der zu einer Partialkirche gehört, immer auch ein allgemein christliches Interesse, und halten wir das nun im Auge, so können die Mitglieder einer bestimmten Kirche die Einsicht haben, die Vollkommenheiten ihrer Gemeinschaft könnten eben am kräftigsten wirken, gegen und auf das Außerchristliche, diese habe also unter den gegebenen Umständen einen größeren historischen Wert als jede andere, und so steht es ihnen zu, sich aus anderen Partialkirchen zu verstärken aus allgemein christlichen Beweggründen. Und insofern nun dieses doch nicht anders geschehen kann als auf dem Wege der Überzeugung, so kann man darin, so angesehen, nichts Unrechtes finden. Ist nun auch, größtenteils wenigstens, die gegenwärtig herrschende Regung in der katholischen Kirche, Protestanten zu Katholiken zu machen, und der Eifer, den ihre Proselyten für sie haben, in nichts anderem begründet, als in der Überzeugung, auf deren objektiven Wert oder Unwert es hier nicht ankommt, daß gegen das Irreligiöse die Prinzipien der katholischen Kirche eine größere Kraft gewährten, als die der evangelischen, können wir dann wohl sagen, unsere Kirche werde gut verteidigt, wenn das Proselytenmachen an und

für sich für Unrecht erklärt wird? Gewiß nicht; sondern
die wahre Verteidigung kann nur darin bestehen, daß wir
überzeugend nachweisen, unsere Kirche habe wahrlich nicht
wenigere und nicht unkräftigere Motive gegen alles Unchristliche, als die katholische, kann nur bestehen in unserem
inneren Steigerungsprozesse, nicht darin, daß wir alles Proselytenmachen als unsittlich ansehen. Wir nehmen also hypo-
thetisch das Verfahren als sittlich an. Dann aber läßt es
sich zwiefach denken: als aus der Organisation der Kirche
hervorgehend und als Werk der Einzelnen. Betrachten wir
also die Motive in dem einen Falle und in dem anderen.
Wenn wir uns den Einzelnen denken, der aus allgemein
christlichem Interesse danach strebt, seine Kirche zu vergrößern
aus Mitgliedern einer anderen, so kann dieses Streben in
ihm eine bestimmte Richtung doch nicht anders bekommen,
als indem er sich Einzelne auf eine bestimmte Weise aus-
wählt, und das kann wieder nicht anders geschehen, als vermöge eines bestimmten Interesses. Ist nun dieses rein ein
Interesse an der Person der anderen, nicht bloß ein Interesse an ihren Gaben, um diese in den Dienst der Kirche zu
bringen, so läßt sich nichts dagegen sagen. Ja, wir können
uns keine Freundschaft denken und kein Verhältnis, wie die
Ehe, unter Personen verschiedener Konfession ohne das Bestreben, auch die religiöse Differenz, sofern sie nicht auf
einem rein individuellen Prinzipe beruht, auszugleichen, also
zunächst nicht ohne das Bestreben eines jeden Teiles, den
anderen zu seiner Partialkirche zu bekehren. Wenn aber
die Kirche dieses in ihre Organisation aufnimmt, daß sie
einzelne aus anderen Kirchen zu sich herüberzuziehen sucht,
läßt sich das rechtfertigen? Es ist die gemeinsame Aufgabe
aller Partialkirchen, sofern sie die Einheit der ganzen christlichen Kirche bilden, diese zu erweitern aus dem Nicht-christ-

lichen, und diese extensive Richtung muß immer gleichzeitig neben der intensiven hergehen, und beide müssen sich immer miteinander vertragen. Aber das ist nicht möglich, wenn jede Partialkirche sich eigens dazu organisiert, Mitglieder der anderen für sich zu gewinnen. Daß wir sagten, es lasse sich denken, daß jede Kirche die ihr innewohnenden Prinzipien für kräftiger halte zur Abwehrung des Unchristlichen und zur Bekehrung der Nichtchristen, scheint freilich eine Vermittelung möglich zu machen. Allein immer wird so eine große Masse von Kräften, die unmittelbar auf den Verbreitungsprozeß nach außen verwandt werden könnten, so verwandt werden, daß sie sich gegenseitig aufheben. Wozu noch kommt, daß jenes eine wirkliche Rechtfertigung nur dann sein könnte, wenn jede Partialkirche sagte: Ich organisiere ein Proselytenmachen bloß zum Behuf der Mission, wovon es doch kein Beispiel giebt. Wenn es sich also von selbst rechtfertigt, daß der Einzelne Proselyten macht aus besonderem Interesse an ·Einzelnen; dasjenige Proselytenmachen, welches in der Organisation einer Partialkirche gegründet ist, läßt sich gar nicht rechtfertigen, ausgenommen unter der Voraussetzung, die anderen Kirchen seien nichts als Korruptionen des Christentums. So daß deutlich hervortritt, daß die Sittlichkeit des Verfahrens abhängt von der Ansicht, welche die voneinander getrennten Kirchen übereinander haben, und daß niemals das Verfahren an sich getadelt werden kann, außer wenn es, wie freilich das katholische oft, auf andere Weise wirken will als durch Überzeugen, sondern höchstens immer nur die Ansicht, die es in Anwendung bringt. Wenn also die katholische Kirche uns für Ketzer hält, so kann es uns nicht mehr befremden, wenn sie sich förmlich dazu organisiert, uns zu Proselyten zu machen. Aber daß sie uns für Ketzer hält, ist ihre Unsittlichkeit, denn

6*

es ist ihr nur auf unreinem Wege entstanden. Haben wir nun nicht dieselbe Ansicht von der katholischen Kirche — denn ohnerachtet wir behaupten, sie enthalte eine Menge von Korruptionen des Christentums, behaupten wir doch nie, sie sei ganz und gar nichts als Korruption —, so können wir uns sittlich nie veranlaßt sehen, ihrem Verfahren dasselbe Verfahren entgegenzusetzen und uns eigens dazu zu organisieren, in ihrem Gebiete uns Proselyten zu machen.

Wenn wir uns nun Trennungen in der christlichen Kirche denken, bei denen sich die geschiedenen Teile weder so verhalten, daß der eine allein der christlichen Kirche angehört, die andern aber Häresieen sind, noch auch so, daß der eine allein eine vollkommene Masse bildet, die andern dagegen unvollkommene; sondern wenn sie sich allein so zueinander verhalten, daß in jedem das christliche Prinzip eigentümlich ist bestimmt worden, so müssen wir auch in jedem Einzelnen ein zwiefaches Interesse denken, das an der Einheit der Kirche und das an seiner Partialkirche, und es ist also notwendig, das sittliche Verhältnis beider zu bestimmen. Das aber kann nicht anders geschehen, als daß wir uns Grenzpunkte setzen, und zwar hier nur in Beziehung auf das verbreitende Handeln. Wenn sich dieses Handeln nun nur auf die Einheit der Kirche bezieht, die Anerkennung der Partialkirchen in ihrem relativen Gegensatze aber ganz ausschließt, wozu die Formel die wäre: Wenn die Menschen nur Christen werden, ob katholische oder evangelische ist gleichviel, so ist das doch nichts als Indifferentismus gegen das Christentum selbst. Denn ist es das christliche Lebensprinzip selbst, welches diese verschiedenen Formationen sei es hervorgebracht, sei es zugelassen hat, so will, wer diese nicht will, auch jenes nicht. Ist dagegen anderseits das verbreitende Handeln nur auf den eigentümlichen Charakter der Konfession gerichtet, so daß die Einheit der Kirche ganz vernachläſſigt wird, wozu die Formel die wäre: Wenn die Menſchen, die noch nicht Chriſten ſind, nur evangeliſch werden, ob ſie dann wiſſen, daß die katholiſchen auch Chriſten ſind, iſt gleichgültig, ſo iſt dieſes doch nichts als Sektengeiſt, der die gemeinſchaftliche Wurzel, das allgemein chriſtliche Lebensprinzip, gänzlich verkennt. Und wie jener Indifferentismus nicht nur nicht mehr evangeliſch iſt, ſondern auch nicht mehr chriſtlich, ſo iſt dieſer Sektengeiſt, weil nicht mehr chriſtlich, auch nicht mehr evangeliſch; denn wie kann der noch ein evangeliſcher Chriſt ſein, der das Chriſtentum in der anderen Konfeſſion nicht anzuerkennen weiß. So haben wir alſo die beiden Grenzpunkte, die uns das Unſittliche in dem Verhältniſſe beider Intereſſen darſtellen, deren keines mit gänzlicher Vernachläſſigung des andern beſtehen kann, und wir müſſen ſagen: Wir in der evangeliſchen Kirche wollen das Chriſtentum zu verbreiten ſuchen. Wir können das aber nicht anders, als indem wir diejenigen, die wir zu Chriſten machen, zu evangeliſchen Chriſten machen. Wir wollen uns freuen, wenn die katholiſche Kirche auch neue Chriſten macht, ohnerachtet ſie ſie ihrerſeits nur zu katholiſchen Chriſten machen kann. Dabei iſt die gegenſeitige Anerkennung vorausgeſetzt, von der die katholiſche Kirche nichts wiſſen will. Aber das darf uns nicht hindern, unſerem Prinzipe treu zu bleiben. Mag alſo die katholiſche Kirche geringer von uns denken, als ſie chriſtlicher Weiſe ſollte, wir wollen uns darum nicht auflegen, geringer von ihr zu denken, als unſere Überzeugung fordert; wir wollen, ſchon um uns ſelbſt auf unſerer Höhe zu erhalten, bei der Poſition ſtehen bleiben, daß die katholiſche Kirche keine Häreſis iſt.

Gehen wir nun noch einmal zurück auf das Proſelytenmachen. Daß es als Verſuch in allen Privatverhältniſſen

an und für sich etwas ganz Untadelhaftes ist, haben wir
festgestellt, und daß schlechthin keine andern Mittel in Bewegung gesetzt werden dürfen, als rein intellektuelle, folgt
schon daraus, daß wir es nur aus dem intellektuellen Interesse einer Person an der anderen zu rechtfertigen wissen.
Aber noch eine andere Cautel ist wesentlich. Es sind nämlich
nicht alle Menschen eines gleichen Grades von Überzeugung
fähig, und da der Übergang aus einer Überzeugung in
eine andere aus einem zwiefachen Prozesse besteht, aus der
Zerstörung der einen und der Mittteilung der andern, so
liegt in der Ungleichheit jener Fähigkeit auch die Ungleichheit
beider Elemente. So ist es bei manchen Menschen sehr
leicht, ihnen eine Überzeugung zu zerstören, sehr schwer aber,
ihnen eine andere zu erzeugen und zu befestigen. Offenbar
nun wäre nichts gewonnen, weder für das kirchliche noch für
das persönliche Interesse, wenn eine Überzeugung zwar vernichtet, aber keine neue erweckt würde; wir müssen also, je
weniger sich etwas Positives darüber feststellen läßt, desto
mehr darauf bringen, daß die höchste Vorsicht beobachtet
werde und jeder sich die Cautel stelle, nur in dem Maße
eine Überzeugung zu zerstören, als er das Gefühl hat, eine
bessere Überzeugung begründen zu können.

Aber noch ein Kanon ergiebt sich hier, indem sich die
Sache aus dem höchsten geschichtlichen Gesichtspunkte darstellt.
Ist nämlich der christliche Glaube wesentlich der Glaube an
die absolute Vereinigung des Göttlichen und des Menschlichen
in Christo, so kann man schwerlich eine wahrhafte Überzeugung vom Christentume haben, ohne es für etwas absolut
Ewiges zu halten. Aber wenn wir nun auch annehmen,
eine Trennung in der Kirche beruhe darauf, daß ein und
dasselbe Prinzip, das allgemein christliche, auf individuelle
Weise verschieden motiviert worden, so können wir doch

nicht sagen, daß wir ebenso überzeugt sein müßten von der Ewigkeit der Partialkirche, der wir angehören. Wir können uns vielmehr eine Zeit denken, wo nicht nur die Korruptionen in den gegenwärtigen Partialkirchen weggeschafft sind, sondern auch ihre Trennung nicht mehr besteht. Wie nun das Interesse an der Sache selbst ist, so kann auch nur das Interesse an ihrer Verbreitung sein. Dem Kanon also, daß wir Evangelische das Christentum nur so verbreiten können, daß wir zu Evangelischen machen, die wir zu Christen machen, muß die Bestimmung zur Seite gehen, daß die Verbreitung der evangelischen Kirche als solcher die Möglichkeit einer Aufhebung des Gegensatzes und Wiedervereinigung des Getrennten durchaus nicht beschränken soll. Das ist zwar eine Maxime, von der man nicht sagen kann, daß sie bestimmt ausgesprochen wäre, weil überhaupt dieser Gegenstand noch wenig ist wissenschaftlich bearbeitet worden. Aber dem ohnerachtet werden wir doch auch hier die Differenz zwischen der römischen und der evangelischen Kirche bestimmt hervortreten sehen. Denn was wir hier meinen, nämlich eine solche Aufhebung des Gegensatzes, daß beide Kirchen zugleich in ihrem relativen Gegensatze aufhören, ist eine rein evangelische Ansicht; die katholische Kirche kann keine andere Aufhebung des Gegensatzes denken, als ein reines Absorbiertwerden der evangelischen Kirche durch die katholische.

Zuletzt nun dürfen wir auch das nicht übersehen, daß uns zwischen der häuslichen Gemeinschaft als der kleinsten und der Kirche als der größten Gemeinschaft nicht nur Partialkirchen gegeben sind als Mittelglieder, sondern auch innerhalb dieser wieder mancherlei christliche Verbindungen, die zwar nicht als bestimmte Kirchen, aber doch als partielle Organisationen in den einzelnen Kirchen angesehen sein wollen, wie z. B. die Ordenskorporationen im Katholizismus, und

in der evangelischen Kirche die vielen ohne ein bestimmtes
dogmatisches Prinzip entstehenden und wieder vergehenden
religiösen Gesellschaften. Die ersten freilich haben wir gleich
verworfen, insofern sie eine Opposition bilden gegen die
Sittlichkeit im christlichen Hauswesen; aber wir werden doch
gestehen müssen, daß sie sich auch denken lassen, ohne gerade
auf dieser Opposition zu beruhen. Deduzieren nun können
wir hier nicht, was dieser Art in unserer Kirche vorkommt,
da wir ja selbst die Konfessionen nicht deduzieren konnten,
weil aus dem verbreitendem Prozesse überhaupt keine Teilung
in der Kirche entsteht. Aber wie wir die Partialkirchen als
geschichtlich gegebene berücksichtigen mußten, so müssen wir
auch die partiellen Organisationen in ihnen als geschichtlich
gegeben voraussetzen und inbetracht kommen lassen. Es
fragt sich also, ob auf diese derselbe Kanon anwendbar ist,
den wir für jene gefunden haben. Wäre, wie in den Partialkirchen das allgemein christliche Prinzip individuell bestimmt
wird, in diesen religiösen Gesellschaften das Prinzip der
Partialkirche wieder individuell bestimmt, so müßte offenbar
dieselbe Regel gelten. Aber das werden wir nicht behaupten
können. Denn entweder sind sie rein persönlich, Erweiterungen
religiöser Freundschaft, Verbindungen zwischen einer Anzahl
gleichgestimmter Individuen, oder sie bilden eine Opposition
gegen etwas in der Kirche Bestehendes, das sie für ein Unvollkommenes halten, sei es in dogmatischer, sei es in praktischer
Hinsicht, weshalb sie auch immer ihrer Natur nach viel ver-
gänglicher sind, als die eigentlichen Partialkirchen. Je mehr sie
nun nichts sind als das erste, desto mehr pflegt ihnen eine
leitende Persönlichkeit, an der sich die anderen heranbilden, zur
Basis zu dienen, aber desto unschuldiger sind sie auch. Ja es
deutet auf eine höhere Kraft und Frische des religiösen
Lebens, wenn sich viele bedeutende Eigentümlichkeiten erzeugen

und so weit als möglich ausbreiten, vorausgesetzt, daß sie
sich gegenseitig in ihrer Eigentümlichkeit anerkennen und nicht
gegen einander polemisieren. Je mehr sie aber Opposition
bilden gegen die Kirche als Ganzes, desto weniger Befugnis
haben sie zu existieren, so nämlich wie wir sie geschichtlich
finden. Nämlich wenn eine Kirche nicht ganz und gar des-
organisiert ist oder in innerem Verfalle, so muß der Sinn
für das, was das Vollkommene ist und das Unvollkommene,
am stärksten sein in denjenigen, die zu der repräsentativen
Organisation gehören; aber gerade dieser pflegen sich die
kleinen Verbindungen am heftigsten entgegenzustellen, so daß
also gewöhnlich ihre Neigung sich zu verbreiten in umge-
kehrtem Verhältnisse steht, mit der richtigen Selbsterkenntnis,
und sie mit Recht Gegenstand werden für das wiederherstellende Handeln, worüber das Nähere schon oben an seinem
Orte gesagt ist. Hier aber wollen wir nur noch diesen
Kanon aufstellen, daß der Verbreitungsprozeß immer nur
darauf ausgehen darf, eine Verbindung hervorzubringen mit
der repräsentativen Organisation der Kirche, niemals darauf,
jene Gesellschaften zu erweitern, sofern sie sich der Repräsen-
tation opponieren; denn das Gegenteil aufstellen, hieße das
Prinzip der Anarchie predigen. Vergleichen wir in dieser
Beziehung die deutsche Kirche einerseits und die englische und
schottische anderseits, so finden wir in beiden eine große
Menge kleiner religiöser Verbindungen, aber so, daß sie überwiegend auf entgegengesetzten Seiten liegen. Die deutschen
haben oft sehr ausgezeichnete Persönlichkeiten an ihrer Spitze
gehabt, aber sie sind gleich umgeschlagen zu Oppositionen
gegen die Kirchenrepräsentation. Die englischen dagegen
und besonders die schottischen bleiben an einer bestimmten
Person haften, wiewohl gewöhnlich Opposition gegen die
Organisation ihr erster Ursprung ist. Woher dieser Gegensatz?

Offenbar daher, weil in England und Schottland die Organisation der Kirche die gehörige Kraft hat, bei uns aber ein gewisser Grad von Desorganisation stattfindet, so daß sich diese kleinen Verbindungen unter uns leicht das Ansehen geben können, als ob nur bei ihnen das rechte Leben des Glaubens sei. Diese Vergleichung zeigt also, daß das Entstehen solcher Gemeinschaften, sobald eine Opposition gegen die Kirche selbst damit verbunden ist, immer ein Krankheitszustand ist. Was aber weiter über die Sache zu sagen ist, kann erst unten beim darstellenden Handeln vorkommen.

II. Das verbreitende Handeln im Staate.

Dieser sittliche Verbreitungsprozeß, bei welchem die Bildung des Talents das Ursprüngliche ist, das eigentliche Hauptmoment, aber so, daß die Beziehung auf die Gesinnung immer vorausgesetzt wird, ist, wie wir gesehen haben, schon vor der Erscheinung des christlichen Prinzips gegeben. Die Frage wird also eigentlich nicht die sein: Wie konstruiert sich der ganze Prozeß vom christlichen Prinzip aus? sondern diese: Wie bildet er sich um durch das christliche Prinzip?

Auch darüber sind wir schon einig, daß wir unter Talentbildung verstehen die Ausbildung des Organismus für den Geist. Das ἅγιον πνεῦμα bemächtigte sich zuerst des νοῦς, des κοινὸς λόγος, der uns nur in der doppelten Form des Vorstellungsvermögens und des Begehrungsvermögens gegeben ist. Vorstellungsvermögen und Begehrungsvermögen aber manifestieren sich und werden durchdrungen durch die ganze übrige Organisation des Menschen, durch die psychische und die physische, und dies ist also der Kreis, in den wir jetzt hineingehen. Aber wir müssen noch weiter gehen und sagen: Das Verhältnis zur menschlichen Natur, zur Natur im allgemeinen, von welcher sie ein Teil ist, ist dieses, daß die Intelligenz im Menschen der Punkt ist, dessen Gewalt sich nicht beschränken soll auf den einzelnen Menschen, sondern übergehen auf die äußere Natur. Wir werden also beide, Talentbildung und Bildung der Natur, für die Erhaltung und Fortbildung des menschlichen Geschlechts auf der ganzen Erde, zu verbinden und als einen und denselben Prozeß zu betrachten haben, was sich von zwei Punkten aus deutlich machen läßt. Zuerst nämlich müssen wir davon ausgehen, daß alles in der Natur auf die Idee des Lebens zurückzuführen ist, und daß es damit unter den relativen Gegensatz fällt zwischen dem einzelnen Leben und dem allgemeinen Leben. Dann aber ist jedes Talent eine besondere Funktion des einzelnen Lebens, welche sich auf eine besondere Seite des allgemeinen Lebens bezieht, über welche es nur Gewalt gewinnen kann durch die Ausübung, so daß wir beides setzen müssen, eine fortwährende Thätigkeit der bestimmten menschlichen Vermögen und ein ihr entsprechendes fortwährendes Leiden der äußeren Natur. Indem aber dieses immer die Bildung der Natur für den Menschen zum Zwecke hat, so muß es sich auch immer in besonderen Gestaltungen derselben offenbaren. Diese Formel wird sich leicht auf alles anwenden lassen, was in irgendeiner Beziehung praktisch genannt werden kann, und schwierig scheint es nur, wiefern wir auch das Erkennen als eine Sache des Talents ansehen. Aber auch dieses hat doch immer die Welt oder die Natur zu seinem Gegenstande, und da ist also wieder einerlei die Übung und das Wachsen des Talents einerseits und die Fortbildung der Natur zur gänzlichen Erkennbarkeit für den menschlichen Geist anderseits. Ist aber beides immer durch einander bedingt und nie von

einander zu trennen, so ist auch Talentbildung und Naturbildung nur ein und derselbe Prozeß. Was uns veranlassen könnte, beide zu trennen, ist nur dieses, daß wir die
Bildung des Talents und die Fortbildung der Natur durch
das Talent nicht immer auf denselben Punkt beziehen können.
Aber das interessiert uns hier gar nicht, wo wir das Sittliche nur ganz im allgemeinen betrachten. Der andere
Standpunkt ist der der Intelligenz. Diese stellt sich die
ganze Natur gegenüber und will eins mit ihr werden. Jede
Wirksamkeit der Intelligenz will also auch absolut die ganze
Natur durchdringen und muß sich daher von jedem primi-
tiven Punkte aus nach dem Gesetze der Kontinuität nach
allen Seiten hin fortpflanzen. Und hier haben wir nun
auch gar keine Ursache, wenn wir auf das Ziel des Prozesses sehen, eine Unterscheidung zu machen. In jeder Thätigkeit des Geistes ist immer schon der unmittelbare Organismus des Menschen mit etwas der äußeren Natur Angehö-
rigem identisch geworden, wie das alle Sinnesoperationen
beweisen. Denn wir können z. B. nicht sehen, als bis
Licht und Auge zusammengetroffen sind, und sind sie zusammengetroffen, so können wir nicht mehr sagen, daß das
Organ ausschließend zum thätigen Subjekt gehöre. Daher
ist die Bildung des Menschen, d. h. die Bildung der Totalität seiner Talente und die Bildung der Natur für den
Menschen ethisch angesehen ein und derselbe Prozeß.

Dasselbe können wir auch apagogisch so klar machen.
Wenn wir beides trennen und die Totalität der Talente
als etwas rein für sich Seiendes betrachten wollten, so wäre,
da die Talente immer nur in Einzelwesen sind, die Persönlichkeit und die Konstitution derselben der eigentliche Mittel-
punkt und Zweck des ethischen Prozesses. Das aber kann
nicht sein, weil die Intelligenz in allen Einzelwesen eine und

dieselbe ist. Wir müssen also sagen: Die Ausbildung aller Persönlichkeiten insgesamt, als eins angesehen, ist der Zweck, nicht die der Einzelnen. Ist aber das, so ist wieder die Bildung der äußeren Natur nicht davon zu trennen, weil es die Natur ist, welche die Persönlichkeiten vermittelt und verbindet, so daß wir also doch immer auf die Einheit von Talentbildung und Naturbildung zurückgeführt werden, wenn wir nicht bei einer unsittlichen Ansicht stehen bleiben wollen.

In diesem einen Satz aber, daß wir von unserm Standpunkt aus die Ausbildung der menschlichen Talente selbst und die Bildung der Natur für den Menschen durch das Talent als einen und denselben Prozeß ansehen müssen, ist zugleich die Frage nach dem Umfange unserer Aufgabe vollständig beantwortet. Sie ist in jedem Punkte eine unendliche.

Betrachten wir unseren Verbreitungsprozeß unter der allgemeinen Formel alles verbreitenden Handelns, so geht er aus von dem sittlichen Bewußtsein, motiviert durch Lust, d. h. von dem Bewußtsein des sittlichen Lebens, als einer Kraft, der ihr Gegenstand nicht anders gegeben ist als zugleich mit seiner Empfänglichkeit für ihre Einwirkung. Denn nur so entsteht Lust, weil Kraft ohne Gegenstand wie kein Bewußtsein der Thätigkeit, so auch kein Bewußtsein der Lust oder Unlust, sondern nur Gleichgültigkeit erzeugen könnte, und Kraft, der zwar ihr Gegenstand gegeben ist, aber ohne Empfänglichkeit für sie, kein Bewußtsein hervorrufen kann, als das der Unlust. Aber die Lust ist nun keine sinnliche, sondern die eigentlich sittliche, die zum höheren Gefühle gehört und auf dem Bewußtsein beruht von der ursprünglichen Identität des Geistes und der Natur, welche sich eben darin manifestieren soll, daß der Geist Besitz ergreift von der Natur. Dabei ist die Intelligenz durchaus das Treibende und Bewegende, folglich die Lust keine andere, als die sich auf die Intelligenz beziehende. Freilich hat man oft die rein entgegengesetzte Ansicht aufgestellt, der ganze Prozeß der Talent- und Naturbildung habe seinen Ursprung in sinnlicher Unlust, nämlich in den sinnlichen und quälenden Gefühlen der Not und der Langweile; aber diese Ableitung ruht auf keinem andern als dem materialistischen Prinzip, ist also durchaus unsittlich.

Daß es nun auch unsittlich wäre, wenn wir die Konstitution der Persönlichkeit als das Ziel unseres Verbreitungsprozesses ansehen wollten, haben wir schon bemerkt. Indem wir aber sagen, er habe seine Genesis im Gefühl der Lust, das doch immer in dem Einzelwesen, in der Persönlichkeit seinen Sitz hat, so scheint es, daß wir sagen müssen, die Persönlichkeit sei der Anfangspunkt, das Prinzip des Prozesses. Aber auch das müssen wir leugnen. Denn da das Einzelwesen Resultat des Prozesses ist, so kann es nicht der Anfangspunkt desselben sein. Der Einzelne ist immer ein Produkt der Geschlechtsgemeinschaft, und der Erzeugungsprozeß ist selbst nur die physische Seite des Verbreitungsprozesses. Aber wenn wir davon hier auch absehen wollten, das dürfen wir doch nicht aus dem Auge lassen, daß der einzelne Mensch nicht eher an diesem Verbreitungsprozesse teilnimmt, als bis er eine gewisse Stufe der Entwickelung erreicht hat. Kann er nun auf diese nur kommen, wenn er zuvor Gegenstand des Prozesses gewesen ist, so kann er nicht der Anfangspunkt desselben sein, es sei denn, wir redeten vom ersten Menschen. Aber der ist und bleibt für die wissenschaftliche Darstellung transcendent. Ist nun aber das Einzelwesen ebenso wenig letztes Ziel als erster Anfang des Prozesses, so kann es nur Durchgangspunkt für denselben sein, in dem Sinne nämlich, daß die weitere Fortpflanzung des Prozesses

von jedem Einzelwesen aus in jedem Momente die sittliche
Selbstthätigkeit desselben ist. Wenn wir also der Materie
nach den Umfang des Ganzen so bestimmt haben, daß diese
Seite des Prozesses nicht eher vollendet ist, als bis die Totalität der Talente zur vollkommenen Ausbildung gelangt
und die Natur vollkommen gebildet ist für die Intelligenz,
so werden wir ihn nun formell so zu bestimmen haben:
Bildung aller Talente und Bildung der Natur für den
Geist, beides als eins gesetzt, ist wesentlich ein gemeinschaftlicher Akt aller der menschlichen Gattung angehörigen Einzelwesen. Dieses beruht zunächst darauf, daß jeder, der in
dem Prozesse mitwirkt, zugleich Resultat desselben ist, daß
also eine die Talente und die Natur bildende Thätigkeit
anderer auf ihn gesetzt sein mußte, damit der Prozeß in
ihm entstehen konnte. Oder mit anderen Worten darauf,
daß die Selbstthätigkeit eines jeden bedingt ist durch die der
anderen, also ein gemeinschaftliches Resultat ist der eigenen
Selbstthätigkeit und der Selbstthätigkeit aller derer, durch
welche die seinige bedingt war. Das bezieht sich aber nur
auf die Abhängigkeit der Einzelwesen in der Succession und
ist nur die eine Seite der Sache. Allein es giebt ebenso
bestimmt auch eine Gemeinschaftlichkeit der Koexistenz nach.
Denn dasjenige, wodurch der Geist, der die ganze Natur
sich gegenüberstellt, seine Thätigkeit ausübt, ist der persönliche Organismus. Nun aber können wir nicht sagen, daß
a priori die Natur als absoluter Gegenstand in dieser Beziehung geteilt und nur in allen Einzelnen zusammengenommen
dem Geiste gegenübergestellt sei, der Intelligenz aber in jedem
Einzelnen immer nur ein bestimmter Teil der Natur gegen-
überstehe, sondern der Geist stellt sich von jedem solchen
lebendigen Punkte aus die ganze Natur gegenüber. Wer
das bezweifeln wollte, könnte sagen: Nach dem, was ihr

behauptet, müßte die Richtung des Geistes auf die Thätigkeit, von der wir reden, der Bildungstrieb in jedem Menschen unendlich sein. Nun aber sehen wir doch, daß er bei
jedem ursprünglich auf das Allernächste beschränkt ist und
sich erst allmählich erweitert; für jeden Einzelnen giebt es
zuerst immer einen sehr großen Teil der Natur, der ihm
gleichgültig ist, und ebenso beschränkt er sich auf die Ausbildung gewisser Talente und entsagt der der übrigen. Aber
das wäre eigentlich kein Zweifel, sondern nur eben dasselbe,
was wir auch schon gesagt haben, daß nämlich Talentbildung
und Naturbildung durch einander bedingt sind. Die Naturbildung im Menschen ist beschränkt durch die Talentbildung
und diese durch die Art, wie sich sein Ort in der für ihn
schon gestalteten Natur gebildet hat. Das giebt den Schein,
als ob jeder Mensch sich eine beschränkte Aufgabe stellte.
Aber wird nur nicht geleugnet, daß die Talentbildung sich
erweitert, so wird auch zugegeben, was wir verlangen, daß
der Bildungstrieb unendlich ist. Und wie steht es nun um
die Behauptung, daß jeder Mensch auf gewisse Talente Ver-
zicht leiste, um andere in sich auszubilden? Ein absolutes
Verzichtleisten findet niemals statt, sondern der Mensch bildet
nur einige Talente mehr aus, andere weniger, und keins
ist in ihm derart, daß es sich gar nicht fortentwickelte, wenngleich manches nur unter einem sehr kleinen Exponenten
fortschreitet. Und wie um die andere, daß ein großer Teil
der Natur dem Menschen gleichgültig bleibe? Wenn wir
auf die Geschichte zurückgehen, so müssen wir allerdings zugeben, daß sich der Mensch anfangs nur für das interes-
sierte, was ihn zunächst umgab. Aber jetzt ist doch schon
klar geworden, daß dem Menschen, wo er auf einer höheren
Bildungsstufe steht, kein Teil der Natur mehr absolut gleichgültig ist, und das wird immer deutlicher hervortreten in

demselben Maße als alle Kommunikationen mehr werden
realisiert werden, also als der Naturbildungsprozeß sich stei=
gern wird. Je mehr man sich daher den Zweifel klar macht,
desto mehr muß man immer wieder darauf zurückkommen,
daß die Aufgabe in jedem Punkt die ganze ist und eine un=
endliche. Und daraus folgt denn von selbst die absolute
Gemeinschaftlichkeit der Koexistenz nach, also daß niemand
sich in diesem Prozeß mit seiner Thätigkeit isolieren kann;
denn er hat mit allen einen und denselben Gegenstand, und
daß, was in einem Teil der Natur geschieht, nie ein per=
sönliches, sondern immer ein gemeinschaftliches Werk ist.
Aber wiewohl der Akt auch in Beziehung auf die Koexistenz
ein durchaus gemeinschaftlicher ist, geht doch der Prozeß nur
fort unter der Bedingung der Erscheinung des menschlichen
Lebens und der Wirksamkeit des Geistes in der Form der
Persönlichkeit, und auf keinem Punkte ist er anders als
unter dieser Form der Gemeinschaftlichkeit in der Form der
Persönlichkeit, richtig zu verstehen, was eben damit zusammen=
hängt, daß die Persönlichkeit nicht Anfangspunkt und nicht
Endpunkt, sondern Durchgangspunkt ist. Daß aber niemand
sich isolieren kann mit seinem Naturbildungsprozesse, dazu
gehört, daß eben deswegen auch niemand irgendein Resultat
des Prozesses, sei es nun in der Talentbildung, oder sei
es in der Naturbildung, in seiner Persönlichkeit absolut
fixieren kann; denn weil alle Resultate zugleich Gegenstände
sind, so muß auch die Idee der absoluten Gemeinschaftlich=
keit ebenso gut in den Resultaten liegen als in der Thätig=
keit selbst.

Dies sind die allgemeinen Prinzipien, die wir hier gleich=
sam lehensweise aufstellen mußten, denn wir können nicht
sagen, daß sie vom religiösen Standpunkt abhängig wären.
Wir mußten sie uns aufstellen, um uns den Gegenstand in

seiner eigentümlichen Natur recht zu vergegenwärtigen. Wie
er wird, wenn das christliche Prinzip eintritt und sich
der Formen desselben bemächtigt, das ist nun erst zu betrachten.

Mit dem, was wir bis jetzt auseinandergesetzt haben,
sind unmittelbar gegeben die Prinzipien des Eigentums und
des Verkehrs. Denn ist der Bildungsprozeß ein absolut
gemeinschaftlicher, so ist zwar alles, was der Einzelne als
Organ aller gebraucht, aller Organ, aber doch so, daß er
in dem Gebrauch desselben nicht gestört werden darf, und
darauf beruht das Eigentum; und was jeder als Resultat
hervorgebracht hat, ist notwendig ein für alle Gebildetes, und
darauf beruht das Verkehr. Und unter diesen beiden Formen
ist die absolute Gemeinschaftlichkeit des ganzen Bildungsprozesses von dieser Seite angesehen realisiert.

Betrachten wir nun das Ganze aus dem Gesichtspunkt
der wirklich bestehenden Gemeinschaft, so sind uns in dieser
Beziehung diese beiden Grenzen gesteckt, einerseits, daß kein
Einzelner kann isoliert sein auch in Beziehung auf diesen
Teil der sittlichen Aufgabe, anderseits, daß die absolute Gemeinschaftlichkeit aller mit allen in keinem Momente vollkommen kann realisiert sein. Es entsteht also die Frage,
ob zwischen diesen beiden Endpunkten nur ein unbestimmtes
d. h. auf der einen Seite fragmentarisches, auf der andern
chaotisches Wachsen des Bildungsprozesses zu setzen sei, oder
ob es zwischen beiden eine Bestimmtheit der Gemeinschaft
giebt. Geschichte und Erfahrung geben uns das letztere an
die Hand; denn wir sehen nicht bloß von den einzelnen
Familien aus die Gemeinschaft des Bildungsprozesses zunehmen, sondern es zeigen sich uns dabei auch die Menschen
als Völker teils relativ miteinander vereinigt, teils auch
wieder relativ von einander gesondert. Demohnerachtet haben

viele geglaubt das erstere vorziehen zu müssen, und zwar
gerade vom religiösen Standpunkt aus; sie haben behauptet,
die politische Vereinigung sei nur ein notwendiges Übel und
das eigentliche Ziel eine solche absolute Gemeinschaftlichkeit,
bei welcher alle partiellen Vereinigungen untergegangen seien.
Hier ist ein bedeutender Unterschied nicht zu übersehen, der
nämlich zwischen Verbindung der Menschen zu Völkern und
Verbindung der Menschen zu Staaten. Denn in Beziehung
auf das letzte hat auch die philosophische Moral behauptet,
der Staat als solcher sei ein notwendiges Übel und das
Ziel jeder Staatsverbindung sei, sich selbst überflüssig zu
machen; die Verbindung der Menschen zu Völkern aber hat
sie niemals angefochten, wogegen man vom religiösen Standpunkte aus auch diese hat vernichten wollen. Was ist denn
nun dem Geiste des Christentums gemäß? Unter allen
religiösen Sittenlehren ist es allein die christliche, welche den
Satz von der Vernichtung der nationalen Differenz aufgestellt hat, weniger freilich in der eigentlich wissenschaftlichen
Theorie als in der populären Darstellung, aber diesen
Unterschied müssen wir doch vorläufig ganz ignorieren. Und
worauf beruhte das? Offenbar darauf, daß in der innern
Sphäre, die wir behandelt haben, die absolute Gemeinschaft
wirklich postuliert wird und daß wir das Reich Gottes auf
Erden nicht eher als vollendet ansehen können, bis es als
eins über das ganze Menschengeschlecht verbreitet ist. Wie
nun aber das Talent aus diesem höheren Gesichtspunkte
der Gesinnung untergeordnet ist, die nationale Differenz
aber nur angesehen werden kann als ihren Sitz habend in
dem Gebiete des Talents, so müssen, wie die Talentbildung
überhaupt, so auch die Differenzen derselben als der Bildung
der Gesinnung untergeordnet betrachtet werden. Das ist ein
echt christlicher Satz, und die Einheit des Reiches ist ohne

ihn gar nicht zu konstruieren. Auch wird er in dem Gebiete der Kirche überall realisiert; denn sowohl die morgen-
ländische als die abendländische Kirche verbreiten sich über
eine Mehrheit von Völkern, ohne daß die nationale Differenz die Kircheneinheit hinderte. Fragen wir aber, ob es
richtig war, zu sagen: Auch im Talent- und Naturbildungsprozesse müssen die nationalen Differenzen ganz verschwinden,
so daß auch hier nichts hervortritt als die absolute Gemeinschaftlichkeit in der Form, so müssen wir dieses, und zwar
gerade vom christlichen Standpunkte aus, verneinen, weil
ja für den Dienst der Kirche selbst und für den gesamten
Verbreitungsprozeß in derselben die verschiedenen Typen der
Nationalbildung mit eingreifen in die Organisation. Wenn
man, weil die Kirche eins ist in den verschiedenen Nationen,
darum Ursache hätte auf Identität der Sitte, der Sprache,
und alles dessen, was sonst hierher gehört, zu bringen, so
würde dieses Postulat auch irgendwie vorbereitet und ein
Übergang dazu vorhanden sein. Aber das ist nicht der Fall.
Die katholische Kirche hat freilich für den Kultus eine und
dieselbe Sprache durchzusetzen versucht, aber sie hat doch
nicht umhin gekonnt, den verschiedenen Landessprachen immer
mehr ihr Recht einzuräumen; und was die Identität der
Sitte betrifft, so hat sie dieselbe, weit entfernt sie zu realisieren, nicht einmal hervorzubringen versucht. Da die
Kirche also sogar auf ihrem eigenen Gebiete das Festsstehen
der nationalen Differenz anerkennt, so muß sie es noch vielmehr da anerkennen, wo der Talent- und Naturbildungsprozeß, auf dem doch die Differenz beruht, Hauptsache ist.

Aber worauf beruht nun dieses geschichtlich Gegebene,
und wie steht es dabei um die Forderung der absoluten
Gemeinschaftlichkeit?

Was die letzte Frage betrifft, so ist sie leicht zu beantworten. Die Forderung beruht nämlich auf den Prinzipien des Eigentums und des Verkehrs. Die Intelligenz erkennt im Namen des menschlichen Geschlechtes an, daß der Talent- und Naturbildungsprozeß jedes einzelnen Volkes für sich ein Gut ist für das Ganze, und jedes Volk erkennt an, daß es mit seinem Talent- und Naturbildungsprozesse sich nicht isolieren kann, sondern Verkehr eingehen muß mit einem anderen, wie andere mit ihm. So ist die absolute Gemeinschaftlichkeit realisiert.

Was aber die erste anlangt, so haben wir schon zugrunde gelegt, daß die ganze Idee von der Einheit und Zusammengehörigkeit des Talent- und Naturbildungsprozesses beruht auf der Einheit und Zusammengehörigkeit der Intelligenz und der Natur überhaupt. Diese Voraussetzung scheint freilich nur die absolute Gemeinschaftlichkeit zuzulassen. Allein sehen wir auf die beiden Endpunkte, die einzelne Persönlichkeit und die absolute Gemeinschaft, so müssen wir doch sagen, daß die einzelne Persönlichkeit als Punkt in der Aufgabe besteht, und daß dieses nur darauf beruhen kann, daß jeder Einzelne die Idee der Menschheit, d. h. die Vereinigung der Intelligenz mit der Natur, auf eine eigentümliche Weise darstellt, also daß die Beziehung der Intelligenz auf die Natur in jedem Einzelnen eine andere ist. Das führt aber schon von selbst darauf, daß es auch größere Abteilungen dieser Art geben muß, welche den Raum zwischen der einzelnen Persönlichkeit und der absoluten Gemeinschaft auf eine konstruible und systematische Weise ausfüllen, und welche darzustellen die eigentliche Aufgabe der Ethnographie ist. Was die Natur uns selbst darbietet, die Übereinstimmung einer großen Masse von Menschen in der Eigentümlichkeit der Konstitution, Sitte und Sprache, die man auch immer hat auf eine Identität der Abstammung zurückführen wollen, und also als

Analogon der Familie angesehen, das können wir begreifen und müssen es postulieren, wenn die Begründung der einzelnen Persönlichkeit in einer einzelnen Eigentümlichkeit, also das Individuelle, Realität haben soll. Wäre diese Verschiedenheit in der Konstitution nicht, dann gäbe es freilich keine solche bestimmte Abteilungen in dem ganzen Gebiete der absoluten Gemeinschaftlichkeit; aber dann würde auch der Mensch in Beziehung auf die Erde, die er bewohnt, in einem ganz anderen Verhältnisse stehen, und es wäre in der Entwickelung des Organischen ein Sprung, welcher unsere Erkenntnis mehr hemmen würde als fördern. Nämlich wir finden überall auf der Erde in den verschiedenen Klimaten verschiedene lebendige Formen, und eben dieses gehört zur Konstruktion der Erde in ihrem Verhältnisse zu dem ganzen Weltsysteme, dem sie angehört. Wir können uns freilich einen Weltkörper denken ohne diese Differenzen, aber er müßte dann auch eine ganz andere Konstruktion haben. Nun ist es schon ein Vorzug der menschlichen Gattung, daß sie über die ganze Erde verbreitet ist; aber sollte sie von der Konstruktion der Erde gar nichts mehr an sich tragen, dann müßte auch das Verhältnis des Menschen zur Erde ein ganz anderes sein. Es ruhen also die Verschiedenheiten, von denen wir reden, zum Teil in dem Verhältnisse des Menschen zu dem Weltkörper, den er bewohnt, wie er wirklich gegeben ist, und wir müssen sie zugleich als etwas in dem Begriffe des Menschen Gegebenes ansehen, so daß gar nicht mehr darüber gestritten werden kann, ob sie gut sind oder nicht. Allerdings, da uns durch die sittliche Idee die absolute Gemeinschaftlichkeit aufgegeben ist, so darf dieselbe durch die nationelle Differenz nicht gehindert werden, und wir müssen sagen: Widerspräche die nationelle Differenz der absoluten Gemeinschaftlichkeit, so müßten wir auf alle Weise versuchen, ob sie sich nicht auch physisch überwinden ließe. Und das wäre gar nicht schlechthin unmöglich; denn da sich die verschiedenen Rassen auf eine fruchtbare Weise miteinander vermischen, so könnten sie durch fortgesetzte Vermischung nach und nach alle in ihrer Verschiedenheit aufgehoben werden. Aber absolute Gemeinschaftlichkeit und nationelle Differenz widersprechen sich durchaus nicht; folglich kann es auch nie sittlich aufgegeben sein, die letztere zu vernichten. Man kann höchstens sagen, es existiere die Freiheit, im Einzelnen über den nationalen Typus hinauszugehen.

Doch wenn die Sache so steht, woher ist es denn gekommen, daß so viele die Verwischung der nationalen Bestimmtheit und die absolute Identität aller auch in Beziehung auf den Talent- und Naturbildungsprozeß als die höchste Vollkommenheit des Reiches Gottes auf Erden angesehen haben? Offenbar weil ihnen schien, als ob die nationale Differenziierung die absolute Gemeinschaftlichkeit wirklich aufhöbe. Und dieser Schein liegt freilich in dem feindseligen Verhältnisse der Völker zueinander. Aber die Kriege gehören gar nicht mit in die sittliche Aufgabe, wie aus dem vorigen klar ist. Denn wenn die absolute Gemeinschaftlichkeit absolute Aufgabe ist, so folgt, daß jeder feindselige Zustand ein Rückschritt ist. Darum kann die christliche Moral auch nie dahin kommen, und die philosophische auch nicht, den Krieg zu rechtfertigen. Wir haben freilich oben den Verteidigungskrieg für erlaubt erklärt, aber doch nur sofern er die sittliche Reaktion ist gegen den Angriffskrieg, der als Anfang der Feindseligkeit schlechthin unsittlich ist. Nur also wenn man sagen könnte: Die Differenz der Völker erzeugt notwendig Feindseligkeit, hätte man Recht, die Differenz aufzuheben. Aber das zu sagen wäre grundfalsch. Denn es läßt sich ein rechtliches Verhältnis und ein friedlicher Zustand unter allen Völkern sehr wohl denken, und die Feindseligkeit unter den Völkern ruht ebenso wenig auf ihrer Verschiedenheit als die unter den Einzelnen, sondern sie setzt immer voraus entweder einen Mangel an Erkenntnis oder einen pathematischen Zustand, und die sittliche Aufgabe ist immer, den einen zu überwinden und den anderen.

Was nun aber den anderen Punkt betrifft, den Unterschied zwischen der Konstitution der Völker und der der Staaten, so müssen wir sagen, daß die christliche Sittenlehre sich nie der Ansicht anschließen kann, der Staat sei nur ein notwendiges Übel, und daß, wenn philosophische Moralsysteme zu diesem Resultate gekommen sind, dieses nicht auf der Natur der Sache, sondern nur auf einem Fehler in der philosophischen Konstruktion beruht. In den ersten Prinzipien des Christentums und in den ersten Aussprüchen des christlichen Geistes findet sich die ausdrückliche Anerkennung des bürgerlichen Zustandes, also des Staates als der Form des Volkes. Denn materiell ist Staat und Volk dasselbe, und Staat nur die Form, welche sich das Volk giebt, um das gemeinsame Bewußtsein zur Erscheinung zu bringen. Wenn es anders ist, wenn ein Volk in mehrere Staaten zerteilt ist, oder ein Staat mehrere Völker umfaßt, so ist das das minder Natürliche, das man nur als ein notwendiges Übel anzusehen versucht sein könnte. Dennoch sagt der Apostel, jede Obrigkeit sei von Gott eingesetzt, jede sei eine göttliche Institution; er lehrt also, da Staat und Obrigkeit durchaus dasselbe sind, nicht daß der Staat ein notwendiges Übel, sondern daß er immer etwas sei, dessen Aufhebung nie das Ziel eines christlichen Handelns sein dürfe.

Wir setzen also zuerst zwischen der einzelnen Persönlichkeit

und der absoluten Gemeinschaftlichkeit die nationelle Bestimmtheit als etwas Notwendiges. Und auch dafür haben
wir eine biblische Basis. Denn Paulus betrachtet in seiner
zu Athen gehaltenen Rede (Apg. 17, 26) das Verteiltsein
der menschlichen Geschlechter in verschiedene Räume als eine
göttliche Institution, unbeschadet aber des allgemeinen Zusammenhanges aller Menschen, den er darauf gründet, daß
alle sollen desselben Geistes teilhaftig werden, so daß er
also ganz dasselbe giebt, was wir auf einem anderen Wege
gefunden haben, nämlich die Beziehung des Naturergebnisses,
daß die Menschen als Völker bestimmt sind, und der Idee
der absoluten Gemeinschaftlichkeit aller aufeinander. Ferner
setzen wir als notwendig das eigentlich Politische, die Form
der Völker zu existieren, wofür die biblische Hauptstelle sich
Röm. 13 findet. Denn hier betrachtet Paulus selbst seinen
Staat als eine göttliche Institution, den römischen, der doch
unnatürlich übergreifend die verschiedensten Völker in eine
große Einheit zusammenfaßte und in welchem kein eigentliches
Gesetz bestand für das Übergehen der höchsten Gewalt aus
einer Hand in die andere. Was aber die Prinzipien des
Eigentums und des Verkehrs betrifft, die wir in der Idee
der absoluten Gemeinschaftlichkeit unseres Prozesses gefunden
haben, so beschränken sich beide gegenseitig. Denn es kommt
etwas nur in den Verkehr, indem es aufhört, Eigentum des
Einzelnen zu sein, und es wird etwas nur Eigentum, sofern
es aus dem allgemeinen Verkehre heraustritt. Die gegenseitige Beschränkung läßt sich aber sehr vielfach denken, wie
denn auch die Formen des Eigentums und des Verkehrs zu
verschiedenen Zeiten und unter verschiedenen Völkern sehr
verschieden sind. Offenbar muß eine Ausgleichung stattfinden
zwischen denen, die einander am nächsten stehen in Beziehung
auf den Talent- und Naturbildungsprozeß; sie müssen eine

und dieselbe Ansicht und Handlungsweise haben, eine Übereinstimmung, die auf eine instinktartige Weise entsteht und
überall auch schon vor dem eigentlichen Entstehen der bürgerlichen Vereine als Gebrauch, als Sitte vorhanden ist. Aber
ohne die Form des Gesetzes zu haben, tragen Gebrauch und
Sitte, wie alles Formlose, große Unsicherheit an sich, die
nicht anders gehoben werden kann, als daß sie Gesetz werden,
allgemein anerkannter Wille des Ganzen, in welchem der
Wille des Einzelnen aufgehen muß, also nicht anders, als
daß der bürgerliche Verein entsteht, ohne welchen kein Gesetz
denkbar ist. Natürlich ist hier nicht davon die Rede, daß
im bürgerlichen Vereine auf den Widerspruch gegen das
allgemein Geltende Strafe gesetzt ist, sondern nur das
kommt in Erwägung, daß eine Sicherheit der Entscheidung für alle einzelne Fälle gesetzt ist, gegen welche der Einzelne gar keinen Einspruch mehr machen kann, gesetzt auch,
die Regel, die in Anwendung kommt, gereichte ihm zum
größten Nachteile, weil er immer anerkennen muß, daß dieser
nie so groß sein kann, als die Unsicherheit sein würde, wenn
kein Gesetz wäre.

Wenden wir nun die biblische Basis an auf das bisher
Betrachtete, so sehen wir darin ganz bestimmt die Verpflich-
tung des Christen zu der sogenannten justitia civilis. Unsere Kirche lehrt, daß der Mensch durch das Verderben seiner
Natur unfähig ist, für sich allein das wahrhaft Gute zu
thun und daß nur die göttliche Gnade ihn dazu tüchtig
macht. Ausgenommen aber hat man davon, was in dem
Begriffe der justitia civilis enthalten ist, und gesagt, dieses
könne der Mensch auch ausführen ohne den Gnadenbeistand
des göttlichen Geistes. Welches anzuerkennen allerdings sehr
notwendig war, denn sonst hätte man die bürgerliche Tugend
als nur im Christentume bestehend ansehen müssen. Und

die justitia civilis besteht nicht etwa bloß in äußerlichen Handlungen, sondern, wiewohl sie der christlichen Tugend untergeordnet ist, so ist doch auch immer die Gesinnung mit darin niedergelegt. Etwas, das wir auch in unserer bisherigen Betrachtung, sofern sie nicht vom christlichen Standpunkte ausgegangen ist, wiederfinden werden. Denn wenn wir z. B. gefunden haben, es gehöre zur Natur der Aufgabe, daß die einzelne Persönlichkeit nur Durchgangspunkt sei, so liegt doch darin dieses, daß kein Einzelner es als Zweck ansehen könne, irgendeinen Teil seiner Talente und der Natur für sich selbst auszubilden. Und das ist das Prinzip der Uneigennützigkeit, also eine wahre Gesinnung, welche sich darin darstellt, daß in dem ganzen Prozesse immer die Beziehung auf den Einzelnen selbst seinem Verhältnisse zum Ganzen untergeordnet wird, und derselbe Gegenstand immer angesehen wird als ein größeres Resultat gewährend für das Ganze, wenn er auch in die Bildung eines anderen verflochten wird, als wenn er in dem Bezirke des Einzelnen bleibt. Dasselbe aber läßt sich dann auch leicht anwenden auf das, was in dem Bezirke des einen Überfluß ist im Vergleich mit dem, was in dem Bezirke eines anderen Mangel. Das eine soll gegen das andere ausgeglichen werden, und das ist das Prinzip der Wohlthätigkeit, die ebenfalls eine Gesinnung ist, ohne daß dabei etwas Religiöses vorausgesetzt wäre. Und beide, die Uneigennützigkeit und die Wohlthätigkeit, sind nur einzelne Zweige von der Gemeinnützigkeit, der reinen Beziehung des ganzen Talent- und Naturbildungsprozesses auf das Ganze. Das alles also ist Gesinnung, welche ohne religiöse Grundlage bestehen kann. Und fragen wir nun: Unter welchen Umständen können wir es uns denn wohl stärker denken, wenn zwischen der einzelnen Persönlichkeit und der absoluten Gemeinschaftlichkeit

ein bloß chaotisches Zunehmen ist ohne bestimmte Gemeinschaft, oder wenn dazwischen die Menschen in Massen, wie
die Volksverbände sind, vereinigt sind, so müssen wir sagen:
Offenbar in dem letzten Falle. Denn die bloß absolute
Gemeinschaftlichkeit ist uns nie gegeben, was aber immer
gegeben ist, ist die einzelne Persönlichkeit im Familienleben,
so daß sich zwischen beiden kein Verhältnis aufstellen läßt.
Ist also nichts Bestimmtes zwischen ihnen, so wird natürlich
die letztere überall einen weit stärkeren Eindruck machen, als
die Idee der ersteren, und jeder Einzelne wird die Beziehung
auf seine Persönlichkeit zu groß setzen. Und gesetzt nun auch,
es kämen andere Motive hinzu, die nach der anderen Seite
hinziehen, der Prozeß würde doch nie recht zustande kommen.
Da kommt uns also die massenweise Vereinigung der Menschen zuhilfe, bei welcher in jedem Einzelnen beides ineinander ist, das persönliche Gefühl und das Gemeingefühl für
die Volksgemeinschaft, und die Lust, welche Motiv des ganzen
Verbreitungsprozesses ist, immer auch zugleich die Lust ist
an der Rezeptivität der Natur für den Typus der Nationalbildung, so daß sie einen viel stärkeren und bestimmteren
Charakter an sich hat, als wenn nichts ist als Lust an der
Empfänglichkeit der Natur überhaupt für die Herrschaft des
menschlichen Geistes. Hier ist uns das Ganze, auf welches
sich das Prinzip der Gemeinnützigkeit bezieht, in viel höherem
Grade gegeben, in dem Grade nämlich, in welchem Bildung
vorhanden ist; denn von den Menschen der ungebildeten
Klasse können wir freilich keine selbständige Gemeinnützigkeit
fordern, wohl aber von denen, die sich das Ganze zu vergegenwärtigen imstande sind. Aber wie nun beides in jedem
ist, das persönliche und das Gemeingefühl, so ist es auch in
jedem auf allgemein menschliche Weise, ohne daß erst das
religiöse auf besondere Weise hinzukommen müßte.

Hier aber entsteht uns nun die Frage: Hat denn die religiöse Sittenlehre in dieser Beziehung nichts zu thun, als zu sanktionieren, was in der natürlichen schon aufgezeigt werden kann, oder hat sie es auch umzubilden? Im letzten Falle würden wir sagen müssen: Die bürgerliche Tugend können zwar alle haben ohne den göttlichen Geist, aber unter dem Einflusse des göttlichen Geistes wird sie eine andere sein. Im ersten Falle, das Christentum ändert an der ganzen Idee der bürgerlichen Tugend nichts. Die Frage führt uns aber gleich auf eine andere, die sich uns schon in der allgemeinen Einleitung dargeboten hat, auf die nämlich: Kann denn die religiöse Sittenlehre etwas anderes enthalten, als die natürliche? Und worin kann denn dieses andere bestehen? Wir werden wieder sagen müssen: Streng genommen läßt sich nicht behaupten, die christliche Sittenlehre könne andere Vorschriften geben als die natürliche; aber ebenso wenig, die Sittlichkeit, die aus dem religiösen Prinzipe entstanden ist, sei keine andere, als die auf einem anderen Prinzipe beruhende. Denn das erste würde einen Widerspruch begründen zwischen den Forderungen des Christentums und denen der allgemein menschlichen Vernunft; das zweite aber das Gebiet der Frömmigkeit gänzlich trennen von dem der Sittlichkeit. Nehmen wir also an, daß die bürgerliche Tugend des Christen keine andere ist als die jedes anderen, so trennen wir die Frömmigkeit ganz von der bürgerlichen Tugend; setzen wir aber eine Differenz, so setzen wir auch einen Widerspruch. Wie sollen wir uns aus diesem Dilemma herausfinden? Vielleicht finden wir den Schlüssel dazu in der biblischen Stelle, wo der Apostel sagt, es sei notwendig, sich der Obrigkeit zu unterwerfen, nicht nur um der Strafe willen, sondern auch um des Gewissens willen (Röm. 13, 5). Auf den ersten Anblick scheint es freilich,

als fänden wir hier nicht den Unterschied, den wir im Auge
haben, denn auch die Vernunft wird sagen: Ein Unterthan-
sein, also die Übung der gesamten bürgerlichen Tugend,
bloß aus Furcht vor der Strafe, ist gar keine Tugend, und
der bürgerliche Verein ist desto unvollkommener, je mehr
ihm Strafgesetze notwendig sind. Aber das Um-des-Gewissens-
willen, ist das nicht ein anderes für den Christen oder überhaupt auf das religiöse Prinzip bezogen, und ein anderes
nur auf das bürgerliche bezogen? Gewiß. Nämlich das
rein bürgerliche Gewissen ist bloß die Zusammenstimmung
der Willensrichtung des Einzelnen mit der des Ganzen,
und die Gewissenhaftigkeit besteht darin, daß keine Willens-
direktion realisiert wird ohne diese Zusammenstimmung.
Hierin liegt nun keine Rücksicht auf die absolute Gemeinschaftlichkeit, sondern das Gewissen des Einzelnen ist ganz
auf das Selbstbewußtsein des Ganzen, dem es angehört,
bezogen, also auf die größere Persönlichkeit, die das Volk
bildet. Daher wir auch so häufig finden, daß auf dem
außerchristlichen Gebiete und überhaupt da, wo die Sittlichkeit mit dem Religiösen weniger zusammenhängt, wozu
wir das ganze klassische Altertum als Beispiel nehmen können,
die bürgerliche Tugend, sobald man sie auf absolute Gemeinschaftlichkeit bezieht, eine Ungerechtigkeit ist. Das nun
wird nie das religiöse Gewissen sein können; denn dieses
kann niemals umhin, das Bestehen des einzelnen Volkes
auf das allgemeine Verhältnis aller Menschen zu beziehen,
weil es wesentlich das Bewußtsein ist der Übereinstimmung
des eigenen Willens mit dem göttlichen, und also notwendig
alles auf den göttlichen Willen beziehen muß. Darum ist
es auch, auf die bürgerliche Tugend bezogen, zwar immer
das Bewußtsein von der Art, wie ich meinen eigenen Willen
nach dem gemeinsamen dirigiere, aber doch nie, ohne auch

Bewußtsein davon zu sein, daß er auch als ein göttlicher
Wille erscheinen kann. So daß also klar ist, daß dabei
eine bürgerliche Tugend, die, kosmopolitisch betrachtet, eine
Ungerechtigkeit wäre, nicht bestehen kann; denn die göttliche
Vorhersehung kann nie auf das Bestehen nur eines Volkes
gerichtet sein, sondern bezieht sich wesentlich immer auf das
Zusammenbestehen aller. Statuiert aber der religiöse Standpunkt, vom christlichen gar nicht einmal zu reden, keinen
Patriotismus, der das Vaterland zu einer eigennützigen
moralischen Person macht, und sichert der bloß politische
Standpunkt nicht gegen einen solchen Patriotismus, so ist
auch eine Differenz im Gewissen nicht zu verkennen. Bringt
nun das christliche Prinzip hierzu etwas Neues? Der Christ
kann diese ganze Sphäre des Talent- und Naturbildungsprozesses nur beziehen auf die Verbreitung des Reiches Gottes
nach der christlichen Idee. Die Kirche aber, wie sie in irgendeinem Momente besteht, ist auch immer nur ein beschränktes
Ganze, denn ein großer Teil des menschlichen Geschlechtes
ist noch außerhalb derselben. Wie verhält sich also hier
das Gewissen als Beziehung auf das Ganze des Christentums zum Gewissen als Beziehung auf das Ganze des
menschlichen Geschlechts? Das eine soll ins andere übergehen; darauf ist der ganze Verbreitungsprozeß gerichtet.
Es kann also auch keine andere Handlungsweise geben in
Beziehung auf diejenigen, in welchen die Güter der Erlösung
noch nicht gesetzt sind, als eine solche, die damit bestehen
kann, daß auch sie dieser Güter teilhaftig werden. Und
wenn wir nun sagen: Dem Christen ist die Gesinnungbildung
der Hauptpunkt, die Talentbildung nur der untergeordnete,
so folgt auch, daß der Christ die ganze bürgerliche Tugend
nur auf diese Verbreitung des Reiches Gottes bezieht und
sich von seinem Verhältnisse zum Staate nichts gebieten

läßt, wodurch die Verbreitung des Reiches Gottes gehindert werden könnte. Er sagt: Es kann keine bürgerliche Tugend geben, welche eine Feindschaft setzte zwischen einem Teile des menschlichen Geschlechts und einem anderen. Nun aber gilt das nicht nur von dem, was christliche Kirche ist im Vergleich mit dem, was es noch nicht ist, sondern auch von der intensiven Steigerung, die überall Aufgabe ist in der christlichen Kirche. Das Gewissen kann also auch nie befriedigt sein durch eine bürgerliche Tugend, welche nicht zugleich alle Talent= und Naturbildung auf die Steigerung der christlichen Gesinnung bezieht. So daß wir also deutlich sehen, daß die bürgerliche Tugend des Christen nicht der Materie, aber der Form nach eine andere ist als die jedes anderen, weil sie beides immer zusammenfaßt, Verbreitung der Talente und Verbreitung der christlichen Gesinnung.

Wir dürfen aber auch für unseren Prozeß der Talent= und Naturbildung den Unterschied nicht vernachlässigen zwischen dem mehr Extensiven und dem mehr Intensiven. Der Charakter der Gemeinschaftlichkeit und alles, was daraus folgt, ist ebenso gut anwendbar auf das eine als auf das andere. Wir wollen aber nur das Folgende herausheben.

Die Lebenserhaltung des Menschen gehört offenbar mit zum extensiven Verbreitungsprozesse, weil dieser ohne sie an jedem Punkte aufhören muß. Man hat sie häufig der Erhaltung des Gemeinwesens gegenübergestellt und sich dadurch in große Schwierigkeiten verwickelt. Nach unserem Gesichtspunkte ist aber diese Stellung der einen zur andern ganz unzulässig; denn uns ist die Selbsterhaltung des Einzelnen auch ein Interesse der Gesamtheit, uns sorgt jeder für sich selbst nur im Auftrage der ganzen Gemeinschaft, und so verschwinden uns die Schwierigkeiten. Wer die Pflicht der Selbsterhaltung nur übt als Organ des Ganzen, dem kann

kein Streit entſtehen zwiſchen ihr und der Pflicht, das ge-
meine Weſen zu erhalten; der kann auch nie darauf kommen, um der Selbſterhaltung willen etwas Unſittliches zu
thun, weil er damit aufhören würde, ein Organ des Ganzen
im ſittlichen Prozeſſe zu ſein und mit der Selbſterhaltung
dem Ganzen zu dienen. Die Schwierigkeiten können nur
entſtehen, wenn man die Selbſterhaltung als ſinnlichen Trieb
des Einzelnen faßt und dieſen Trieb als unwiderſtehlich an-
ſieht. Übrigens wird die Selbſterhaltung und ihr Verhältnis zu den übrigen Teilen der Aufgabe immer beſtimmt
geregelt ſein, wenn doch der ganze Talent- und Naturbildungsprozeß in den bürgerlichen Verein eingeſchloſſen und
auch dasjenige durch Sitte und Gebrauch geordnet iſt, was
über den Umfang eines Staats hinausgeht.

Die weitere Ausbildung der Einzelnen als ſolcher gehört
auch dem Verbreitungsprozeß des Ganzen an, aber dem
intenſiven, muß alſo auch auf den gemeinſamen Willen zurückgeführt werden können. Darin liegt, daß auch für dieſen
Prozeß der fortſchreitenden Entwickelung der Einzelnen keine
unbedingte Willkür ſtattfinden kann, ſondern jeder Einzelne
auch hier dem Geſetz und der Sitte unterworfen iſt. Die
Thätigkeit des Ganzen, die der Einzelne zu repräſentieren
hat, wird hier nur repräſentiert, wenn er ſich frei dem
Ganzen unterordnet, d. h. der Einzelne muß ſeine Freiheit
in Rückſicht der eigenen Ausbildung und künftigen Beſtim-
mung und Wirkſamkeit vom Ganzen empfangen; er muß
in allem, was er hierin thut, ſich als Organ des Ganzen
anſehen können, wenn ſeine ganze Entwickelung wahrhaft
frei und ſittlich ſein ſoll. Betrachten wir die verſchiedenen
Geſtaltungen, welche dieſer Prozeß bei verſchiedenen Völkern
annimmt, ſo finden wir ein ſehr verſchiedenes Maß, wie
die Freiheit des Einzelnen hervortritt. Wo das Kaſten-

wesen herrscht, ist sie Null. An und für sich betrachtet erscheint dieses freilich als eine schlechte Art des Ganzen, seinen Vorteil zu berechnen; denn die Natur hält sich nicht so bestimmt an die Geburt und verteilt oft die höchsten Gaben gerade an solche, deren Vorfahren sich seit längerer Zeit mit den untergeordnetsten Dingen beschäftigt haben, und gewiß können wir nicht umhin, es als einen höchst unvollkommenen Zustand anzusehen. Demohnerachtet aber ist der Einzelne daran gebunden, wo es stattfindet. Auch ist nicht zu leugnen, daß es hier eine Differenz giebt in dem Verfahren der lebendigen Natur an sich. Sie erzeugt Leben, wo das Individuelle überhaupt sehr hervortritt, und anderes, wo es überhaupt sehr zurücktritt, und wo eine Einrichtung stattfindet, wie das Kastenwesen, da hat sie sich nur bilden können, weil das Individuelle der Persönlichkeit in hohem Maße zurücktrat, und eine solche Fixierung kann auch nur wieder verschwinden in dem Maß, als das Individuelle sich lebendiger herausbildet.

Das letzte, was zu betrachten ist, ist der verschiedene Gehalt der einzelnen Elemente des ganzen Prozesses. Wir sind davon ausgegangen, daß man die Ausbildung der menschlichen Natur und die Bildung der äußeren Natur für den Menschen als einen und denselben Prozeß ansehen müsse. Und das ist auch vollkommen richtig, so lange wir nichts anderes im Auge haben als das Verhältnis des Geistes zur Natur. Allein es entstehen nun doch hier bedeutende Differenzen, welche nicht zu übersehen sind. Nämlich es läßt sich eine Thätigkeit denken, bei welcher die Naturbildung durchaus das Überwiegende, die Talentbildung das Zurücktretende ist, und das ist die, die wir κατ' ἐξοχήν die mechanische nennen, das Gebiet des Mechanismus im weiteren Sinne des Worts. Und eine entgegengesetzte, bei welcher die Talentbildung das Überwiegende und die Naturbildung das Zurücktretende ist, und das ist die wissenschaftliche Thätigkeit, die spekulative im weiteren Sinne des Worts. Wir wollen nun zuerst diese beiden Extreme betrachten. Wenn in der mechanischen Thätigkeit die Talentbildung völlig Null wird, so ist sie selbst keine sittliche mehr, denn es ist dann der Zusammenhang mit der Gesinnung völlig abgebrochen. In einer solchen Thätigkeit soll kein Mensch begriffen sein. Denken wir uns nämlich irgendeinen ganz mechanischen Naturbildungsprozeß, es ist aber noch etwas von Theorie darin, so ist auch die Talentbildung dabei nicht gänzlich auf Null gebracht, denn das Talent hat dabei noch seinen Spielraum in der Überlegung und in der Auswahl des Bessern. Ist aber auch das gar nicht mehr da, so ist der einzelne Mensch ganz nur der Stellvertreter einer Maschine; und das ist etwas schlechthin Unfreies, wobei die geistige Thätigkeit absolut Null ist, und je mehr sich der mechanische Prozeß auf diese Stufe stellt, was besonders durch die Verteilung der Geschäfte sehr befördert wird, desto notwendiger ist es, daß dann die wirklichen Maschinen an die Stelle der menschlichen Thätigkeit treten. Es ist auch offenbar, daß in einem solchen Zustande eine intensive Fortschreitung des Menschen gar nicht mehr möglich ist, je mehr nämlich die Thätigkeit seine ganze Zeit ausfüllt, sondern daß sein Bildungsprozeß absolut beendigt ist, sobald er in dieses Verhältnis eingetreten ist. Die Regeln für die Fortschreitung des Prozesses, die sich hieraus entwickeln lassen, sind auf der einen Seite nicht allgemein, auf der andern sehr kompliziert. Wir können sie aber so zusammenfassen, daß wir sagen: Es muß in der Gesellschaft beides in gleichem Verhältnis stehen und immer Schritt halten, einerseits die Teilung der Geschäfte und anderseits das Eintreten der Maschinen, der

8*

bloß mechanischen Kräfte, in die Stelle der lebendigen, wenn nicht der Prozeß unsittlich werden soll. Und hier ist nun einer von den Punkten, wo die religiöse Sittenlehre etwas Bestimmteres aufstellen kann, als die philosophische wenigstens vor dem Christentum immer aufgestellt hat, wenn man auch nicht geradezu sagen darf, überhaupt aufstellen kann. Nämlich sehen wir auf den Unterschied zwischen Freien und Sklaven, so ist er nur dadurch real begründet, wenn der Sklave rein die Stelle einer Maschine vertritt, wie denn Aristoteles den Sklaven ganz richtig erklärt als ein ὄργανον ζωόν. Wenn nun die Menschen auch de jure nicht Sklaven sind, so werden sie es doch de facto, je mehr sie in den Mechanismus eingetaucht werden, denn damit verliert sich immer mehr die Fähigkeit zu einem freien geistigen Leben. Daß nun eine solche Differenz nicht sein sollte, das hat die philosophische Sittenlehre des Altertums nicht gelehrt, vielmehr hat sie sie immer sehr gut und vorteilhaft gefunden. Vom christlichen Standpunkt aus aber hat man sie niemals können gelten lassen und immer auf ihre Aufhebung dringen müssen; denn wer der Gemeinschaft mit Christo fähig ist, und das sind nach christlicher Anschauung alle, muß ein freies Wesen sein und geistigen Lebens teilhaftig, keine lebendige Maschine. Sklaverei ist gegen den Verbreitungsprozeß, weil sie die Einzelnen in Beziehung auf denselben Null macht.

Sehen wir nun auf das andere Extrem, auf die überwiegende Talentbildung mit zurücktretender Naturbildung, so scheint der rein wissenschaftliche Prozeß eigentlich gar keine Naturbildung hervorzubringen und nur in dem Innern der psychischen Organisation zu bleiben. Aber er ist es doch allein, der alles entwickelt, woraus die Gesetze für jeden Naturbildungsprozeß hergenommen werden müssen. Denken

wir uns also das Extrem als Maximum, so wird es solche
geben, welche sich nur damit beschäftigen, dem Naturbildungsprozeß die Gesetze zu geben, sonst aber gar nicht an ihm
teilnehmen. Das ist aber eine ebenso unstatthafte Einseitigkeit, schon darum, weil dieses Extrem seiner Natur nach
das vorige postuliert, indem sonst kein Gleichgewicht heraus-
käme Nun ist freilich schon durch die Natur dafür gesorgt,
daß ein solches Maximum nicht möglich ist. Denn es mag
sich Einer noch so sehr der Einwirkung auf die Natur enthalten, in der Erhaltung seiner selbst ist er mindestens
begriffen, und die ist auch schon ein Teil des Naturbildungsprozesses. Allein die Sache hat noch eine andere Seite.
Denken wir uns nämlich das Talent in seiner Entwickelung,
so ist dieser ganz unentbehrlich die Ausübung. Jede Ausübung aber ist ein Äußeres und greift immer ein in den
Naturbildungsprozeß. Denken wir uns das Talent absolut
getrennt von der Ausübung, so ist es eigentlich nichts, als
die intellektuelle Funktion selbst, als das bloße Vermögen,
woraus nichts entstehen kann als ein lebloses inneres Brü-
ten, so daß also der ganze Prozeß in diesem Extrem ein
totes Spiel wird. Fragen wir nun nach der natürlichen
Korrektion dieser Einseitigkeit, so werden wir sagen müssen:
Dieses, daß jeder schon durch die Erhaltung seiner selbst am
Naturprozesse Anteil nimmt, ist doch nicht die eigentliche
Ergänzung, sondern dieses, daß es in jedem einzelnen Leben
Momente giebt, wo der entgegengesetzte Charakter auch bestimmt heraustritt. Es kann das Leben und der sittliche
Charakter des Talentbildungsprozesses nur erhalten werden,
wenn die eigene persönliche Talentbildung zugleich Natur-
bildung wird, selbst den Charakter derselben annimmt. Und
das ist auf zweierlei Weise zu erreichen, entweder dadurch,
daß jeder inneren Talentbildung doch immer die Ausübung

zur Seite geht, oder dadurch, daß sie aus sich selbst heraustritt und zugleich Bildung wird des Talents in anderen.
D. h. alles Wissenschaftliche muß entweder zugleich aus-
übend oder belehrend sein, denn durch beides entsteht in
der talentbildenden Thätigkeit selbst zugleich eine naturbildende.

Außer diesen beiden Extremen aber, die wir auf bestimmte Weise begrenzen müssen, giebt es nun auch eine
Thätigkeitsform, welche das Gleichgewicht zwischen den beiden
Elementen des Prozesses in sich trägt, diejenige nämlich,
welche wir Kunst nennen im weiteren Sinne. Wir wollen
nicht behaupten, der Begriff Kunst überhaupt sei definiert,
wenn wir sagen, sie ist in gleichem Maße Talentbildung
und Naturbildung, aber er ist damit definiert in der Beziehung, in welcher wir jetzt versieren. Keine Thätigkeit,
welcher wir diesen Namen geben, weder die schöne Kunst
im engeren Sinne, noch auch alle nützliche oder sogenannte mechanische Kunst, keine naturbildende Thätigkeit, so
lange nur Kunst darin ist, kann in den bloßen Mechanismus übergehen; also ist mit der Kunst in jeder Thätigkeit
ein unzerstörbares Gleichgewicht der beiden Elemente mitgesetzt. Denn daß Kunst zugleich immer auch Talentbildung
ist, geht schon daraus hervor, daß wir jede Kunst als etwas ins Unendliche Perfektibles ansehen. Und wo sie überwiegend von der wissenschaftlichen Seite ausgeht, wie unter
den schönen Künsten diejenige, welche am meisten auf die
Sprache basiert ist, da ist sie ihrer Natur nach talentbildend,
aber durch die Ausübung, von der sie nie getrennt werden
kann, immer auch naturbildend, so daß alle Künste immer
das Gleichgewicht in sich tragen, nur in entgegengesetzten
Formen. Kunst ist also die einzige Form, unter welcher
der ganze Prozeß zusammengefaßt werden kann, und wo er

als Kunst geübt wird, da stellt er ein doppeltes Gleichgewicht dar zwischen Talentbildung und Naturbildung. Aber eben weil es so ist, so sollen nun auch überall die beiden zum Extrem sich hinneigenden Thätigkeiten Kunst werden, und jede von ihnen ist nur sittlich, sofern sie es wird. Die Wissenschaft wird Kunst in jeder darstellenden Produktion; der Mechanismus wird Kunst in seinem Zusammenhange mit der Totalität des Lebens. Je mehr also in jedem Einzelnen ebenso die Beziehung auf die Kunst selbst gesetzt ist, desto mehr ist in seinem Prozesse die ganze Sittlichkeit gesetzt.

Wollten wir nun die Elemente des bürgerlichen Lebens, die wir nur angedeutet haben, weiter ins einzelne ausführen, so könnten wir nur aufstellen, was auch solche Sittenlehren haben, die nicht, wie wir hier, alles auf das Eigentümliche des christlichen Prinzips und der christlichen Gemeinschaft zurückführen, also was wir jetzt wohl überall voraussetzen dürfen. Freilich fehlt es nicht an Schriftstellen, womit die Sätze dieser Art könnten belegt werden; denn die katholischen Briefe, die gnomischen Zusätze zu den paulinischen, ja auch die Reden Christi behandeln alle dahin gehörigen Gegenstände oft und vielseitig. Aber auch das ist nicht notwendig, daß eine christliche Sittenlehre alles enthalte, was moralischen Inhalts in der heiligen Schrift vorkommt; denn diese redet ja teils auch zu solchen, die noch nicht Christen waren, teils auch zu solchen, die eben erst Christen geworden waren, und zwar gerade aus den Klassen der Gesellschaft, in welche auch die Lehren der heidnischen Moral noch gar nicht eingedrungen waren. Da muß uns also für eine wissenschaftliche Darstellung der christlichen Sittenlehre vieles als überflüssig erscheinen, wenigstens als etwas, das der Hervorhebung des am meisten Eigentümlichen überall weichen muß.

Zweiter Teil.
Das darstellende Handeln.

Einleitung.

Daß es der religiösen Sittenlehre gezieme, das Handeln in seinen verschiedenen Formen abzuleiten aus den am meisten innerlichen Veränderungen des Selbstbewußtseins, haben wir in der allgemeinen Einleitung auseinandergesetzt. Auch haben wir an demselben Orte nachgewiesen, daß die Affektionen des Selbstbewußtseins, auf den Gegensatz zwischen Geist und Fleisch bezogen, die Formen der Lust und Unlust annehmen, und daß auf diesen die beiden Abschnitte unserer Darstellung beruhen, die wir eben vollendet haben. Wir sagten aber auch schon damals, daß hiermit nicht das ganze Gebiet des Handelns erschöpft werde, daß vielmehr in gewissem Sinne das reinigende und das verbreitende Handeln nur den Weg bezeichnen könnte, um zum eigentlichen Ziele, zur vollkommenen Herrschaft des Geistes über das Fleisch zu gelangen, nicht dieses Ziel selbst, daß es also von diesem Standpunkte aus noch ein höheres geben müsse, nämlich eben den Ausdruck der vollkommenen Herrschaft des Geistes in allem, was sich irgend als Verbindung des Geistes mit dem Fleische zu erkennen giebt. Denn es ist unmöglich, daß dieser Ausdruck selbst noch in den Gegensatz von Lust und Unlust falle, da die letzte ganz entschieden ein Bedürfnis und die erste immer nur eine solche Kraftäußerung voraus= setzt, der an einem anderen Punkte eine bloße Empfänglich= keit entspricht, und so konnten wir denn auch die zum Grunde liegende Bestimmtheit des Selbstbewußtseins nicht anders bezeichnen, als durch Seligkeit, wenngleich immer nur in relativem Sinne. Wollen wir nun das darstellende Han= deln ansehen als entsprungen aus der relativen inneren Seligkeit des Menschen, so scheint es freilich erst seinen Anfang nehmen zu können, wenn der ganze wiederherstellende und verbreitende Prozeß wird vollendet sein, also erst nach dem gegenwärtigen Leben. Aber wir haben doch anderseits auch schon zugeben müssen, daß jede einzelne Handlung des einen und des andern Prozesses notwendig immer schon eine solche Bestimmtheit des Selbstbewußtseins voraussetzt, wie sie ist, welche wir hier im Auge haben. Wenn etwas soll wiederhergestellt werden, so muß es, wie relativ aufgehoben, so irgendwie schon dagewesen sein. Nun soll nichts anderes wiederhergestellt werden, als die Macht des Geistes über das Fleisch. Eben diese also muß in irgendeinem Sinne schon vorhanden gewesen sein, vorhanden also auch das Selbstbewußtsein, das wir hier als Seligkeit bezeichnen, die weder Lust ist noch Unlust. Und ebenso anderseits, wenn ein sittliches handelndes Wesen sich soll der Kraft bewußt sein, dasjenige, was zwar fähig ist, unter die Herrschaft des Geistes gebracht zu werden, aber noch nicht unter derselben steht, unter die Macht des Geistes zu bringen, so kann das immer nur geschehen, sofern schon etwas unter der Gewalt des Geistes steht, weil dieser nur vermittelst organischer Äußerungen thätig sein kann, nur durch die ganze psychische Natur des Menschen, so daß, wer durch diese auf etwas anderes wirken will, seine eigene psychische Natur schon unter der Gewalt des Geistes wissen muß. Ein solcher Zustand kann aber an und für sich auch nicht Lust sein oder Unlust, sondern nur das Analogon der Seligkeit, welches also nicht nur folgt auf wiederherstellendes und verbreitendes Handeln, sondern auch beiden vorangeht.

Nun werden wir aber nicht sagen können, daß die Seligkeit, die allem bisher betrachteten Handeln vorangeht, und die andere, die erst auf dessen Vollendung folgt, in jeder Hinsicht eine und dieselbe seien. Denn wäre die Seligkeit, welche das reinigende und verbreitende Handeln bedingt, absolut dieselbe als die, welche dadurch bedingt ist, so müßte das Selbstbewußtsein entweder gar nicht den Zustand repräsentieren, oder alles reinigende und verbreitende Handeln Null sein, denn das Dasein und Vollendetsein desselben könnte dann ja keine Wirkung hervorgebracht haben auf dasjenige, was doch dadurch soll bedingt sein. Das also werden wir auf jeden Fall zugeben müssen. Aber worin wird die Differenz bestehen? Offenbar nicht darin, daß die eine weniger die Indifferenz wäre von Lust und Unlust, als die andere, denn sonst wären beide nicht mehr dem Begriffe nach dasselbe. Sondern wenn wir sagen: Es muß zu der einen etwas hinzukommen, damit sie die andere werde, so folgt, daß das Hinzukommende nichts anderes sein kann, als eine intensive Steigerung, und daß zwischen der einen und der anderen eine Reihe liegt, in der zwar jeder Punkt denselben Charakter hat, aber doch auch jedem ein Increment zuteil geworden ist. Offenbar kann dieses kein anderes sein, als ein Increment im Bewußtsein selbst; das heißt also: wir erhalten eine Steigerung des Bewußtseins selbst in einem und demselben Charakter. Eine Steigerung des Bewußtseins selbst können wir uns aber nur vorstellen,

indem wir dem Bewußtsein die Bewußtlosigkeit gegenüber-
setzen; denn eine Steigerung des Bewußtseins setzt immer
eine verschwindende Bewußtlosigkeit voraus, wie sich uns
das Bewußtsein selbst immer nur aus der Bewußtlosigkeit
zu erheben scheint und wir das Maximum und die Vollendung des Bewußtseins nur zu denken wissen als das absolute Überwundensein der Bewußtlosigkeit.

Unsere Formel ist also diese: Zwischen der Seligkeit, die
dem wirksamen Handeln vorangeht, und der, welche der
Vollendung desselben folgt, schließt jeder Punkt, wenn er
mit dem auf ihn folgenden verglichen wird, noch eine Bewußtlosigkeit in sich; und um der Formel Inhalt zu geben,
nehmen wir zwei solche aufeinander folgende Punkte an,
einmal so, daß ein reinigendes, dann so, daß ein verbreitendes Handeln den Fortschritt von dem einen zum andern
bedingt. Gesetzt also ein Selbstbewußtsein unter der Form
der Seligkeit, es tritt aber ein reinigendes Handeln ein,
so war in dem Bewußtsein unter der Form der Seligkeit
noch eine Bewußtlosigkeit, die nämlich über den möglichen
Rückschritt, durch welchen das reinigende Handeln nötig
wurde, also eine Bewußtlosigkeit über den Keim von Unlust, der noch in der Seligkeit lag. Ist nun das reinigende
Handeln vollzogen, so ist diese Bewußtlosigkeit in Bewußtsein
aufgelöst; die Unlust war eingetreten, aber sie ist auch sittlich wieder aufgehoben, und die Seligkeit, die jetzt entstanden ist, ist Bewußtsein der aufgehobenen Unlust, wie
die vorangehende Bewußtlosigkeit war über die Möglichkeit
der Unlust, so daß also Bewußtsein geworden ist, was vorher Bewußtlosigkeit war. Ebenso von der anderen Seite.
Gesetzt ein Selbstbewußtsein unter der Form der Seligkeit,
es tritt aber ein erweiterndes Handeln ein, so muß in dem
Selbstbewußtsein unter der Form der Seligkeit ein Selbst-

bewußtsein, als Lust bestimmt, latitiert haben, denn ohne das ist kein erweiterndes Handeln denkbar. Das Selbstbewußtsein als Seligkeit war also in sich ruhend und bewußtlos über die Aufforderung, die Herrschaft des Geistes zu verbreiten. Ist nun aber der Prozeß des erweiternden Handelns vollzogen, so kann das Selbstbewußtsein die Form der Seligkeit nicht wieder annehmen, außer wiefern das Bewußtsein mitgesetzt ist, daß mitaufgenommen ist unter die Herrschaft des Geistes, was vorher außerhalb derselben war, aber ohne daß ein Bewußtsein darüber sich gebildet hatte; also auch wieder so, daß eine Bewußtlosigkeit in Bewußtsein aufgelöst ist, folglich die Seligkeit intensiv einen Zuwachs erhalten hat. Freilich scheint sie auch extensiv erweitert, aber das gehört nicht hierher.

Dieses nun wird wichtig sein, um den Charakter des Handelns, welches aus dem Selbstbewußtsein unter der Form der Seligkeit hervorgeht, näher zu bezeichnen. Es folgt nämlich aus dem Gesagten, daß das Increment, durch welches sich jeder spätere Moment der Seligkeit von dem ihm vorangehenden unterscheidet, nur geworden sein kann durch das reinigende oder verbreitende Handeln, welches dazwischengetreten war; und darin liegt, daß, wenn das Selbstbewußtsein als Seligkeit Impuls wird, wenn aus ihm, sofern es nichts ist als Selbstbewußtsein unter der Form der Seligkeit, ein Handeln hervorgeht, dieses auf keine Weise der Grund ist des Incrementes, das den späteren Moment der Seligkeit vor dem früheren auszeichnet.

Diese bloß negative Bestimmung ist aber so sehr ausschließend, daß uns dadurch das Handeln, welches aus dem Selbstbewußtsein unter der Form der Seligkeit hervorgeht, eigentlich Null zu werden scheint. Denn ein Handeln, das alle Wirksamkeit außer sich hat, das weder im Äußeren noch

im Inneren eine Veränderung hervorbringt, ein Handeln
ganz ohne Erfolg, ohne Resultat, ist sehr schwer zu konstruieren, und zwar nicht nur wo es gilt, seinen Inhalt
anschaulich zu machen, sondern ganz besonders, wo es darauf
ankommt, von der Notwendigkeit desselben zu überzeugen
oder es als einen wesentlichen Bestandteil der gesamten sittlichen Aufgabe nachzuweisen. Das erste ist schwer, weil wir
uns immer denken, jedem Handeln, sofern es ein bewußtes
sei, liege allemal die Idee eines Resultats zum Grunde, sei
es unter der Form des Zweckbegriffs, sei es unter der
Form des Instinkts. Denn sofern es ein wirklich lebendiges
Handeln und nicht bloß die Fortpflanzung einer Bewegung
ist, scheint es nur unter einer von diesen beiden Formen
gedacht werden zu können. Das andere ist schwer, weil
wir gewohnt sind, kein Handeln als in die Totalität der
sittlichen Aufgabe gehörend anzusehen, welches ohne alles
Resultat bleibt. Denn wo sollten wir ihm seine Stelle an-
weisen? Es könnte überall stehen, aber darum, scheint es,
auch nirgend, und wo das der Fall ist mit einem Teile,
wie sollte da nicht die ganze sittliche Aufgabe in dieser Nullität
aufgehen!

Beide Resultate, die uns so ungünstig erscheinen, haben
wir nun aber näher zu betrachten. Was das erste betrifft,
daß wir nämlich sagten, wir könnten ein solches Handeln
nicht zur Anschauung bringen, so haben wir das nur gesagt,
sofern das Handeln eben ein bewußtes ist. Nun aber können
wir sagen, daß jeder Moment des Selbstbewußtseins unter
der Form der Seligkeit, der einem reinigenden oder erweiternden Handeln vorangeht, ein relativ bewußtloser ist.
Das Handeln unter diesem Charakter also bezeichnet eben
die Seite des Bewußtseins, vermöge deren noch etwas anderes darauf folgen muß; es wäre folglich selbst nur das

Zeichen, daß das Selbstbewußtsein unter der Form der Seligkeit nur ein vorangehendes sei. Was aber das zweite betrifft, daß wir nämlich sagten, ein solches Handeln scheine kein bestimmter Teil der gesamten sittlichen Aufgabe sein zu können, so müssen wir wieder sagen: Inwiefern wir eine solche Bestimmtheit des Selbstbewußtseins als nachfolgenden Moment betrachten, sofern schließt sie das Vollendetsein des reinigenden und des verbreitenden Handelns in sich, und jedes aus ihr hervorgehende Handeln hat überall seinen Platz, sofern jene beiden Prozesse als vollendet können angesehen werden. Denken wir uns dieselben also wirklich vollendet, und das liegt dem Ausdrucke Ewiges Leben zum Grunde, so kann dann gar kein anderes Handeln mehr gedacht werden, als was Null ist in Beziehung auf das Resultat, weil eben kein Resultat mehr zu erwarten ist, sondern nur die Bezeichnung und der Ausdruck der vollendeten Prozesse und des erreichten Resultats. So daß nun als positiver Schluß dieses hervorgeht, daß zwischen der Bestimmtheit des Selbstbewußtseins selbst unter der Form der Seligkeit und dem aus dieser Bestimmtheit hervorgehenden Handeln kein anderer Unterschied sein kann, als der zwischen dem Selbstbewußtsein an sich und der Manifestation desselben, weil keinerlei Wirksamkeit darin ist und kein Resultat daraus hervorgehen soll; und es bleibt nichts übrig, als auf den Gegensatz des Inneren und des Äußeren zurückzukommen und zu sagen: Was mit dem Handeln zur Bestimmtheit des Selbstbewußtseins unter der Form der Seligkeit hinzukommt, ist nichts, als das reine Äußern derselben. Welches allein den eigentlichen Sinn unserer Bezeichnung ausmacht, wenn wir diesen Teil unserer Aufgabe schon im voraus das darstellende Handeln genannt haben.

Fassen wir also alles zusammen, so müssen wir sagen,

daß das darstellende Handeln im Vergleich mit dem reinigenden und verbreitenden inbezug auf Wirksamkeit als Null
erscheint, indem es weder im Subjekte noch im Objekte eine
Veränderung des sittlichen Zustandes erzeugt. Was wir
auch so ausdrücken können: Es ist eigentlich kein Herausgehen aus dem gegebenen Momente, wie das immer stattfindet beim wirksamen Handeln, sondern es ist in dieser
Beziehung ein In-sich-bleiben. Ein Aus-sich-herausgehen ist
es nur in Beziehung auf die Bestimmtheit des Selbstbewußtseins an sich, denn es ist ein Äußerlich-werden derselben als
eines Innerlichen.

Was ist denn nun aber der Grund, daß das Selbstbewußtsein unter der Form der Seligkeit äußerlich wird,
wenn doch eine Veränderung in einem sittlichen Zustande
dadurch nicht hervorgebracht werden soll? Darauf würde
es keine Antwort geben, wenn nicht auch das darstellende
Handeln bedingt wäre durch die Idee der Gemeinschaft.
Denn wenn der einzelne Mensch nicht nur an sich, sondern
auch in jedem seiner Momente rein für sich selbst wäre und
isoliert, so würde sich auch kein Grund zu einem Äußerlich-
werden des Inneren denken lassen. Er ist aber ohne Gemeinschaft gar nicht zu denken; folglich ist ihm immer die
Kommunikation seiner momentanen Zustände aufgegeben.
Diese Kommunikation ist eine zwiefache. Sofern wir nämlich den Einzelnen für sich betrachten als ein Wesen, das
unter der Form der Zeit steht, so ist sie die Kommunikation
eines Momentes an den andern. Sofern wir ihn aber
betrachten als ein Exemplar der Gattung, sofern wir also
in seinem Selbstbewußtsein das persönliche Gefühl und das
Gemeingefühl identisch denken, so ist sie die Kommunikation
von einem Einzelwesen an das andere. Und beides zusammengenommen ist das ganze Gebiet der Gemeinschaft,

wie es dem Menschen gegeben ist. Wir können also sagen: Alles darstellende Handeln, sofern es nichts anderes ist als das In-die-Erscheinung-treten eines innerlichen Zustandes, geht auf Gemeinschaft aus. Freilich geht es auch aus von der Gemeinschaft, setzt dieselbe also immer schon voraus, so daß wir auf denselben Kreis kommen, den wir schon an einem anderen Orte konstruiert haben. Aber beides ist auch wieder leicht zu vereinigen, darin nämlich, daß die Gemein- schaft einerseits und das darstellende Handeln anderseits gleich ursprünglich sind. Das heißt der einzelne Mensch könnte kein unter dem Typus der Zeit stehendes Wesen sein, wenn es nicht ein Äußerlich-werden des Inneren für ihn gäbe. Ebenso, der einzelne Mensch könnte kein Individuum der Gattung sein ohne ein Äußerlich-werden des Inneren; denn nur unter dieser Bedingung kann die menschliche Natur an eine Totalität von Einzelwesen verteilt sein. Der Geist ist in allen Einzelnen einer und derselbe und trägt, an sich betrachtet, die Persönlichkeit gar nicht in sich, gleichviel, ob wir ihn als κοινὸς λόγος oder als ἅγιον πνεῦμα betrach- ten. Soll es also eine Persönlichkeit geben, so muß etwas anderes das Substrat davon sein. Als solches ist aber nichts denkbar, als das ganze System der psychischen und physischen Organisation, welche sich der Geist aneignet. Wenn daher eine Verbindung sein muß zwischen diesem Systeme und dem Geiste, so muß auch das sein, ohne welches sie nicht zu begreifen wäre, nämlich das Äußerlich-werden des Inneren. Und wenn nun der ganze Zusammenhang zwischen der Bestimmtheit des Selbstbewußtseins unter dieser Form und der Art, wie dasselbe Impuls wird, also dem daraus hervorgehenden Handeln, auf dieser unpersönlichen Identität des Geistes beruht, so sehen wir von selbst, wie auch das darstellende Handeln in zwei verschiedene Gebiete zerfällt, sofern es nämlich bezogen wird auf diejenige Bestimmtheit des Selbstbewußtseins, bei welcher die Intelligenz im allgemein menschlichen Sinne das Zentrum ist, oder sofern es bezogen wird auf diejenige Bestimmtheit des Selbstbewußtseins, in welcher der Geist im christlichen Sinne das Zentrum ist, welche beide Gebiete sich hier nicht anders verhalten können, als in den Formen des reinigenden und des verbreitenden Handelns.

Das Äußerlich-werden der inneren Bestimmtheit des Selbstbewußtseins, das darstellende Handeln, beruht auf Gemeinschaft und bringt Gemeinschaft hervor. Das haben wir ausgedrückt durch die Formel: Beide sind gleich primitiv; eine Formel, die wir sogleich in wirkliche Anschauung verwandeln, wenn wir sagen: Das darstellende Handeln ist das In-die-Erscheinung-treten der Gemeinschaft selbst, also auch dasjenige, wodurch die Gemeinschaft erst ein Objekt des Bewußtseins werden kann. Es ist klar, daß das gleichmäßig gilt für beide Sphären. Ist aber das darstellende Handeln das In-die-Erscheinung-treten der Gemeinschaft selbst, so kann sein Prinzip insofern auch nichts anderes sein, als die Liebe, nämlich die Liebe derer zu einander, welche durch die Identität des Geistes einander gleich sind. Diese Gleichheit kann wohl nicht besser bezeichnet werden, als durch den Ausdruck „die brüderliche", und darum heißt mit Recht die Liebe, die das Prinzip des darstellenden Handelns ist, die brüderliche Liebe. In der äußerlichen Sphäre nun ist diese offenbar die allgemeine Menschenliebe. Aber auf dem eigentümlich christlichen Gebiete: was ist sie da? Sollen wir sagen, ihr Gegenstand seien nur diejenigen, die mit uns identisch sind durch den göttlichen Geist, inwiefern er in ihnen ist und in uns? Das hat, wie es scheint, die Analogie für sich. Aber da würde dann das darstellende Handeln nichts zu thun

haben mit dem Verkehr der Kirche nach außen, und das
wäre mit dem christlichen Bewußtsein nicht zu vereinigen;
denn dieses wird keineswegs dadurch erschöpft, daß wir sagen,
die christliche Kirche stelle nur dar für sich selbst. Auch
wäre es damit nicht zu vereinigen, daß alle drei Formen
des Handelns in der Realität niemals absolut zu trennen
sind. Wir werden also doch auch in die brüderliche Liebe
der Christen als solcher alle Menschen einschließen müssen,
nur freilich, ohne zurückzugehen auf den Geist im allgemein
menschlichen Sinne, sondern so, daß wir sagen: Es kann
sich niemand des göttlichen Geistes bewußt sein, ausgenommen
insofern er sich zugleich bewußt ist, daß das ganze Menschengeschlecht diesem Geiste angehört; der Unterschied zwischen den
Einzelnen ist nur ein zeitlicher, der nämlich, daß einige das
πνεῦμα ἅγιον schon haben, andere noch nicht; und die christliche Bruderliebe ist eine ganz allgemeine, die einen um-
fassend als solche, welche des göttlichen Geistes schon teilhaftig geworden sind, die anderen als solche, denen er soll
mitgeteilt werden, so daß das darstellende Handeln bei den
einen sich richtet an die schon in ihnen gesetzte Erfahrung,
bei den anderen an die vorauszusetzende Empfänglichkeit

Dieses nun vorausgesetzt, werden wir also folgende
Grundlage haben. So gewiß der göttliche Geist in einem
Einzelnen ist, so gewiß giebt es auch eine Gemeinschaft dieses
Einzelnen mit allen Menschen, welche aber nur allmählich
in der Zeit realisiert werden kann, sich auf das gleiche Verhältnis der menschlichen Natur in allen zum göttlichen Geiste
bezieht und nichts anderes sein soll, als das In-die-Er-
scheinung-heraustreten desjenigen Selbstbewußtseins, in welchem die Herrschaft des göttlichen Geistes über das Fleisch
schlechthin gesetzt ist. Offenbar ist aber die Differenz nicht
zu übersehen, welche darin beruht, daß in Einigen der gött-

liche Geist schon ist, in andern noch nicht. Das darstellende Handeln als solches ist also für die einen in vollkommnerem Grade als für die andern; für die einen ist es notwendig eine Erweckung und Erweiterung ihres Selbstbewußtseins unter der Form der Seligkeit, für die andern ist es nichts als eine ihnen dargebotene Anschauung, eine so wahre, daß die Möglichkeit in ihr liegt, die Empfänglichkeit für den göttlichen Geist aufzuregen, indem derselbe in der Erscheinung des christlichen Selbstbewußtseins dargeboten wird. Und wenn wir das eine dem andern so scharf entgegensetzen als möglich, so sehen wir, wie das eine rein die Beziehung in sich schließt, eine Gemeinschaft zu stiften, das andere die Beziehung, daß eine Gemeinschaft schon da ist. Das eine zeigt uns daher das Element des verbreitenden Handelns in dem darstellenden, das andere das darstellende rein an und für sich, jedoch, um gleich auch das noch hinzuzufügen, nur unter der Voraussetzung, daß wegen des zeitlichen Typus, dem die christliche Kirche unterworfen ist, ein Rückschreiten in derselben möglich und insofern also auch im darstellenden Handeln an sich das Element des reinigenden Handelns mitgesetzt ist.

I. Die innere Sphäre, oder die Kirche.

In dem eben Auseinandergesetzten haben wir nun die ersten Elemente zu der Konstruktion der christlichen Kirche. Diese Konstruktion früher zu geben, war nicht möglich, denn die Notwendigkeit einer Anstalt, wie die Kirche ist, läßt sich nicht einsehen, als nur aus der Notwendigkeit und Natürlichkeit des darstellenden Handelns. Wenn sich das höhere Selbstbewußtsein ganz erschöpfen ließe in den beiden Formen der Lust und der Unlust, so würde sich auch kein anderes

9*

Handeln denken laſſen als das verbreitende und das reinigende. Nun liegt freilich auch in dieſen beiden, daß jeder
auf andere wirkt; aber ein ſolches Wirken iſt doch kein kon-
ſtantes, es hat als Wirken keine Kontinuität, ſondern entſteht immer nur, wo ſich die Gelegenheit dazu darbietet,
iſt alſo aus dieſem Geſichtspunkte auch immer wieder auf-
gelöſt, wenn der Gelegenheit genügt iſt. Es bedarf einer
äußeren Veranlaſſung, wenn reinigend oder verbreitend auf
einen andern gewirkt werden ſoll; und iſt die Wirkung hervorgebracht, ſo hört auch die Aufforderung zum Handeln
auf, mithin auch die Gemeinſchaft. Das höhere Selbſtbewußtſein unter der Form der Seligkeit dagegen, ſofern es
gar nicht unter dem Gegenſatz der Luſt und der Unluſt
ſteht, iſt das eigentliche Grundgefühl des Chriſten, das Gefühl, daß es eine Gewalt des Geiſtes über das Fleiſch giebt;
und da es von keiner äußeren Veranlaſſung abhängt, aber
doch auch weſentlich Impuls werden muß, ſo iſt nun auch
das darſtellende Handeln von der äußeren Veranlaſſung
unabhängig und allein gegeben durch den Grundcharakter
des ganzen menſchlichen Weſens, ſofern die Duplicität des
Geiſtes und des Fleiſches in ihm iſt. Daß aber dieſe Be-
ſtimmung des Selbſtbewußtſeins nicht ruht, ſondern auch in
die Erſcheinung treten will und tritt, iſt wieder nur zu begreifen aus den beiden aufgeſtellten Momenten, auf die wir
ſie zurückgeführt haben und welche eben die Gemeinſchaft
als ein Kontinuum poſtulieren. Es iſt in unſerm urſprünglichen Selbſtbewußtſein gegeben, daß wir die einzelnen Momente des Daſeins nur zuſammenknüpfen können, indem
was in dem einen Momente war, Objekt wird für den anderen, und das iſt nur möglich in dem Heraustreten in die
Erſcheinung, daß aber auch die Identität des perſönlichen
und des Gemeingefühls nur Wahrheit hat, ſofern wir in

Gemeinschaft stehen mit andern und unser Selbstbewußtsein austauschen können, so daß alles Darstellen nichts anderes ist als die beständige Realisation des menschlichen Wesens selbst. Darum hat nun aber auch das Begreifen der Gemeinschaft nur hier seinen eigentümlichen Ort, und es beruht also auf dem christlichen Gebiete rein darauf, daß der göttliche Geist in allen und für alle einer ist und derselbe und daß alle Einzelnen nur seine Werkzeuge sind, jeder ihn also auch nur vollständig in sich trägt, sofern in ihm das Bewußtsein, daß alle anderen ebenso Werkzeuge des göttlichen Geistes sind, zum Selbstbewußtsein geworden ist. Das aber wird es nur, sofern er das Selbstbewußtsein der andern in das seinige aufnimmt, welches wieder nur geschehen kann, sofern jedes Selbstbewußtsein in die Erscheinung tritt. Und diese innere Notwendigkeit des beständigen Zusammenfließens des durch die Persönlichkeit getrennten Selbstbewußtseins ist das Wesen der brüderlichen Liebe und bedingt beides, das darstellende Handeln und die Kontinuität der Gemeinschaft.

Wie aber so die brüderliche Liebe die Basis ist der religiösen Gemeinschaft, der Kirche, so sind auch alle Glieder dieser Gemeinschaft als solche wesentlich unter einander gleich und zwar aus einem zwiefachen Grunde. Das ἅγιον πνεῦμα nämlich ist wesentlich ein göttliches, d. h. niemals ein leidendes, sondern immer ein thätiges, folglich niemals affiziert oder modifiziert. Eben darum aber gehört es auch der Persönlichkeit nicht an, sondern ist das in allen identische Agens. Folglich ist in ihm auch die wesentliche Gleichheit aller Glieder der Kirche begründet. Wenn aber nun auch alle Einzelnen gleichsam als Eigentum des göttlichen Geistes einander gleich sind, so müssen sie doch ungleich sein als Organe desselben, indem der Prozeß der Aneignung in den einen weiter vorgerückt ist als in den andern. Doch auch diese Ungleichheit verschwindet, und das ist der zweite Grund, auf dem die wesentliche Gleichheit aller Glieder der Kirche ruht, durch das absolute Erhabensein Christi über alle und dadurch, daß ihr Verhältnis zu Christo überall das dominierende ist. Dies setzt aber wieder voraus das Göttliche in Christo; denn wer ihm nur eine andere Dignität zugestehen will, der kann ihn auch nicht als absolut erhaben über alle setzen, wie sich ihm auch die Ungleichheit der Einzelnen gleich wieder geltend machen muß. Es ist wichtig, darauf aufmerksam zu machen, wie sich das Wesentliche dieses Dogmas, welches nicht ohne große Schwierigkeiten zu behandeln ist, sogleich als Grundbedingung zu erkennen giebt auch da, wo es auf die Entwickelung der ursprünglichen Bestimmtheit des christlichen Selbstbewußtseins in seiner praktischen Anwendung ankommt.

Nun aber müssen wir hier gleich wieder darauf merken, daß diese Konstruktion der christlichen Kirche aus dem Bewußtsein der wesentlichen Gleichheit aller Christen, deren Formel man kurz so fassen könnte, daß der Geist in jedem Einzelnen sich zugleich auch des Besitzes aller anderen will bewußt werden und daß er von jedem aus das Bewußtsein, dieses einzelne Organ zu besitzen, auf alle andern übertragen will; denn auf diesem gegenseitigen In-sich-aufnehmen des Bewußtseins beruht die ganze Aufgabe des darstellenden Handelns — daß diese Konstruktion der christlichen Kirche auch schon die eigentümlich protestantische ist. Denn die katholische Kirche nimmt eine ursprüngliche Ungleichheit in ihre Konstruktion auf, nämlich den Gegensatz zwischen Priestern und Laien. Alle Priesterkirchen sind auf einem Prinzip der Ungleichheit gebaut, weil sie weder einen solchen Gegensatz kennen, wie der ist zwischen dem Erlöser und den Erlösten, noch eine Gleichheit in der göttlichen Mitteilung, wie sie im Christentum in der Idee des heiligen Geistes ausgebildet ist. Die jüdische Kirche war zwar auch eine Priesterkirche, aber es hatte doch mit ihr eine etwas andere Bewandtnis. Sie bildete den Übergang von der eigentlichen Priesterkirche zum Christentum. Die priesterliche Dignität ruhte bei ihr auf dem mosaischen Gesetz und bestand nur in der Berechtigung zu gewissen Funktionen, war aber ganz ausgeschlossen von dem Anspruch an eine besondere göttliche Mitteilung. Diese existierte zwar auch unter der Form des hohenpriesterlichen Orakels; allein dabei war keinerlei innere göttliche Mitteilung, sondern nur eine äußere, nämlich, so viel wir davon wissen, nur eine auf die Form des Loses gegründete. Die innere, vom Gesetz anerkannte besondere göttliche Mitteilung, die prophetische, war von der priesterlichen Würde ganz unabhängig, und dadurch war der Übergang möglich vom Judentum als Priesterkirche zum Christentum, in welchem die priesterliche Würde als eine besondere gar nicht existiert. Die religiöse Dignität der Gesetzgebung wurde aufgehoben und die religiöse Mitteilung wurde aus einer speziellen eine allgemeine. Wie ist nun aber doch das alte Prinzip wieder in die katholische Kirche gekommen? Wir können die Frage nur historisch beantworten, wobei wir freilich immer festhalten müssen, daß alle historische Darstellung zugleich Auslegung ist, und insofern auch subjektiv. Aber wir unseres Ortes können nur sagen, das besondere Priestertum in der katholischen Kirche sei ein später eingeschlichenes, der ursprünglichen Konstitution der Kirche gänzlich fremdes. Die Apostel hatten keine priesterliche Würde, sondern ihr einziger Vorzug ist, daß sie wegen ihres persönlichen Umganges mit Christo die Quelle der christlichen Tradition sind, sowohl was die Lehre als was die Institutionen betrifft. Wo ist uns die erste christliche Kirche aufgezeigt?

In der Apostelgeschichte. Aber da sind es nie die Apostel allein, die sie bilden, sondern eine größere Menge von Einzelnen ist es, selbst Frauen mit eingeschlossen, und von allen insgesamt wird gesagt, sie seien zusammen gewesen einmütig im Gebete und im Lobe Gottes, also im darstellenden Handeln, wo das ὁμοθυμαδόν deutlich zeigt, daß keineswegs die einen bloß empfangend, die andern bloß thätig waren, sondern daß die brüderliche Gleichheit sowohl der Materie, als der Form nach das Wesentliche war. (Apg. 2, 42—47.) Die katholische Kirche hat eine andere Historie; auf eine nicht nachzuweisende Tradition fußend, setzt sie voraus, der Unterschied zwischen Priestern und Laien sei von Christo selbst eingesetzt. Nun ist Christus derjenige, auf dessen Verhältnis zu allen übrigen die absolute Gleichheit derselben unter sich beruht. Insofern also die katholische Kirche die Ungleichheit auf Christum zurückführt, rettet sie zwar das christliche Prinzip und bleibt eine christliche Kirche; aber gesetzt auch ihre Voraussetzung sei wahr, so kann doch Christus die Ungleichheit nicht so eingesetzt haben, daß die ursprüngliche Gleichheit dadurch wäre aufgehoben worden. Diese muß also immer aufrecht erhalten werden, sofern sie sich auf das gleiche Verhältnis aller zu Christo gründet, und der Unterschied unter den Gläubigen kann immer nur ein relativer sein. Um das nun recht einzusehen, müssen wir die Keime des Unterschiedes auch in der protestantischen Kirche nachweisen. Bei uns sind nämlich ähnliche Differenzen, nur daß wir ihnen nicht gleiche Dignität zugestehen. In unserer über die Konstruktion der Kirche aus dem Bewußtsein der absoluten Gleichheit aller Gläubigen Christo gegenüber aufgestellten allgemeinen Formel ist auch eine Duplicität gesetzt, ein Sich-selbst-ändern-mitteilen und ein das christliche Leben und Dasein anderer, ihr Verhältnis zum göttlichen Geiste

In-sich-aufnehmen, also die Duplicität von Spontaneität und Rezeptivität. Allein wir sagen, daß jedem beides notwendig sei. Wenn die katholische Kirche dieses bestritte, so gäbe es gar keine Verwandtschaft zwischen ihr und uns. Aber sie bestreitet es nicht. Denn daß die Priester auch ihrerseits rezeptiv seien, leugnet sie nicht, und daß auch die Laien können an der Spontaneität teilhaben, tritt zwar in der öffentlichen Erscheinung der Kirche gar sehr zurück, aber es wird doch nicht gänzlich negiert, indem sie ja doch auch ein Familienleben, wenngleich nicht als das Höchste, in ihre Konstruktion mit aufnimmt und es nicht als etwas bloß Bürgerliches ansieht.

Ich verweise übrigens, was diesen Punkt betrifft von der Aufnahme der Familien in die Konstruktion der Kirche, auf das darüber in dem Abschnitt vom wirksamen Handeln Gesagte, reduziere es hier aber kurz auf diejenigen Punkte, auf welche es uns jetzt besonders ankommt. Die Familie als solche nämlich ist früher als die Kirche, aber die Kirche ist auch wieder früher, als die Familie christlich ist; denn die Konstruktion der Kirche aus Einzelwesen ist die frühere, wenngleich auch die unvollkommenere. Wir werden also auch zu unterscheiden und auseinanderzusetzen haben, welches das darstellende Handeln in der Kirche sei ohne bestimmte Beziehung darauf, daß die Familie organisches Element der Kirche ist, und dann welches das darstellende Handeln in der Kirche sei, das sich wesentlich eben hierauf gründet. Doch zunächst ist nötig, den allgemeinen Charakter des darstellenden Handelns in Beziehung auf seinen Inhalt, so weit er das Verhältnis zur Kirche betrifft, auseinanderzusetzen, damit wir erst das Allgemeine, die ursprüngliche Einheit haben, auf welche dann die untergeordneten Entgegensetzungen bezogen werden können.

Wir haben schon in der allgemeinen Einleitung gesagt, daß alles darstellende Handeln insgesamt wesentlich dasjenige ist, was wir Gottesdienst nennen. Es scheint freilich, als ob durch diese Formel sehr wenig gegeben wäre, weil das Wort selbst ein uneigentliches ist und also nur auf eine im gemeinen Leben gültige unbestimmte Vorstellung hinweist. Wie können wir Gott einen Dienst erweisen? Sehen wir da auf den Inhalt, so wäre viel eher das verbreitende Handeln als ein Gottesdienst anzusehen als das darstellende. Allein auch in anderen Sphären des Lebens kennen und brauchen wir das Wort Dienst nur so, daß es den natürlichen Ausdruck bezeichnet von dem Verhältnis zwischen einem Niederen und einem Höhergestellten, daß es also nicht Diensterweisung, sondern Dienstbezeugung ausdrückt; es liegt darin nur, daß sich der eine als das Organ des andern darstellt. Gottesdienst ist also der Inbegriff aller Handlungen, durch welche wir uns als Organe Gottes vermöge des göttlichen Geistes darstellen. Davon ist natürlich das wirksame Handeln ausgeschlossen; denn das ist dasjenige, wodurch wir als Organe Gottes etwas hervorbringen, nicht uns nur als solche darstellen. Freilich haben wir schon zugegeben, daß jede Form des Handelns die anderen in sich schließt, und so soll auch durch die gegebene Erklärung nicht ausgeschlossen sein, daß das darstellende Handeln per accidens immer auch ein wirksames in sich trägt. Denn jedes reine Darstellen erhöht zugleich die Gewöhnung, sich aus dem Gesichtspunkt, in welchem man sich darstellt, zu betrachten, und ebenso auch die Leichtigkeit, in diejenigen Forderungen sich zu fügen, die aus diesem Gesichtspunkt entstehen. Aber auf diese Art hängt doch dem darstellenden Handeln das wirksame nur an, nicht aber macht es das Wesen desselben aus.

Woburch geschieht denn aber das, daß wir uns auf solche wesentliche Art als Organe Gottes darstellen? Das können wir nicht sagen, ohne uns zugleich in eine Reihe von Gegensätzen zu begeben, die eben das Ganze beschreiben würden. Aber das Allgemeine ist doch aus dem bisherigen leicht zu eruieren. Das darstellende Handeln ist nämlich nur im Vergleich mit der absoluten Innerlichkeit des Selbstbewußtseins an und für sich ein Aus-sich-herausgehen, nicht aber in Vergleich mit dem wirksamen Handeln, weil die Idee des Erfolges nicht dabei zum Grunde liegt. Es kann ferner auch nur unter der Voraussetzung der Gemeinschaft bestehen. Daraus aber folgt, daß es, ohne daß irgendein Erfolg dabei beabsichtigt wird, für den Handelnden selbst sein kann und auch für andere; für den Handelnden selbst, sofern er in einem andern Momente gedacht wird; für andere, sofern jeder andere in jedem Moment in derselben Gemeinschaft steht. In beider Hinsicht besteht also das Wesen des darstellenden Handelns in einer solchen Äußerung des Innerlichen, daß dieses als das, was es ist, erkannt werden kann; das Innerliche aber, welches dargestellt werden soll, ist für unser besonderes Gebiet der Zustand der freien Herrschaft des Geistes über das Fleisch, das Bewußtsein der Seligkeit, der ungetrübte Zustand in der schwebenden Mitte zwischen Lust und Unlust.

Die nähere Frage aber, wie denn das Innerliche ein Äußerliches wird, führt uns auch wieder auf etwas zurück, was in Beziehung auf unser eigentümliches Gebiet uns als etwas vorangehendes Natürliches erscheint. Nämlich ganz abgesehen vom göttlichen Geiste ist schon durch den *κοινὸς λόγος* dieselbe Aufgabe gestellt und also ein darstellendes Handeln vor aller christlichen Kirche gefordert, dessen Gegenstand ist, die Herrschaft der Intelligenz in der sinnlichen Natur zu offenbaren. Das christliche darstellende Handeln als solches hat nun gar keine anderen Darstellungsmittel als die, die dem vernünftigen Menschen als solchem zugebote stehen; und da der Geist an sich das Vernünftige ist, so kann er auch nur ein Äußerliches werden durch das, was seiner Natur nach in das Gebiet der Erscheinung gehört, also durch die sinnliche Natur des Menschen. In dieser müssen die Darstellungsmittel liegen, aber nur so, wie wir dieselben schon als für die allgemein menschliche Intelligenz durchgebildete Organe voraussetzen müssen. Daraus könnte man folgern wollen, der einzelne Mensch könne nur als schon moralisch durchgebildet in die christliche Kirche kommen, was aber der ganzen christlichen Praxis und unserm christlichen Gefühl widersprechen würde. Die Erlösung will einerseits nicht warten auf vollkommene moralische Durchbildung der Menschen, sonst wäre ja auch die Zeit nicht erfüllt gewesen, als Christus erschien, und anderseits giebt es keinen Zustand der Menschen, in welchem sie nicht schon fähig wären, für das Christentum bearbeitet zu werden. Jene Voraussetzung wäre also offenbar falsch. Aber es ist auch hier nicht sowohl das Moralische gemeint, als vielmehr das allgemein Intelligente. Es giebt nichts in der äußeren Erscheinung des Menschen, was nicht schon durch das menschliche Leben selbst als Organ für die Intelligenz gebildet wäre in gewissem Grade, ganz abgesehen vom Gegensatz des Moralischen und des Unmoralischen, denn das eine wie das andere ist ein Ausdruck der menschlichen Intelligenz. Die Gestalt des Menschen ist ausdrucksvoll ihrer Natur nach, und vornehmlich ist die Gesichtsbildung ein Ausdruck der Intelligenz. Das reichste Darstellungsmittel der Intelligenz aber ist die Sprache, die wir doch nicht als ethisch im engern Sinne des Wortes ansehen. Der Mensch bemächtigt sich

ihrer nur allmählich, und ehe er ihrer nicht bis auf einen
gewissen Grad mächtig geworden ist, kann er am darstellenden
Handeln nicht teilnehmen. Nur in diesem weiteren Sinne
ist hier die Voraussetzung gemeint, und was wir sagen wollen,
ist nur dieses, daß die Darstellungsmittel nicht selbst ein
Produkt sind des göttlichen Geistes im engeren Sinne, sondern daß sie bereits in der durch die allgemein menschliche
Intelligenz in Besitz genommenen organischen Totalität liegen
und der göttliche Geist sie sich nur aneignen kann, wodurch
der Unterschied keineswegs aufgehoben wird zwischen der besonderen inneren Sphäre der eigentümlich christlichen Darstellung und der allgemein menschlichen.

Um aber dieses noch genauer zu betrachten, wollen wir
versuchen, den ganzen Umfang der Aufgabe auf eine mehr
reale Weise uns vorzustellen. Insofern die Einteilung richtig
ist, welche wir gemacht haben, werden wir sagen können:
Alles Handeln, welches vom göttlichen Geiste ausgeht und
kein wirksames ist, ist ein darstellendes, und zwar ein darstellendes auf unserm besonderen Gebiete. Das scheint anfangs keine fruchtbare Formel zu sein, aber sie verschafft
uns doch den Vorteil, daß wir das darstellende Handeln
nun noch so betrachten können, wie es sich an das wirksame
anschließt. Wir haben uns dieses letztere eingeteilt in das
eigentlich nach außen hin erweiternde und das nach innen
zu steigernde. Vergleichen wir beides, so werden wir sagen
können: Alle Handlungen, welche nur erweitern nach außen,
ohne nach innen zu steigern, sind in Beziehung auf den bestimmten Grad, den die Herrschaft des Geistes erreicht hat,
nicht wirksam, sondern darstellend. Das können wir uns
zunächst am besten versinnlichen an dem nicht unmittelbar
religiösen Gebiete. Alle Handlungen nämlich, welche die
Herrschaft des Menschen über die Natur nach außen ver-

breiten, sind Darstellung des Grades, in welchem sie bereits vorhanden ist. Alle Handlungen, welche einen gegebenen Zustand nur erhalten, wie er ist, haben weniger den verbreitenden als den abwehrenden Charakter, sind aber noch viel mehr darstellend. In allem wirksamen Handeln ist also eine Seite, welche dem darstellenden Gebiete untergeordnet ist. Am meisten tritt dieses in den erhaltenden Funktionen des extensiven Prozesses heraus. Aber auch im intensiven finden wir es; denn alle Steigerung der Herrschaft des Geistes im Gebiete der menschlichen Natur geht aus von der ursprünglichen Wirksamkeit Christi. In Christo und in seinem Einflusse auf das menschliche Geschlecht ist keine Möglichkeit der Steigerung, sondern da ist der ganze Prozeß nur ein extensiver. Es ist seine ewig festgestellte Herrschaft über das menschliche Geschlecht, welche sich weiter und weiter verbreitet. In dieser Beziehung hat selbst der intensive Prozeß einen darstellenden Charakter; denn es ist nur die sich immer gleichbleibende Einwirkung Christi, welche die Steigerung hervorbringt, und die Steigerung ist nichts, als der Exponent der Wirksamkeit Christi. Es ist dies freilich nichts Neues für uns, sondern nur die Anwendung von dem allgemeinen Satze, daß alle verschiedenen Formen des Handelns in der Wirklichkeit nicht voneinander getrennt sind. Wir haben es aber wiederholt und besonders hervorgehoben, um darauf hinzuweisen, daß das darstellende Handeln nicht ausschließend ein eigenes Gebiet für sich bildet, sondern daß es zugleich das ganze Gebiet des wirksamen Handelns in sich schließt. Wozu auch die Bibel Anleitung giebt, wenn sie es, um es in der größten Allgemeinheit auszudrücken, sogar auf das Unbedeutendste im Naturbildungsprozesse ausdehnt. Denn Paulus sagt: Ihr esset nun, oder ihr trinket, oder was ihr thut, so thut es alles zur Ehre Gottes. (1 Kor.

10, 31.) Zu Gottes Ehre handeln, ist aber nichts anderes als so handeln, daß man sich dabei als Organ Gottes darstellt. Der Apostel will also, daß der Charakter des darstellenden Handelns sich schlechthin in allem auspräge, auch an dem sinnlichsten Material, welches einen Gegenstand des verbreitenden Prozesses ausmacht.

Wenn wir nun vom Begriffe des Gottesdienstes ausgehen, so werden wir sagen können: Das darstellende Handeln teilt sich uns in zwei verschiedene Gebiete, die aber auch nicht absolut, sondern nur relativ entgegengesetzt sind. Es giebt nämlich ein Gebiet, in welchem das besonders heraustritt, daß das darstellende Handeln einen eigentümlichen Kreis bildet, und das ist der Gottesdienst im engeren Sinn; und es giebt ein anderes, welches am meisten das zur Erscheinung bringt, daß auch in demjenigen, das am meisten dem wirksamen Handeln angehört, das darstellende mitgesetzt ist, und das ist der Gottesdienst im weiteren Sinne, der sich über das ganze Leben verbreitet. Der göttliche Geist muß Besitz nehmen im Menschen von dem ganzen geistigen Organismus in der Duplicität des Vorstellungs- und des Begehrungsvermögens, oder wie man diesen relativen Gegensatz sonst fassen will, denn an der Art der Bezeichnung liegt hier gar nichts. Jede Anwendung dieser Funktion gehört auf gewisse Weise dem wirksamen Handeln an; denn auch als Übung ist sie immer Verbreitung in der Zeit, eine Befestigung und Verstärkung des schon bestehenden Verhältnisses. Aber sie spricht dieses Verhältnis auch immer aus, und insofern sie es bloß ausspricht, gehört sie dem darstellenden Handeln an. Ist das Handeln vorzugsweise ein verbreitendes, so geht es zurück auf die Modifikation des Selbstbewußtseins als Lust; ist es ein reinigendes, so geht es zurück auf die Modifikation des Selbstbewußtseins als Unlust. Beide Modifikationen aber erheben sich immer erst aus dem Bewußtsein des höheren geistigen Lebens überhaupt, müssen also immer eine Beziehung enthalten auf das durch die Indifferenz von Lust und Unlust bestimmte Selbstbewußtsein; und je geringer die verbreitende oder reinigende Kraft im Handeln ist, desto mehr erscheint es als ein darstellendes, ohne jedoch jemals aufzuhören, zugleich verbreitend zu sein oder reinigend.

Dieses nun erweitert uns einerseits unser Gebiet, anderseits aber scheint es dasselbe auch zu verwirren, und wir müssen uns doch suchen seine feste Begrenzung gegen die anderen Gebiete zu erhalten. Da müssen wir also wieder auf den wichtigsten Punkt zurückgehen, auf das Verhältnis zwischen dem darstellenden Handeln und dem wirksamen, wie es hervorgeht aus den dem einen und dem andern zum Grunde liegenden Formen des Selbstbewußtseins. Wir haben schon früher gesehen, daß das Selbstbewußtsein, welches dem darstellenden Handeln zum Grunde liegt, auf zwiefache Art gesetzt werden kann, nämlich als dem mobifizierten Selbstbewußtsein, welches dem wirksamen Handeln zum Grunde liegt, vorangehend, und als demselben nachfolgend. Sehen wir diese verschiedenen Arten, wie das Selbstbewußtsein als Seligkeit gesetzt sein kann, als reine Endpunkte an, so haben wir etwas, was uns in der Erfahrung nicht kann gegeben sein, woraus also auch keine sittliche Regel abzuleiten ist; denn worauf es keine Anwendung giebt, dem ist auch keine sittliche Regel zu entnehmen. Wir müssen sie uns also denken als Zwischenpunkte und so, daß jener doppelte Charakter nicht verloren geht. Dann müssen wir uns aber auch das wirksame Handeln einerseits denken als ein solches, welches relativ erst anfangen soll, und anderseits als ein solches, welches relativ vollendet ist, damit das darstellende

Handeln in die Pausen des wirksamen eintreten könne. Dergleichen müssen wir uns denken; wir müssen uns die Zeit denken als ein Kontinuum, das Handeln in ihr aber als eine Reihe von diskreten Größen, zwischen denen ein Übergang möglich ist. In Beziehung nun auf das wirksame Handeln füllt das darstellende die Pausen desselben aus und macht den Übergang von einem Momente desselben zum andern und zwar in zwiefacher Hinsicht, in Hinsicht auf das beginnende und in Hinsicht auf das vollendete. Und betrachten wir das, was wir uns vorläufig schon gezeichnet haben als das Gebiet des Gottesdienstes im engeren Sinn, das darstellende Handeln, wie es am meisten in seinem Fürsich=gesetztsein hervortritt, so ist von selbst klar, daß hier alles darauf beruht, daß im wirksamen Handeln solche Pausen gemacht werden, in welche das darstellende eintritt; denn sonst könnte es gar keine Vereinigung der Menschen zum darstellenden Handeln geben. Aber wie ist es mit dem Gottesdienste im weiteren Sinne? Es ist dasjenige darstellende Handeln, was sich von dem wirksamen nicht dem Inhalte, sondern nur der Intention nach unterscheidet. Wenn wir irgendeine neue Einsicht erwerben in Beziehung auf dasjenige, was gethan werden soll, so geht damit ein neues Handeln an, das ein reinigendes sein kann, oder auch ein verbreitendes. Alle Ausübung fängt an mit einem Minimum von Fertigkeit, die allmählich steigt. So lange diese im Steigen ist, hat das Handeln den Charakter des wirksamen, und hat sie einen bestimmten Grad erreicht, dann treten solche Ausübungen ein derselben Handlungsweise, welche nicht mehr den Charakter der Übung haben, weil sie der Fertigkeit nichts Wesentliches mehr hinzuthun. Inwiefern nun der Mensch diese Ausübungen bezieht auf das äußere Bildungsgebiet, insofern sind sie auch noch ein wirk-

sames Handeln; bezieht er sie aber auf seinen eigenen Zustand, so sind sie als reine Ausübungen auch nur Darstellung, weil sie keine Veränderung mehr hervorbringen wollen.
Aber damit nimmt dann auch von diesem Punkte aus das
wirksame Handeln ein Ende und das darstellende reiht sich
ein. Und so zeigt sich uns hier überall der Rückgang aus
dem wirksamen Handeln ins darstellende, welches darauf hinweist, was aber alle Erfahrung übersteigt, daß wir uns als
den vollendeten Zustand des Menschen den denken müssen,
in welchem das wirksame Handeln gar nicht mehr stattfindet,
sondern bloß Darstellung dessen, was ist und immer dasselbe bleibt, reines Äußerlich-werden des Innern.

Fragen wir aber: Wie unterscheiden sich denn eigentlich
beide Gebiete des Gottesdienstes dem Inhalte nach? so
müssen wir sagen: In demjenigen Handeln, welches das Gebiet des Gottesdienstes im engeren Sinne ausmachen soll,
muß der Charakter des wirksamen Handelns gleichsam absolut zurücktreten. Das heißt also, es muß die Beziehung
auf den gesamten Naturbildungsprozeß darin zurücktreten.
Daraus folgt aber, daß sowohl das Talent als die äußere
Natur schon als gleichmäßig gebildet darin vorausgesetzt
werden müssen, also eben das, was wir als Kunst bezeichnet
haben; so daß wir sagen müssen: Der Gottesdienst im engeren Sinne ist überall das darstellende Handeln auf dem
Gebiete der Kunst im weitesten Sinne des Wortes. Der
Gottesdienst im weiteren Sinne aber ist dasjenige Handeln,
welches uns in seinem Gewesensein als wirksames und nur
in seinem Vollendetsein als darstellendes erscheint. Immer
also muß in ihm der ganze Naturbildungsprozeß anzuschauen
sein; es ist nur das darstellende Handeln auf dem Gebiete
des thätigen Lebens. Das heißt also: Die ganze Sittlichkeit des wirksamen Handelns in seinen beiden Zweigen, in-

sofern es seiner Form nach als vollendet anzusehen ist, ist zugleich das darstellende Handeln in diesem Sinne. Und diese Ansicht bestätigt sich uns vollkommen, wenn wir sie vergleichen mit dem, was uns im Leben selbst als Resultat des sittlichen Prozesses entgegentritt. Denn wie hat sich die Kirche ihren Gottesdienst konstruiert? Nicht anders als daß er überall ein aus verschiedenen Kunstelementen Zusammengesetztes ist, und nie werden wir leugnen können, daß ein gebildetes Volk einen vollkommneren Gottesdienst haben kann als ein rohes, und daß sich der Gottesdienst in demselben Maß zu höherer Vollkommenheit entwickeln muß, in welchem das Kunstgebiet sich steigert. Aber ebenso entspricht es auch dem allgemeinen Gefühle, daß der eigentliche Gottesdienst, sofern er in die Pausen des wirksamen Handelns hineintritt, etwas durchaus Nichtiges ist, wenn ihm nicht entspricht eine gleichmäßig fortlaufende Tendenz, in dem gesamten thätigen Leben das darstellende Handeln fortzusetzen, dem gesamten thätigen Leben diesen Charakter aufzudrücken, daß es die Darstellung sei der Herrschaft des Geistes über das Fleisch; denn in dem Maße als das fehlt, wird der eigentliche Gottesdienst ein opus operatum, ein Resultat der Superstition. Sagte aber anderseits jemand, er wolle sich mit dem Gottesdienste im weiteren Sinne begnügen, also mit demjenigen darstellenden Handeln, welches im wirksamen sei, und nicht zulassen, daß ihm dieses durch die Pausen, wie sie der eigentliche Gottesdienst erfordere, unterbrochen werde, so geben wir ihm zu bedenken, daß er sich damit selbst außerstande setzt, sein wirksames Handeln, auf das es ihm doch vornehmlich ankommt, so zu steigern, daß es je länger, je mehr ein im weiteren Sinne gottesdienstliches wird. Denn das wirksame Handeln kann nur aufhören Übung zu sein, kann nur zur reinen Ausübung gesteigert werden, wenn dem

Selbstbewußtsein Raum gegeben wird, sich im eigentlichen darstellenden Handeln zu entwickeln. Wer das ganze Leben in Arbeit verwandeln will, in mühsame Anstrengung, bei der alle freie Übung abgeschnitten ist, macht wieder das gesamte Leben in Beziehung auf den sittlichen Gehalt zu einem opus operatum, weil es ihm nur vorhanden ist ohne die demselben zum Grunde liegende Idee der Vollendung, weil er es nur hat in seinem Nichtsein, in seinem Werden. Daher nur beide Gebiete zusammen und in unmittelbarer Verbindung die Idee des darstellenden Handelns erschöpfen; keines darf jemals von dem andern getrennt und beide müssen immer als gleich primitiv anerkannt werden. So ist es auch von Anfang an in der christlichen Kirche gehalten. Sie hat sich mit ihrem Entstehen zugleich an die Form angeschlossen, die dem Gottesdienste eine eigene Zeit, ein eigenes Dasein einräumt; aber sie hat auch immer darauf gedrungen, das ganze thätige Leben in einen Gottesdienst zu verwandeln, hat also immer Sorge getragen, daß der höchste religiöse Gesichtspunkt, aus welchem es betrachtet werden kann, nicht vernachlässigt werde.

A. Der Gottesdienst im engeren Sinne.

Wir streifen hier an das Gebiet der praktischen Theologie, der es obliegt, den Gottesdienst im engeren Sinne anzuordnen. Sie setzt die ethische Begründung desselben voraus und behandelt hauptsächlich die Technik. Wir unseres Ortes übergehen das Technische und fassen nur die Aufgabe ins Auge, den Gottesdienst ethisch zu begründen.

Das darstellende Handeln im eigentümlich christlichen Gebiete kann, wie wir gesehen haben, seine Darstellungsmittel nicht produzieren; denn sie sind ihm schon mit der allgemein menschlichen Darstellung gegeben. Diese Darstel-

lungsmittel bilden das Gebiet der Kunst, und aller Gottesdienst im engeren Sinne ist aus Kunstelementen zusammengesetzt. Wenn wir nun aber das auch als festgestellt ansehen, daß andere Darstellungsmittel nicht vorkommen können,
so fragt sich doch noch, ob denn alles, was Kunst ist, in
dieses Gebiet des Gottesdienstes darf aufgenommen werden.
Offenbar gehört diese Frage noch unserer Disziplin an; denn
es ist der unmittelbare Ausfluß des ersten Impulses des
christlichen Geistes, die Darstellungsmittel zu finden, so daß
also uns obliegt zu entwickeln, nach welchen Seiten hin er
dabei greifen müsse, oder ob ihm alles Organische dazu von
gleicher Geltung sei. Die Geschichte weist uns hier auf einen
bedeutenden Unterschied. Denn vergleichen wir christlichen
Gottesdienst und nichtchristlichen, so finden wir in dem letzteren manches, was von dem ersteren ausgeschlossen ist, und
vergleichen wir protestantischen und katholischen Gottesdienst,
so stoßen wir auch hier auf große Differenzen, wenigstens
in den Verhältnissen. Sind nun alle diese Differenzen sittlich begründet, oder sind sie nur zufällig? Es ist in dem
christlichen Gottesdienste, wie er sich ursprünglich gestaltet
hat, alles aus dem Wege geräumt, was eine sinnliche Pracht
in sich schließt, und alles, wozu eine sinnliche Darstellung
und Thätigkeit des Menschen selbst gehört. Was den ersten
Punkt betrifft, die äußere Pracht, so finden wir in der
katholischen Kirche große Annäherung an das Jüdische und
an das Heidnische; das letztere aber, nämlich die sinnliche
Selbstdarstellung des Menschen, wie sie in den mimischen
Thätigkeiten liegt, die wir im Heidentum und im Judentum
antreffen, ist überall vom christlichen Gottesdienste ganz ausgeschlossen. Woher das? Ist dem Christentum in dieser
Hinsicht eine bestimmte Grenze gesteckt, oder kann es diese
Elemente etwa noch einmal aufnehmen? Es ist weniger

um dieser einzelnen Elemente selbst, als um der allgemeinen Betrachtung willen, daß wir diese Frage aufstellen. Wir müssen nämlich dabei zurückgehen darauf, daß in der christlichen Ansicht auch die Intelligenz im allgemein menschlichen Sinne in ihrem relativen Gegensatze gegen den göttlichen Geist auf die Seite des Fleisches gestellt wird. Das tritt auch hier ein. Das ἅγιον πνεῦμα ist das eigentliche Lebensprinzip auf unserem Gebiete; so lange es also nicht ganz eins geworden ist mit der menschlichen Intelligenz, bleibt nichts übrig, als diese der psychischen Organisation, deren der Geist sich bemächtigen soll, zuzuzählen. Dann ist sie aber in ihren beiden Formen, als Vorstellungs- und als Begehrungsvermögen, das erste Organ für das ἅγιον πνεῦμα, und also auch dasjenige, worin die Grundzüge der Darstellung liegen müssen. Nun kann sie sich freilich nicht anders manifestieren, als durch die sinnliche Natur; aber da auf dem christlichen Gebiete das Leibliche um einen Schritt weiter zurücktritt vom Impulse, als in der äußeren Sphäre, so ist offenbar, daß es auf unserem Gebiete hier auch weit weniger in die Darstellung eingehen kann, als auf jenem. Wir können uns das hier gar nicht als ein Element der Darstellung an und für sich denken, daß der geistige Ausdruck im Leiblichen soll zum Vorschein kommen, sondern nur accidentell können wir es annehmen, nicht als Teil der Aufgabe. Daher allerdings das Zurücktreten des Leiblichen vom christlichen Gottesdienste wesentlich ist, aber auch so eigentümlich, als das Bewußtsein von dem ἅγιον πνεῦμα und von der Differenz zwischen diesem und dem κοινὸς λόγος dem Christentum eigentümlich ist. Und hieraus scheint auch gleich von selbst sich abzuleiten, was wir als Hauptdifferenz zwischen dem protestantischen und dem katholischen Gottesdienste ansehen. Nämlich was dem Geiste am nächsten liegt in dem Leiblichen selbst ist das ganze System der Sprache, der unmittelbare Ausdruck des Geistigen. Das Mimische ist weit eher der Ausdruck des Pathematischen, das hier nie kann dargestellt werden sollen, weil der Geist in seiner Herrschaft über das Fleisch immer nur als Selbstthätigkeit auftreten kann. Es ist also hier von selbst schon indiziert ein großes Übergewicht aller derjenigen Darstellungsmittel, die mit der Sprache zusammenhängen, also zunächst der redenden Künste. Insofern aber die Sprache selbst immer schon auf gewisse Weise Gesang ist, was sie in immer höherem Maße wird, je höher die Spannung steigt, so haben wir hier mit den redenden Künsten zugleich einen Anknüpfungspunkt für die Musik als Darstellungsmittel im Kultus; wogegen alle bildenden Künste, als welche es mehr mit der Gestalt zu thun haben, in dem christlichen Kultus mehr zurücktreten. Dieses Verhältnis ist in der protestantischen Kirche viel bestimmter ausgesprochen, als in der katholischen. Wir müssen das so betrachten, daß wir es auf die Analogie zurückführen mit demjenigen, wovon wir ausgegangen sind. Das Christentum konnte sich seine Darstellungsmittel nicht bilden, es konnte sie nur aus demjenigen Gebiete nehmen, worin der menschliche Geist sich schon lange als darstellend bewiesen hatte. Aber es trat nicht nur in das menschliche Leben überhaupt ein, sondern auch schon in ein gegebenes religiöses Leben, in das jüdische und in das heidnische; es konnte also auch nur aus den allgemeinen Darstellungsmitteln herausgreifen, sofern diese zugleich schon der religiösen Darstellung angehörten. Und sobald wir uns dieses denken, müssen wir auch ein Schwanken natürlich finden in dem Hervortreten des christlichen Charakters im Gegensatze gegen andere religiöse Darstellung, welchem gemäß die evangelische Kirche den christlichen Kultus mehr gestaltet

hat im Gegensatz gegen den jüdischen und heidnischen, die
katholische Kirche aber mehr in Analogie mit beiden. Das
eine erscheint so einseitig als das andere, wobei wir nur
sagen müssen, daß die evangelische Kirche etwas Strengeres
hat, aber darin auch etwas Demütigeres, die katholische
Kirche dagegen etwas Laxeres, aber darin auch Anmaßen-
deres. Die evangelische besorgte nämlich, es könnte sich mit
den Darstellungsmitteln des Jüdischen und des Heidnischen
wirklich die eine oder die andere Korruption in das Christliche einschleichen, und dagegen suchte sie sich zu verwahren,
was natürlich auch seine Anwendung findet auf das Verhältnis des Sinnlichen oder Leiblichen dabei. Der katholischen Kirche aber liegt die Anmaßung zum Grunde, als
ob die Kirche über eine solche Gefahr hinweg sei, und mit
dieser ist zugleich vorhanden ein lüsternes Streben nach dem
sinnlichen Effekte der Darstellung. Wäre es denkbar, daß
das Christentum hätte entstehen können ohne Gegensatz gegen
andere Religionsformen, so würde es vielleicht auf eine Konstruktion seiner Darstellungsmittel gekommen sein, welche
mehr die Mitte hielte. Deshalb ist aber auch das Streben
nach dieser Mitte das allein richtige. In der protestantischen Kirche sind in verschiedenen Gegenden, und auch in
der Differenz der beiden evangelischen Konfessionen, jedoch
so, daß der Konfessionsunterschied eigentlich nichts damit zu
thun hat, Differenzen der Konstruktion des Gottesdienstes
in dieser Hinsicht vorhanden. In der reformierten Kirche
nämlich ist der Gegensatz gegen das Katholische, in der lutherischen die Annäherung an dasselbe am stärksten. Aber
wir können deshalb nicht sagen, in der lutherischen Kirche
sei das Streben nach der Mitte von Anfang an mehr gewesen, sondern es war nur eine Mäßigung, eine gewisse
Behutsamkeit, dem Volke nicht gleich zu viel von dem zu

nehmen, woran es gewöhnt war und worin es einen Ausdruck der Heiligkeit fand. Es scheint daher jetzt, wo an der
Aufhebung des Gegensatzes beider Teile mit solchem Erfolge
gearbeitet wird, das Streben nach der richtigen Mitte recht
bestimmt aufgegeben zu sein, wobei aber mit großer Behutsamkeit und zarter Prüfung wird zu entscheiden sein, was
von geistigen und was von sinnlichen Darstellungsmitteln
darf beibehalten werden.

Eine andere Frage betrifft nicht das Material sondern
die Form des Gottesdienstes. Wir sind davon ausgegangen,
daß das darstellende Handeln, indem es gleich primitiv ist
mit der Gemeinschaft, auf dem Prinzipe der brüderlichen
Liebe beruhe, auf dem Prinzipe der Gleichheit aller Christen
als zusammengehörig wegen des ihnen identisch inwohnenden
Geistes, und als gleich abhängig von Christo. Nun sollte
sich also diese Gleichheit im darstellenden Handeln auch
überall aussprechen. Das finden wir aber nicht, sondern
auch der christliche Gottesdienst ist so konstruiert, daß Einzelnen dabei ein Übergewicht an Rezeptivität beiwohnt. Der
Grund davon ist schon früher angegeben, indem wir be-
merkten, jeder Einzelne habe die zwiefache Aufgabe, einerseits
sich den anderen mitzuteilen, anderseits das Dasein der
anderen in das seinige aufzunehmen. Denn wo eine solche
Duplicität ist, da kann nun nicht in einem gegebenen Momente ein absolutes Gleichgewicht bestehen, sondern es kann
immer nur hergestellt werden durch einen Wechsel von par-
tieller Unterordnung, und darin liegt der Grund, daß der
Gleichheit subordiniert eine Ungleichheit vorhanden ist. Und
wenn wir nun die Gestalt des christlichen Kultus betrachten,
so finden wir eine Menge von Abstufungen, in welchen die
Ungleichheit hervortritt, von der größten Annäherung an die
ursprüngliche Gleichheit an bis zur größten Analogie mit

der Priesterreligion, Abstufungen, die wir aber doch alle wieder unter den relativen Gegensatz des Katholischen und des Protestantischen bringen können. Wir wollen einmal von dem Prinzipe der Gleichheit ausgehen und sehen, wie sich uns von da aus die Sache konstruiert. In jedem einzelnen Momente der Darstellung müssen immer einige thätig, andere empfänglich sein, und jedes Ganze von Darstellung, das in die Erscheinung tritt, wird aus einer Reihe verschiedener Momente bestehen, da der Gottesdienst im engeren Sinne, wie wir gesehen haben, ein System ist aus verschiedenen Kunstelementen und Kunstformen. Das Minimum der Ungleichheit wird also sein in einer Konstruktion, wo schon in einem und demselben Totalakte das Verhältnis selbst sich umkehrt, also jeder in einem Momente dieses Aktes thätig ist und in einem anderen aufnehmend, eine konstante Ungleichheit aber gar nicht gesetzt ist. Dieser Konstruktion am meisten entsprechend ist der Gottesdienst der Quäker; denn bei diesen soll jeder Verlauf des Gottesdienstes darin bestehen, daß abwechselnd einige gebend sind und dann auch wieder empfangend, ein konstanter Unterschied aber gar nicht stattfindet. Diese Form liegt so sehr an der Grenze, daß bisweilen der Fall eintritt, daß der Kultus gar nicht zustande kommt, und zwar eben daher, weil gar keine konstante Ungleichheit organisiert ist; denn dabei bleibt es natürlich ganz zufällig, ob in einem Momente der Zusammenkunft sich gerade ein solcher findet, in welchem ein Übergewicht ist von Lust und Fähigkeit zu spontaner Darstellung. Das entgegengesetzte Extrem aber liegt da, wo ein ganz konstanter Unterschied ist, so daß einige durchaus nur mitteilend sind, andere durchaus nur nehmend, wo weder in der Verschiedenheit der Personen, noch in der der Momente ein Wechsel vorkommt. Dieses Extrem ist repräsentiert im Meßgottesdienste, denn

da ist der Priester ganz allein thätig und alle anderen sind
rein empfangend und aufnehmend, und im ganzen Verlaufe
des Gottesdienstes kommt keine Umkehr dieses Verhältnisses
vor. Das ist ebenso scharf als ein Extrem zu bezeichnen
als jenes andere, denn es kommt dabei leicht dahin, daß
die zum Aufnehmen Bestimmten gar nicht mehr aufnehmen,
daß also keine wirkliche Relation mehr zwischen beiden Teilen
stattfindet. Denn wenn der Meßgottesdienst in fremder
Sprache gehalten wird und das Symbolische dabei auch
nicht allen bekannt ist, so kann zwar wohl ein gewisses allgemeines Verhältnis vorhanden sein, aber die Handlung
selbst als solche, indem sie in die Erscheinung tritt, kann
keine lebendige Wirkung hervorbringen, und an ein wirkliches
gegenseitiges Verhältnis zwischen den Selbstthätigen und den
Aufnehmenden ist nicht zu denken. Beide Formen stehen
also an der Grenze, so daß in ihnen, in jeder auf entgegengesetzte Weise, das Gebiet des Kultus verschwindet. Daraus werden wir aber gleich folgern können, daß, was zwischen
beiden Extremen liegt, eine christliche Form ist, nur daß
jeder obliegen wird, sich von dem Extreme, dem sie am
nächsten liegt, immer mehr zu entfernen. Was nun weiter
von diesen beiden Punkten aus aufgeführt werden könnte,
würde in das Technische gehören; denn selbst für die Differenz des Evangelischen und des Katholischen ist die in dem
Gesagten liegende sittliche Begründung erschöpfend, so daß,
was in der Erscheinung sich sonst noch als different zu erkennen giebt und nicht darauf zurückgeführt werden kann,
nicht zu verstehen ist aus dem eigentlichen inneren Verhältnisse beider Kirchen zu einander, sondern aus der Differenz
der Völker, unter denen die eine oder die andere Form des
Kultus herrschend geworden ist.

Wie soll nun aber in der Ungleichheit jeder sich selbst

seine Stelle bestimmen, oder wie soll sie ihm bestimmt werden auf rein sittliche Weise? Wo die bestimmte Form herrscht, daß diejenigen, welche besonders thätig sind im Gottesdienste, einen besonderen Stand ausmachen, könnte man die Frage auf die allgemeinere über die Wahl und Bestimmung des Berufes zurückführen wollen. Aber das würde doch immer nur eine sehr unzulängliche Antwort geben. Denn die verschiedenen Berufsarten auf dem bürgerlichen Gebiete beruhen auf der Verteilung der Arbeiten und auf der Übertragung des Gemeinsamen auf den Einzelnen. Aber diese Analogie ist hier gar nicht anzuwenden. Denn Verteilung und Übertragung können hier niemals als etwas Ursprüngliches angesehen werden, wie schon der flüchtigste Blick auf den frühesten Zustand der Kirche lehrt; hier ist vielmehr jeder fähig, in dem einen Momente der Darstellung produktiv zu sein und in dem anderen rezeptiv. Auch wäre es eine Herabwürdigung dieser ganzen Funktion, wenn man sie auf die Analogie mit dem Naturbildungsprozesse zurückführen wollte. Um also zu einer allgemeinen Lösung dieser Aufgabe zu gelangen, müssen wir noch einmal die Sache selbst von einer anderen Seite betrachten.

Wir haben in unserer Aufstellung und Erklärung des darstellenden Handelns, als wir Gottesdienst im engeren Sinne und darstellendes Handeln im Leben unterschieden, zwei Momente miteinander verbunden, deren Verhältnis wir noch näher erörtern müssen. Unsere allgemeine Erklärung war, das darstellende Handeln sei nichts, als das Äußerlichwerden des Inneren, der Ausdruck des Gefühls in organischen Akten. Unsere besondere Erklärung, mit welcher wir das engere Gebiet des Gottesdienstes konstruierten, war, der eigentliche Gottesdienst sei immer ein aus Kunstelementen Zusammengesetztes. Wir kommen also auf eine Frage, die

wir hier nur lemmatisch aus einem anderen Gebiete herübernehmen können, auf die Frage nämlich, wie sich denn
das ganze Kunstgebiet zu dem Hauptmomente in der allgemeinen Erklärung, das darstellende Handeln sei Ausdruck,
verhalte. Die Psychologie und die Ästhetik müssen eigentlich
die Antwort geben, und wir können hier nur in der Kürze
so viel davon herübernehmen, als unerläßlich notwendig ist.
Alles nun, was natürlicher Ausdruck ist des Gefühls, einer
bestimmten inneren Erregung, das geht auch über in das
Gebiet der Kunst, und was rein elementarisch ist im Gebiete der Kunst im engeren Sinne, ist auch seiner ursprünglichen Natur nach ein solcher Ausdruck. Beides geht ineinander auf. Denken wir uns nämlich den ursprünglichsten
Ausdruck jeder Erregung, so ist es die Geberde und der
Ton. Aber diese werden auch Kunstelemente, die Geberde
das Element der Mimik, der Ton das Element der Musik.
Betrachten wir die bildenden Künste, die wir hier freilich
übergehen könnten, da sie im Kultus zurücktreten, so ist es
da allerdings nicht so anschaulich. Aber jeder ist sich doch
unmittelbar bewußt, daß jedes innere Konstruieren von Bil-
bern immer der notwendige Reflex ist von Eindrücken einer
gewissen Stärke. So beruht es auf dem Eindrucke, den
wir von einem Menschen haben, daß wir nachher sein Bild
in uns nachbilden. Andere Teile dieses Gebietes aber beruhen wohl ursprünglich darauf, daß die Natur eine Symbolik des Geistes ist, was zu unserem Grundbewußtsein gehört von der Zusammengehörigkeit und vom Parallelismus
des Leiblichen und des Geistlichen, und auf diese Weise können
natürlich auch ursprünglich fremdartige Bilder, wenn auch
nur vorübergehende Ausdrücke von inneren Zuständen, von
Gemütserregungen sein. Kunst aber entsteht erst aus der
Verbindung und Befestigung dieser einzelnen Elemente. Das

reine Kunstelement, als ursprünglicher Ausbruck betrachtet,
ist immer das Unwillkürliche und zum großen Teil Unbewußte; aber die Zusammensetzung, die eigentliche Kunst, ist
allemal ein vollkommen Bewußtes und kann erst durch das
vollständig durchgebildete Bewußtsein zu einem gewissen Grabe
von Sicherheit gelangen. Hieraus bildet sich nun ein relativer Gegensatz zwischen einer solchen Art des darstellenden
Handelns, welche mehr auf der Seite des Unwillkürlichen
und Unbewußten, und einer solchen, bie mehr auf der Seite
des Bewußten liegt, und entsteht die Aufgabe, beide in das
ganze Gebiet zu verteilen. Mit der Auflösung dieser Aufgabe ist uns aber die Praxis selbst schon zuvorgekommen,
wie sie denn überall in diesen Dingen der Theorie vorangeht, und wir haben sie nicht zu ignorieren sondern zu
rechtfertigen. Sie verteilt nämlich den Gottesbienst im
engeren Sinne selbst in einen mehr öffentlichen und in einen,
der mehr Privatsache ist, oder in den kirchlichen und häuslichen. Zu dem letzteren gehören aber auch alle stillen und
einsamen Momente, wo der Einzelne ursprünglich nur für
sich selbst darstellt. Wenn wir nun dieses letztere als Extrem
ansehen auf der einen Seite und das Festliche, das Maximum des kirchlichen Gottesdienstes, als Extrem auf der
anderen Seite, so verteilen sich uns die relativen Gegensätze
von selbst in biese beiden Gebiete. Denn in dem letzten
wird biejenige Darstellung ihren Ort haben, die ein Kunst-
ganzes ist, in dem ersten biejenige, bie ber unabsichtliche
Ausbruck der frommen Erregung ist. Je mehr die Veranlassung zum Gottesdienste im Gesamtleben Einzelner oder
im häuslichen Leben liegt, besto mehr ist er ein gemein-
samer; je mehr er rein subjektiv ist, besto mehr ist er ursprünglich ein einsamer. Daß dieses ganz natürlich ist,
leuchtet gleich von selbst ein aus der Korrespondenz, die sich

hier manifestiert. Aber wir müssen die Sache doch noch genauer betrachten. Die Verschiedenheit in der Stärke des Selbstbewußtseins ist das allerursprünglichste Unwillkürliche. Kein Mensch kann sagen: Ich will jetzt ein starkes Gefühl in mir hervorbringen. Es kann jemand es versuchen, aber er kann keine Sicherheit haben für das Gelingen, weil es dazu gar keine Methode geben kann. Sondern es wird nur gelingen, wenn dem Wollen selbst schon eine richtige in die Seele gegebene Ahnung des Gelingens zum Grunde liegt. Ebenso kann niemand sagen: Ich will ein starkes Gefühl in mir auslöschen und vertilgen. Mäßigen können wir es wohl, aber auch die Mäßigung ist nur dadurch eingeleitet, daß ein anderer Lebensmoment, also eine andere Thätigkeit eingeleitet ist. Demnach muß erst etwas anderes dazwischentreten; der bloße Wille reicht nicht aus. Die Bestimmtheit des Selbstbewußtseins ist also das Unwillkürliche, und das Unwillkürliche hier das Ursprüngliche; folglich auch die unwillkürliche Äußerung. Im Einzelleben kann eigentlich nichts anderes vorkommen als dieses, und der Vorsatz, sich für eine bestimmte Zeit in eine starke religiöse Erregung hineinzustimmen, ist für den Einzelnen an sich betrachtet etwas Leeres. Aber freilich auch nur für den Einzelnen rein an sich betrachtet, so daß unsere Behauptung allerdings nicht absolut zu nehmen ist, weil eben kein Mensch absolut isoliert und ohne allen Zusammenhang mit dem Ganzen zu denken ist. Was aber das entgegengesetzte Extrem betrifft, so haben wir schon gesagt, daß unser darstellendes Handeln hier in die Pausen des wirksamen Handelns eintritt. Es kann also auch einen bestimmten Ort nur haben, sofern solche Pausen etwas Natürliches sind. Das sind sie aber allerdings vermöge des zeitlichen Typus, unter welchem der Mensch in diesem Leben steht. Jede Thätigkeit erschöpft sich

in einem größeren oder geringeren Zeitraume, und in dieser
Form des Daseins, die unsere Natur mit konstituiert, ist es
mit begründet, daß jede Thätigkeit ihre Pausen hat. Wird
dieses nun angesehen als rein von dem einzelnen Leben abhängig, so ist es auch nur etwas Besonderes; und von diesem
Gesichtspunkte geht denn eine Menge von Deklamationen
aus gegen den öffentlichen Gottesdienst, die alle darauf
zurückkommen, kein Mensch habe doch das Maß des anderen,
jeder müsse also seinem eigenen Maße folgen, und ein ge-
meinsamer Gottesdienst könne sittlich nicht zustande kommen.
Aber das ist leer, weil einseitig. Der Mensch ist nie zu
denken als rein durch sich selbst bestimmt, sondern immer
nur in einem gemeinschaftlichen Leben, und je mehr sein
ganzes Dasein in dieses eingetaucht ist, desto mehr bildet
sich auch ein gemeinsames Maß für alle. Inwiefern darin
die kosmische Natur, die Natur im höheren Sinne, als das
einzelne Leben produzierend, mit eingreift, liegt jetzt noch
jenseit unserer Erkenntnis; jedenfalls liegt es außerhalb
unseres Gebietes, die Naturseite des Gegenstandes zu er-
forschen. Aber die Ahnung müssen wir doch daraus herübernehmen, daß in gewissen Punkten die verschiedensten
Völker und Zeiten dasselbe gemeinsame Maß haben, worin
offenbar dieses liegt, daß, sofern das wirksame Handeln ein
gemeinsames ist, es auch ein gemeinsames Maß dafür und
gemeinsame Pausen darin geben muß, welchen der Einzelne
sich unterordnet. Liegt also auch in der Natur des Menschen, daß das darstellende Handeln ein gemeinsames sei, so
liegt es in der Natur der christlichen Gesellschaft, daß sich
gemeinsame Pausen bilden in ihrem wirksamen Handeln,
und daß gemeinsames darstellendes Handeln in diese Pausen
eintritt. Daß sich aber der Einzelne dabei dem Gemeinsamen unterordnet, ist etwas Bewußtes, und oft gerade das,

woburch ber auf einer nieberen Stufe Stehenbe erjt zu höherem Bewußtjein gebracht wirb. Daher iſt auch Bewußtjein unb Klarheit des Bewußtjeins ber natürliche Charakter
bes öffentlichen Gottesbienſtes, jo baß er nicht rechter Art
jein kann, wenn er biejen Charakter nicht ausjpricht. Wir
können bas auch apagogijch beweijen. Sollte nämlich im
öffentlichen Gottesbienſte bie unwillkürliche Darſtellung herr-
jchen, jo könnte er gar nicht zuſtanbe kommen. Denn im
Unwillkürlichen iſt ber einzelne Menjch ganz abhängig von
ber momentanen Stärke des Gefühls, unb alles Gemeinjame
bleibt babei zufällig. Darum ruht ber quäkerijche Gottesbienſt auf einem Mißverſtanbe. Es joll etwas Gemeinjames
in ihm jein, aber er joll bemohnerachtet ein Unwillkürliches
jein, unb jo wirb er notwenbig nichtig, ein Verjchwinben
alles gemeinjamen Gottesbienſtes. Hieraus geht aber auch
wieber hervor, baß ber öffentliche Gottesbienſt ein Kunſt-
ganzes jein muß unb nur als ein jolches exiſtieren kann.
Nur barf uns alles biejes nicht hinbern, auch bas jeſtzu-
halten, baß ber öffentliche Gottesbienſt für ben Einzelnen
nur in bem Maße lebenbig iſt, als bas Gemeinjame auch
wieber bas Perjönliche unb mit biejem bas Unbewußte pro-
buziert; wir müſſen vielmehr jagen, baß bie abjolute Vollkommenheit bes öffentlichen Gottesbienſtes nur barin liegt,
baß beibes eins wirb. Das Objektive im Gottesbienſte
nämlich iſt bas Kunſtganze; unb inbem ber Einzelne biejes
aufnimmt, muß bie religiöje Erregung in ihm geſteigert
werben, unb zwar nur burch bas Gemeinjame. Aber nun
muß bieje geſteigerte Erregung auch unwillkürlich ausgebrückt
werben von bem Einzelnen, jeboch nur jo, baß ber Ausbruck
immer bem Ganzen untergeorbnet bleibt, bamit an jebem
Punkte jich herausſtelle, baß ber Gottesbienſt einerjeits ein
gemeinjamer iſt unb anberjeits ein für ben Einzelnen leben-

biger. Denn ist das Letztere, wie im Meßgottesdienste durch die Konstruktion des Gottesdienstes unmöglich gemacht, so ist auch das höchste Leben gar nicht mehr in ihm darzustellen. Und vergleichen wir nun beide, den öffentlichen und den Privatgottesdienst, so muß, wie in jenem sich das darstellende Handeln des Einzelnen als solches immer mit reprobuziert, so in diesem sich der öffentliche Gottesdienst immer wieder mit reprobuzieren. Wir werden uns z. B. nicht leicht denken können einen natürlichen Ausdruck einer höheren christlich-frommen Erregung im Einzelnen, ohne daß darin etwas wiederklänge, was dem öffentlichen Gottesdienste angehört. Daher es natürlich ist, daß der Einzelne sich dabei ausspricht in Ausdrücken, die ihm nicht eigentümlich, sondern aus dem Gebiete des öffentlichen Gottesdienstes herübergenommen sind, aus Schriftstellen und aus öffentlichen Gesängen und Gebeten. Immer aber sind es diese beiden Elemente des Daseins, das Einzelne und das Gemeinsame, die sich einander durchdringen müssen, und eben in dieser Durchdringung besteht die Vollkommenheit des darstellenden Handelns. Betrachten wir also die Sache so mit Beiseitesetzung aller bestimmten Form des öffentlichen Gottesdienstes, so werden wir sagen müssen: Es soll keinen einzigen Christen geben, der nicht in gewissen Momenten in sich selbst bestimmt wäre zu überwiegend aufnehmender Thätigkeit, d. h. dazu, sich denen hinzugeben, welche im darstellenden Handeln begriffen sind, und ebenso keinen, der nicht in gewissen Momenten dazu berufen wäre, so im darstellenden Handeln begriffen zu sein, daß andere sich bestimmt fühlen müssen, seine Darstellung in sich aufzunehmen. Eine Scheidung, welche das eine oder das andere absolut aufhöbe, kann es auch gar nicht geben; denn es ist unmöglich, daß jemandem die Momente gänzlich fehlen, in welchen er beseelendes Prinzip

werden kann für andere, oder die, in welchen ein höheres
Leben in ihm dadurch erzeugt werden kann, daß ihn die
höhere Erregung anderer bewegt und er dieselbe in sich aufnimmt. Und nur darin spricht sich die Gleichheit aus, die
wir bei der Darstellung der ganzen Sache zum Grunde gelegt haben, daß sich beides immer gegenseitig durchbringt.

Hier müssen wir aber noch etwas bemerken, um die
Grenzen der gegenseitigen Durchbringung zu fixieren. Es
läßt sich auf der einen Seite wohl denken, daß der unwillkürliche Ausdruck des Einzelnen den ruhigen Fortgang des
öffentlichen Gottesdienstes hemmt. Das darf aber nicht
geschehen, da der Einzelne hier durchaus dem Ganzen subordiniert ist. Wenn z. B., wie es in Frankreich und Italien
wohl geschieht, den Predigern applaudiert wird, so könnte
man das zwar dadurch entschuldigen wollen, daß es doch
nur unwillkürlicher und unmittelbarer Ausdruck der Übereinstimmung sei der Aufnehmenden mit der Darstellung der
Redenden. Aber unser Gefühl wird es doch immer für
etwas Verwerfliches und Unsittliches halten. Denn abgesehen davon, daß es an theatralische Darstellungen erinnert,
muß es einerseits im ruhigen Aufnehmen stören, und anderseits Eitelkeit erzeugen. Auf der anderen Seite, wenn der
Ausdruck des Einzelnen für sich oder im Hausgottesdienste
ein bloßes Zurückgehen ist auf kirchlich Feststehendes, so wird
das Unmittelbare, das Lebendige, ganz herausfallen. Und
dieses geht uns nun näher an. Es ist freilich wahr, daß
in der neuesten Zeit in einem großen Teile der protestantischen Kirche der häusliche Gottesdienst und was ihm angehört in vielen Kreisen der Gesellschaft ganz abgekommen
ist. Aber das ist doch, Gott sei Dank, nichts Allgemeines.
Dagegen wo er sich findet, besteht er größtenteils nur darin,
daß man auf in Büchern Gegebenes zurückgeht, ohne etwas

11*

Eigentümliches und auf die besonderen Lagen des Lebens sich Beziehendes hinzuzuthun. Wenn man nun dieses Entlehnen oft ganz verworfen hat, so ist man freilich zu weit gegangen. Aber anderseits ist doch nicht zu leugnen, daß der Privatgottesdienst in dem Maße ein bloßer Mechanismus wird, als es dominiert. Der unwillkürliche Ausdruck für sich ist immer nur etwas Einzelnes und Abgerissenes. Wird er aber etwas Größeres und Zusammengesetztes, so kann er auch nur bestehen, wenn er auf eine besonnene Weise geordnet wird. Daher ist es natürlich, daß christliche Hausväter und andere, die den Hausgottesdienst zu leiten haben, wenn sie sich nicht zutrauen, ihre Gefühle auf eine genügende Weise auszusprechen, den Ausdruck dafür anderswoher entlehnen. Und für diesen Fall ist es gut, wenn immer ein großer Vorrat von solchem zu substituierenden Ausdrucke vorhanden ist, aus dem jeder dasjenige auswählen kann, dem sein eigener Ausdruck am nächsten kommen würde. Für den Privatgebrauch also ist die asketische Litteratur nicht zu verwerfen; sie ist vielmehr ein vortreffliches Mittelglied zwischen dem öffentlichen Gottesdienste und der bloß momentanen Herzenserhebung des Einzelnen. Aber doch nur, wiefern eine solche Auswahl stattfinden kann, daß das Fremde die Stelle des Eigenen zu vertreten vermag, wobei dann das Eigene schon in dem Akte der Auswahl hervortritt. Denkt man sich dagegen einen täglich fortgesetzten Gebrauch einer Reihe von allgemeinen Betrachtungen, so daß auch der Akt der Auswahl nicht einmal mehr stattfindet, so wird das Ganze notwendig bloßer Mechanismus. Zwischen diesen Extremen also wird das Richtige eingeschlossen sein.

Nun aber werden wir auch die Frage beantworten können, wie jeder in der Ungleichheit seine Stelle finden solle. Nämlich sehen wir auf den öffentlichen Gottesdienst, wo die

Produktion eines organischen Kunstganzen die vorzüglichste Thätigkeit ist, so ist hier ein gewisses Maß von Talentbildung die notwendige Bedingung; und wir müssen sagen, daß der im allgemeinen ganz richtige Satz, daß im darstellenden Handeln jeder Einzelne das Recht habe und die Pflicht, sowohl produktiv zu sein als rezeptiv, auf den öffentlichen Gottesdienst nicht ohne Beschränkung anzuwenden ist, ohne die Beschränkung nämlich, daß hier das Recht, produktiv aufzutreten, an ein gewisses Maß von Talentbildung gebunden ist, so daß sich selbst ausschließt von der Produktion in diesem darstellenden Handeln, wer sich eines solchen Maßes nicht bewußt ist, vorausgesetzt, daß er die Konstruktion des Ganzen anerkennt. Dagegen gilt jener allgemeine Satz vollkommen, wo das darstellende Handeln nicht derart ist, daß es an eine bestimmte Talentbildung gebunden wäre. Dem ohnerachtet aber kann der Einzelne irrig oder unsittlich handeln, indem er sich in einem gegebenen Momente produktiv giebt, wo er nur rezeptiv sein sollte, und umgekehrt. Wir müssen also wieder unterscheiden zwischen dem absolut Momentanen und dem schon mehr Geordneten. Das absolut Momentane und Unwillkürliche ist das, was nur in dem Einzelnen für sich vorgeht, und wo nun auch der Gegensatz zwischen Produktivität und Rezeptivität verschwindet, indem beide ganz ineinander gehen. Jeder kennt solche Momente der Andacht, wo der Ausdruck unmittelbar entsteht mit der Erregung. Und darin ist keine Ausnahme von dem allgemeinen Gesetze, daß alle Darstellung sich auf die Gemeinschaft bezieht; denn auch hier ist Gemeinschaft, nämlich die nächste, die des Menschen mit sich selbst in Beziehung auf seine verschiedenen Momente. Aber hier hört nun wegen des absolut Unwillkürlichen alle Regel auf. Gehen wir nun einen Schritt weiter und denken wir uns die Darstellung in irgendeiner Beziehung auf andere, so müssen gleich zwei Momente zusammenkommen, um eine richtige Bestimmung hervorzubringen, eben weil hier immer eine Duplicität ist. Einerseits nämlich ist in dem Einzelnen an sich ein Bedürfnis gegeben, sei es nun das, rezeptiv, oder das, produktiv zu sein. Anderseits aber ist ihm auch eine bestimmte Stellung gegeben gegen diejenigen, in Verbindung mit welchen die Darstellung bestehen soll, und diese Stellung ist nun das, was hinzukommt. Wir können uns dieses am besten versinnlichen, wenn wir zurückgehen auf die ursprüngliche patriarchalische Form der religiösen Gemeinschaft, in der der Unterschied zwischem häuslichem und öffentlichem Gottesdienste noch nicht besteht. Hier hat der Hausvater gegen alle übrigen eine dominierende Stellung, die auch von allen anerkannt ist; es ist also natürlich, daß er produktiv ist, die anderen rezeptiv, so natürlich, daß er auch in dem Falle der Produktive bleiben würde, wenn jemand hinzukäme, der eine viel größere Fähigkeit zu produktiver Darstellung hätte als er. Sehen wir auf eine andere Form und denken wir uns kleine Gesellschaften, welche eigens zur Privaterbauung gestiftet sind, so sind hier entweder alle gleich und es fällt das ganz weg, daß der eine über den andern dominiert. Aber weil dann noch der Charakter des Bestimmten hervortreten muß, so ist das entscheidende Moment, das in dem augenblicklichen Zustande liegt, auch wieder das zurücktretende, und es wird eine Übereinkunft über die Ordnung, die gelten soll, stattfinden müssen. Wie auch Paulus sagt (1 Kor. 14, 27—33), wenn der eine produktiv sei, so sollten die anderen rezeptiv sein, und zwar nach dem gemeinsamen Willen. Oder ist auch in einer solchen kleinen Gesellschaft eine Mischung von Gleichheit und Ungleichheit, so wird sich die Sache von selbst so machen,

daß die minder Begabten die Rezeptiven sind, die Begab-
teren die Produktiven; denn die allgemeine Meinung wird
gleich die sein, daß die Produktivität besser in die Hände
der letzteren, als in die der ersteren gelegt sei. Die Bestimmung erhält hier aber ihre Sittlichkeit durch das reine
Zusammenfließen des persönlichen und des Gemeingefühls.
Denn treten beide irgend gegeneinander, so muß notwendig
auf der einen oder der anderen Seite Unsittlichkeit sein.
Wenn nämlich einige Ausgezeichnete als solche die ausschließend Produktiven sein sollen, und es denkt nun einer
der übrigen, er könne ebenso gut produktiv sein als jene,
so ist entweder in ihm eine Überschätzung seiner selbst oder
im Gemeingefühl eine Parteilichkeit; in jedem Falle also ist
etwas Unsittliches der Grund, wenn das Persönliche und
das Gemeingefühl nicht im Einklange sind. Und gehen wir
nun wieder auf die Region zurück, wo die Ungleichheit
wesentlich ist, weil zur Produktivität eine bestimmte Talentbildung erfordert wird, wie es im kirchlichen Gottesdienste
bei uns der Fall ist, so werden wir sagen müssen, daß auch
hier die Ungleichheit immer in solchen Schranken gehalten
werden müsse, daß das allgemeine Prinzip, das wir aufgestellt haben, nicht gänzlich zurückgedrängt wird. Auch hier
also muß jedem Einzelnen ein Anteil bleiben an der Produktivität, und je mehr der beschränkt wird, desto unvollkommener ist dann der öffentliche Gottesdienst. Dies ist
zugleich schon das Prinzip für die Anordnung des Technischen
im Gottesdienste, das als solches freilich nicht hierher gehört sondern in die praktische Theologie. Aber wir müssen
doch vom rein sittlichen Standpunkte aus sagen: Jeder
Gottesdienst sei nicht auf die rechte Weise eingerichtet, wenn
in ihm die Produktivität der einen die der anderen ganz
absorbiert. Das Extrem auf dieser Seite ist der Meß-

gottesdienst, bei welchem die Thätigkeit der Gemeinde auf die Wiederholung kurzer Formeln, in denen an und für sich eigentlich gar nichts liegt, und übrigens auf das bloße Zusehen beschränkt ist. Hier verliert offenbar die gottesdienstliche Gemeinschaft den sittlichen Charakter, und es bildet sich aus ihr auch immer mehr ein solches Gefühl über die Ungleichheit, wie es in der katholischen Kirche in Beziehung auf den Gegensatz zwischen Priestern und Laien wirklich vorhanden ist, so daß sie an der äußersten Grenze steht zwischen der christlichen und einer Priesterkirche. Und denken wir uns, wo es auch sei, einen bloß liturgischen Gottesdienst, in welchem die Gemeinde in dem Maße nur das Zusehen hat, daß nicht einmal sie es ist, welche mit dem Liturgen in Antiphonien und ähnlichem in Gemeinschaft tritt, sondern ein Chor, so verliert auch hier der öffentliche Gottesdienst den sittlichen Charakter. Darum darf es keinem Gottesdienste an einem Elemente fehlen, in welchem sich die Produktivität aller äußern kann, wenn auch nur auf untergeordnete Weise, und dieses Element ist bei uns vorzüglich repräsentiert durch den Gesang der Gemeinde. Ist ein solches Element vorhanden, so ist der sittliche Charakter des Ganzen gerettet. Die Vollkommenheit aber besteht darin, daß das Verhältnis das richtige sei, und die Richtigkeit des Verhältnisses kann sich wieder nur offenbaren in der Zusammenstimmung und Befriedigung des persönlichen und des Gemeingefühls, worüber sich jedoch keine bestimmte Formel aufstellen läßt.

Dieses führt uns nun darauf, daß wir noch zweierlei festzusetzen haben. So wie wir nämlich annehmen, daß der Gottesdienst in seiner Vollkommenheit nur bestehen kann in der Duplicität des Privatgottesdienstes und des kirchlichen, so ist auch die Möglichkeit vorhanden, daß der eine beeinträchtigt werde durch den andern. Es entsteht also die Aufgabe, das Verhältnis beider zu einander zu bestimmen. Das ist das eine. Das andere aber ist dieses. Wenn es doch Formen des Gottesdienstes giebt, in welchen der sittliche Charakter fast ganz erlischt, und andere, in welchen er bestimmt gefördert wird, so unterscheiden wir also auch auf diesem Gebiete zwischen einem unvollkommneren und einem vollkommneren. Damit entsteht aber auch zugleich die Aufgabe, für die Fortbildung vom unvollkommneren zum vollkommneren Regeln zu suchen. Dieses beides also ist es, was wir noch zu erwägen haben.

Was das erste betrifft, so behaupten wir, daß das darstellende Handeln nicht mehr der sittlichen Aufgabe entspricht, wenn eine von beiden Formen des Gottesdienstes die andere, der kirchliche den Privatgottesdienst, oder umgekehrt der Privatgottesdienst den öffentlichen, verschlingt. Der Punkt ist leicht zu finden, von welchem aus mit einigem Schein von Wahrheit gesagt werden kann, es könne sittlicherweise gar keinen öffentlichen Gottesdienst geben. Denn offenbar ist das darstellende Handeln nur in dem Maße sittlich, als es dem Gefühle dessen, der darstellt, adäquat ist, und so sagt denn die Maxime der Zerstörung des öffentlichen Gottesdienstes, dieser könne eben niemals dem Gefühle des Einzelnen absolut adäquat sein; das könne überhaupt keine Darstellung, als die eines jeden für sich selbst. Die Maxime leugnet also alle Gemeinschaft in der Darstellung, nur nicht die jedes Einzelnen mit sich selbst. Aber auch diese muß dann notwendig zerfallen, und es kann nichts übrig bleiben als das ganz Unwillkürliche und Unbestimmte des einzelnen Moments. Denn das absolut Adäquate beschränkt sich lediglich auf den Moment, weil jede Bestimmtheit des Selbstbewußtseins in jedem Moment eine andere wird und in keinem späteren wieder dieselbe, die sie in einem früheren war. Damit ist aber auch ganz offenbar, daß die Maxime

falsch ist, weil damit ihre Grundvoraussetzung als eine rein
atomistische, alle Gemeinschaft absolut vernichtende, folglich
als eine solche hervortritt, mit der das Christentum gar
nicht bestehen kann. Doch wie ist es nun auf der entgegengesetzten Seite? Auch der Fall läßt sich sehr wohl denken,
daß der öffentliche Gottesdienst den Privatgottesdienst verschlingt. Auf welchen Motiven kann das beruhen? Nicht
auf einem lebendigen Interesse am darstellenden Handeln an
und für sich; denn wo dieses ist, da muß es sich auch geltend machen, so daß jede religiöse Erregung zur Darstellung
kommt, nicht bloß die, welche in die dem öffentlichen Gottesdienste bestimmte Zeit fällt. Es pflegt auch die Argumentation, welche alle religiöse Darstellung auf den öffentlichen
Gottesdienst beschränken will, von folgendem Dilemma aus-
zugehen. Entweder, sagt man, ist die religiöse Darstellung
dem Einzelnen selbst notwendig, um sein religiöses Bewußtsein zu fixieren, und dann wird also vorausgesetzt, daß er
nicht imstande ist, oder nicht geneigt, es selbst unmittelbar
in jedem Momente zu reproduzieren. Fehlt ihm aber dazu
die Kraft oder die Neigung, so ist natürlich, daß sein Gefühl muß aufgeregt werden von außen. Folglich ist sein
darstellendes Handeln eo ipso an die Gemeinschaft verwiesen.
Ja, es wäre selbst gefährlich, dem Einzelnen für sich ein
religiöses Darstellen zu gestatten. Denn ist in ihm das
religiöse Prinzip schwach, so kann er leicht vom darstellenden
Handeln des Ganzen abirren. Oder der Einzelne bedarf
für sich selbst der Gemeinschaft nicht, weil ihm selbst die
Lust innwohnt und die Kraft, sein religiöses Bewußtsein unmittelbar in jedem Momente zu reproduzieren und also
auch zur Darstellung zu bringen. Aber desto mehr bedarf
er ihrer dann für alle anderen; so daß man also von beiden
Punkten aus auf dasselbe Resultat kommt, daß nämlich kein

anderes Darstellen stattfinden kann, als gemeinschaftliches und öffentliches. Das ist die gewöhnliche Argumentation, bei der alles darauf hinauskommt, daß im öffentlichen Gottesdienste selbst nicht mehr die eigentliche Darstellung an sich Hauptsache ist, sondern dasjenige, was daraus hervorgeht, daß also das darstellende Handeln nur als Modifikation des verbreitenden aufgestellt wird. Und das ist an sich schon hinreichend, um zu zeigen, daß das eigentliche Wesen der religiösen Darstellung damit aufgehoben wird. Aber auch diese Betrachtung ist dabei nicht zu vernachlässigen, daß in der ganzen Art, wie der Gottesdienst so zustande kommt, immer auch eine Heuchelei ist. Das Prinzip der Gleichheit, ohne welches es keinen christlichen öffentlichen Gottesdienst geben kann, wird wesentlich aufgehoben. Dennoch stellen sich auch diejenigen, die der öffentlichen Darstellung für sich nicht glauben bedürftig zu sein, als ob auch für sie dargestellt würde, damit sie die Ungebildeten durch ihr gutes Beispiel, wie sie es nennen, zum darstellenden Handeln heranbringen; das Fundament ihres Darstellens ist also eine Unwahrheit, deren sie sich vollkommen bewußt sind, ist Heuchelei. Demnach ist offenbar, daß jede Ansicht und Ausübung der Sache, wobei eins der beiden Gebiete des Gottesdienstes das andere aufhebt, zugleich das Ganze aufhebt, und daß das wahre Wesen alles Gottesdienstes nur da hervortritt, wo nicht nur beide zusammen sind, sondern auch beide auf einander wirken. Aber haben wir damit das Verhältnis bestimmt, welches zwischen beiden stattfinden muß? Offenbar nicht. Aber die Grenzen zwischen beiden haben wir bestimmt, und weiter läßt sich auch nichts bestimmen. Doch können wir aus dem Bisherigen eine Formel aufstellen, welche uns die Sittlichkeit in dem Verhältnisse darstellt, nur daß diese nie etwas anderes sein kann als ein Zurückgehen auf das eigene Bewußtsein. Sie liegt darin, daß beides niemals getrennt, sondern eins dem andern eingepflanzt sein und jedes sich in dem andern darstellen soll. Der Privatgottesdienst muß immer eintreten in den öffentlichen, der öffentliche muß immer eintreten in den Privatgottesdienst, so daß in jedem von beiden die lebendige Erinnerung an den andern immer mitgesetzt ist. Und die Vollendung, die absolute Sittlichkeit besteht darin, daß das eine Gebiet das andere vollkommen belebt und daß alle Glieder der Gemeinschaft eben davon den lebendigen Eindruck haben.

Aber die Wirklichkeit entspricht dieser Formel noch nicht; es fragt sich also zweitens, wie denn das ganze Gebiet immer mehr der Vollkommenheit könne angenähert werden. Offenbar kann das ganze Gebiet und das Verhältnis seiner beiden Zweige zu einander sowohl vom öffentlichen Gottesdienste als vom Privatgottesdienste aus verbessert werden. Soll es vom öffentlichen Gottesdienste aus geschehen, so ist das nur möglich durch ein solches Handeln des Einzelnen, in welchem er den gegebenen Zustand des Ganzen repräsentiert und mit der Darstellung desselben auf die Darstellung der Einzelnen einwirkt. Auf diese Weise wird dafür gesorgt, daß das einzelne Darstellen sich nie vom kirchlichen losreißt. Soll es aber vom Einzelnen aus geschehen, so ist das nur möglich durch ein solches Handeln, in welchem der Einzelne über den Zustand des Ganzen hinausgeht und sich dasselbe assimiliert; und auf diese Weise wird dafür gesorgt, daß der kirchliche Gottesdienst immer gehörig durchdrungen bleibt von der unmittelbaren Thätigkeit der Einzelnen, und also niemals zu etwas bloß Mechanischem wird. Betrachten wir den Inhalt dieser Formel genauer, so erscheint das erste als sehr leicht begreiflich. Der Einzelne ist immer in Gefahr, wenn das Gemeingefühl in ihm schwach ist, sich von der Übereinstimmung mit dem Ganzen zu entfernen. Das Ganze muß also immer dahin streben, ihn zu durchdringen und so das Gemeingefühl in ihm zu kräftigen. Nun ist freilich offenbar, daß in der einzelnen religiösen Darstellung der ursprüngliche Ausdruck immer nur der unwillkürliche ist, also der in die engen Grenzen des unmittelbarsten Materials eingeschlossene. Aber es hat doch nicht jeder die Fähigkeit zu einem besonderen darstellenden Handeln, und deshalb muß es dem Einzelnen möglich sein, sich auch die Darstellungen anderer anzueignen, ohne selbst zu produzieren. Das ist der Fall bei aller Erbauung des Einzelnen für sich oder einer häuslichen Gemeinschaft aus Erbauungsschriften. Soll nun dabei der Zusammenhang zwischen beiden Gebieten erhalten werden, so müssen diese Produktionen anderer auch rein den Charakter der Kirchengesellschaft ausdrücken; wiewohl Produktionen Einzelner, müssen sie rein den repräsentativen Charakter haben; die Verfasser müssen von ihrer Persönlichkeit abstrahiert und nur den kirchlichen Charakter dargestellt haben. Aber wie ist es im andern Falle? Da müssen wir uns den öffentlichen Gottesdienst erst noch von einer anderen Seite vergegenwärtigen. Er muß zusammengesetzt sein aus solchen Elementen, in welchen das einzelne Leben, die Persönlichkeit derer hervortritt, die vorzugsweise selbstthätig sind in ihm, dann aber auch aus solchen, welche die sich selbst gleichbleibende Einheit des Ganzen repräsentieren. Die Predigt liegt überwiegend auf jener Seite, das Liturgische auf dieser. Wie nun in die unmittelbare Darstellung der Einzelnen leicht etwas hineinkommen kann, was sich von dem Charakter des Ganzen entfernt, ebenso leicht können sich auch in jene ersten Elemente des öffentlichen Gottesdienstes die Aberrationen derer, welche die Produktiven sind, einschleichen; und wo das vorkommt, da ist dann eine

Unvollkommenheit, die weggeschafft werden muß. Anderseits aber können auch die anderen Elemente ihre Wirksamkeit verlieren, wenn sie aus einer Zeit stammen, mit welcher die, in welcher sie gebraucht werden, in keinem Zusammenhange steht; denn dann werden sie notwendig gehaltlos, und wo das eingetreten ist, da ist ebenfalls eine Unvollkommenheit, die weggeschafft werden muß. In beiden Fällen bedarf es aber einer solchen Thätigkeit der Einzelnen, in welcher sie über den gegebenen Zustand des öffentlichen Gottesdienstes hinausgehen; es bedarf der Mißbilligung dessen, was Aberration ist von dem Zustande des Ganzen in derjenigen Darstellung der Produktiven, in welcher sie das Ganze repräsentieren sollen, und der Mißbilligung dessen, was antiquiert ist im Liturgischen. Wo nun die verschiedenen Funktionen im Gottesdienste weniger geschieden sind, werden die Unvollkommenheiten leicht beseitigt, schwer aber, wo es einen eigenen geistlichen Stand giebt. Denken wir uns z. B. eine religiöse Verbindung ohne sehr bestimmte Formen, d. h. eine solche, wo jeder im darstellenden Handeln hervortreten kann, so wird es sich ganz von selbst machen, daß der nicht mehr darstellend hervortritt, gegen dessen Darstellung sich die gemeinschaftliche Mißbilligung ausgesprochen hat. Denken wir uns aber den Fall, daß die in der öffentlichen Darstellung Hervortretenden unter sich eine geschlossene Korporation bilden, die sich selbst ergänzt, wie sich dieses am entschiedensten gestaltet hat im katholischen Klerus, so kann sich die allgemeinste Mißbilligung aussprechen, ohne daß es irgendeinen Erfolg hat. Denn in der katholischen Kirche ist es eigentlich Maxime, daß den Laien kein urteilendes Gefühl zusteht über das, was im öffentlichen Gottesdienste vor sich geht, und daß alle Veränderungen im Kultus nur vom Klerus ausgehen, weshalb denn auch immer alles beim alten bleibt.

Jenes also, daß nichts bestehen kann, wogegen sich die allgemeine Mißbilligung ausspricht, ist ein Vorteil, den nur die unmittelbare Form darbietet; allein diese ist wieder selbst kein Vorteil. Darum ist die Aufgabe, beides zu vereinigen, und wir müssen sagen: Die strenge Form, der sich auch die evangelische Kirche nähert, bleibt nur in dem Maße sittlich, als der Klerus in allem, was sich auf den öffentlichen Gottesdienst bezieht, die öffentliche Stimme auf das gewissenhafteste beachtet und niemals die Veränderung des Bestehenden sich allein vorbehält. Überhaupt aber besteht die sittliche Vollkommenheit des Ganzen darin, daß in beiden auseinandertretenden Bestandteilen desselben Persönlichkeit und Gemeingefühl auf gleiche Weise ineinander aufgehen.

Von hieraus müssen wir noch wieder auf die Frage zurückgehen, wie dem Einzelnen sein Ort im gottesdienstlichen Handeln im engeren Sinne zu bestimmen sei. Wir teilten sie früher und stellten eine eigene Formel auf für den Privatgottesdienst und eine eigene für den öffentlichen Gottesdienst. Auch der letzteren können wir jetzt hinzufügen, daß der Anspruch, den der Einzelne macht, mit seiner Talentbildung aufzutreten, zusammentreffen muß mit der Anerkennung vonseiten des Ganzen. Im allgemeinen nun ist diese Formel gewiß zureichend, aber für den gegenwärtigen Zustand der Kirche scheint sie es nicht zu sein. Denn die beiden Momente, die zusammentreffen müssen, sind nicht gleichzeitig, und das ist eine Schwierigkeit, die es unmöglich zu machen scheint, die Sache unter eine allgemeine Formel zu bringen. Nämlich bei unserer gegenwärtigen Verfassung, wo der Klerus einen eigenen Stand bildet, kann die Anerkennung vonseiten des Ganzen nicht eher eintreten, als bis der Einzelne seine Vorbildung vollendet hat; der Anspruch des Einzelnen aber tritt schon ein mit dem Anfange der Vorbildung. Wir sind also genötigt, den Entschluß, sich zum Kleriker auszubilden, als ein eigenes sittliches Moment aufzufassen, womit das der öffentlichen Anerkennung nicht in Verbindung zu bringen ist. Aber unter diesen Umständen ist die Frage auch eine solche, daß sie nicht rein gelöst werden kann; und das deutet auf eine sittliche Unvollkommenheit der Momente, die in dem Ganzen gesetzt sind und auf denen die sittliche Entscheidung beruht. Welche ist diese Unvollkommenheit? Denken wir uns in der christlichen Gemeinschaft den christlichen Geist herrschend in jedem, so müßte jeder, der auf der Stufe der Bildung steht, daß er sich die dazu nötige Einsicht und Fertigkeit erwerben kann, im öffentlichen Gottesdienste zu fungieren imstande sein, und wenn er demohnerachtet nicht darin fungiert, so müßte das nur darauf erklärt werden, daß der Fungierenden nur eine bestimmte Anzahl sein kann und daß er hinreichende sittliche Gründe gehabt hat, sich für einen anderen Beruf zu bestimmen; aber das könnte niemals vorkommen, daß jemand sich zum geistlichen Stande bestimmte und ihm doch der dazu nötige Sinn fehlte. Wo also dieses vorkommt, da fehlt eben die gleichmäßige Ausbildung des religiösen Elements. Desto wichtiger aber ist es, daß zu den kirchlichen Funktionen nur solche zugelassen werden, von denen die höhere und gleichmäßigere Entwickelung des religiösen Prinzips ausgehen kann. Offenbar nun muß die Hilfe von beiden Seiten kommen, von der zusammenstimmenden freien Thätigkeit aller, die vom christlichen Geiste durchdrungen sind, mögen sie eine besondere Stellung in der Kirche haben oder nicht, zur allgemeinen und gleichmäßigen Verbreitung des religiösen Elements, und von dem Wirken der Kirchenorganisation in organischen Formen, wodurch verhindert wird, daß jemand, dem es am christlichen Sinne fehlt, wäre seine Talentbildung

auch die ausgezeichnetste, in diejenigen Kirchenfunktionen ein=
trete, die die größte Produktivität erfordern. Und diese Ab=
hilfe würde keine Schwierigkeit haben, wenn nicht der Be=
ruf des Geistlichen zugleich eine Subsistenz gewährte, und
darin liegt die eigentliche Schwierigkeit. Sie beruht aber
auch nur darauf, daß es zu der Zeit, wo die Vorbildung
zum geistlichen Stande geschlossen wird, nicht mehr leicht
ist, sich noch die Vorbildung zu einem anderen Berufe zu
erwerben, und es dann Gewissenssache wird, das Wohl der
Kirche mit dem des Einzelnen so auszugleichen, daß auch
dieser nicht zu kurz kommt. Um diese Schwierigkeit zu heben,
müßte also noch eine supplementarische Hilfe eintreten. So
ist es im Ganzen schon gestellt, daß eine geraume Zeit hin=
durch die Vorbildung zum geistlichen Stande und die zu
anderen Berufsarten wesentlich dieselbe ist. Es giebt also
einen Zeitpunkt, wo die Änderung des Entschlusses noch mit
Sicherheit und mit Leichtigkeit erfolgen kann. Aber es fehlt
eine Anstalt, welche bestimmt nötigte, gerade auf diesem
Punkte noch eine Überlegung anzustellen, und dabei nicht
nur die Stimme der Einzelnen, sondern auch das Urteil,
welches die Gemeinschaft über sie hat, zu vernehmen. So
lange das nicht ist, kann es nur suppliert werden durch das,
was aus dem Familienverhältnisse hervorgeht. Das wird
aber immer nur ein sehr unvollkommener Ersatz sein, und
wir müssen sagen, es sollte gerade in dem Zeitpunkte, wo
der Einzelne und die ihn kennen, am sichersten zu entscheiden
vermögen, ob ein überwiegend religiöses Interesse in ihm
ist, eine kirchliche Mitwirkung eintreten, ohne welche kein
Entschluß gefaßt werden dürfte, und würde dabei der Fa=
milie die bedeutende Stimme, die ihr zukommt, eingeräumt,
so möchte nicht leicht eine Irrung stattfinden.

Was nun noch den Umfang der Gemeinschaft des dar=

stellenden Handelns betrifft, so kann, die Sache im allgemeinen angesehen, kein Grund sein, hier andere Grenzen
anzunehmen, als welche das Christentum überhaupt hat.
Die in der menschlichen Natur gegebenen Darstellungsmittel
sind dieselben; mittelst ihrer können sich also alle in den
Äußerungen ihres christlichen Bewußtseins verstehen, wie sie
zur Gemeinschaft der Darstellung alle berufen sind. Dagegen giebt es aber eine andere Rücksicht. Wenngleich nämlich alle Christen zur Gemeinschaft des Darstellens berufen
sind, so können doch nicht alle wirklich zusammentreten zum
Gottesdienste, so daß sie darin das absolute Ganze bilden,
sondern jedes zusammentretende Ganze muß beschränkt sein.
Ein solches Ganze nun ist eine christliche Gemeinde im engeren Sinne, bestehend aus denen, die habituell zur religiösen
Darstellung zusammenkommen. Die nächste Frage ist also
die: Welches ist das richtige Verhältnis einer solchen christlichen Gemeinde einerseits zu der absoluten Gemeinschaft
aller Christen, und anderseits zum Privatgottesdienst? Es
ist leicht zu sehen, daß sie zu groß sein kann und auch zu
klein; denn sie ist offenbar zu groß, wenn das Lebendige in
der Zusammengehörigkeit der Einzelnen nicht mehr hervortreten kann und so das die einzelnen Gemeindeglieder um-
fassende Band immer loser werden muß; und offenbar zu
klein, wenn leicht die Neigung entstehen kann zu der losen
Form des Privatgottesdienstes. Auch ist nicht schwer zu
sehen, wie leicht sie das eine werden kann und das andere.
Denn je mehr man von dem Gesichtspunkte ausgeht, daß
sie dem Privatgottesdienste entgegengesetzt sein müsse, desto
mehr ist man geneigt, sie recht groß zu machen; und je
mehr man darauf bedacht ist, den Anteil des Einzelnen
recht lebendig hervortreten zu lassen, desto eifriger ist man
bemüht, sie recht klein anzunehmen. Freilich liegt die Auf-

gabe, die in dieser Beziehung zu lösen ist, an der äußersten
Grenze des Ethischen und ist mehr technisch. Aber sie hat
doch insofern großes Interesse auch für uns, als die Sittlichkeit des Ganzen von der Richtigkeit des Maßes abhängt.
Das rein Natürliche wäre, daß, weil der bürgerliche Zustand der vorangehende ist, die lokale Abgrenzung der kirchlichen Gemeinheiten mit der der bürgerlichen zusammenfiele.
Aber das ist nicht überall durchzuführen. Wir können also
auch nur sagen, die Kirche müsse es sich immer als Ziel
setzen, das natürliche Verhältnis so viel als möglich zu erhalten oder wiederherzustellen. Aber zwischen beide Punkte,
die absolute Gemeinschaft aller Christen und die einzelnen
Lokalgemeinden, treten nun mancherlei Grenzen und Sonderungen, aus zwei Gründen, einem mehr äußerlichen und
einem mehr inneren. Offenbar nämlich kann eine wirkliche
Verbindung zu religiöser Darstellung nur stattfinden zwischen
solchen, für welche die Darstellungsmittel denselben Gehalt
haben, und dann ferner zwischen solchen, in welchen das
religiöse Bewußtsein selbst auf eine identische Weise ausgebildet ist. Was nun das erste betrifft, so ist von selbst
deutlich, daß in keiner wirklichen Gemeinschaft des Gottesdienstes sein können, die sich nicht derselben Sprache bedienen, und auch diejenigen nicht, unter denen die übrigen
Kunstelemente, die zur gottesdienstlichen Darstellung gehören,
auf gar zu verschiedene Weise ausgebildet sind. Wie weit
diese beiden Punkte zusammentreffen, ist für uns zufällig.
Es können in einem und demselben Sprachgebiete sehr große
Differenzen in allen übrigen Kunstelementen sein, und die
Geschichte zeigt wirklich, daß mit Einheit in dem einen Punkte
nicht immer auch Einheit in dem anderen gegeben ist. Das
ist also eine äußere Begrenzung, die wir in ihrem Einflusse
auf die verschiedenen schon gefundenen Sphären betrachten

12*

müssen. Einer einzelnen Kirchgemeinde nun wird keine Notwendigkeit entstehen, sich wegen der Differenz der Sprache
oder der übrigen Bildung zu spalten. Denn sprechen auch
einige ihrer Glieder diesen, andere einen anderen Dialekt,
so wird doch dadurch das allgemeine Verständnis nicht gehindert. Man ist freilich zuweilen so weit gegangen, die
sogenannte Verschiedenheit der Stände zu einem Trennungs-
grunde zu machen und einen besonderen Gottesdienst zu
fordern für das Volk, einen besonderen für die Vornehmen.
Aber das Religiöse liegt nicht auf dem Gebiete, wo ein
solcher Unterschied seine Stelle finden kann; es wäre also
gegen den christlichen Geist, es wäre Unsinn, wenn man der
Forderung wollte Raum geben. Und doch haben wir in
vielen Ländern noch etwas völlig ebenso Verkehrtes, was
sich forterhält, weil es einmal hergebracht ist, nämlich daß
die Bürger, sofern sie dazu berufen sind, das Vaterland
zu verteidigen, und sofern sie dazu berufen sind, die Ge-
werbe des Friedens zu betreiben, verschiedene Kirchgemeinden
bilden. Hierzu giebt es gar keinen haltbaren Grund; es
ist nichts als eine leere Vergegenwärtigung des Krieges im
Frieden, da nicht einzusehen ist, was anderes in einem
Militärgottesdienste vorkommen könnte, als in jedem anderen,
und so wäre es eine wesentliche Verbesserung, wenn diese
Trennung weggeschafft würde. Also für die einzelnen Lokalgemeinden als solche kann der äußerliche Grund keine Sonderungen hervorbringen. Aber ganz anders verhält es sich
mit den Verbindungen dieser Gemeinden untereinander, ohne
welche doch die Kirche gar nicht zu denken ist; denn hier
wird dieser äußere Punkt ein Teilungsgrund, weil es nicht
leicht möglich ist, daß kirchliche Gemeinden, die nicht dieselbe
Sprache reden, auf gleiche Weise verbunden seien, als die,
welche sich derselben Sprache bedienen. Die katholische

Kirche freilich nimmt dieses Sonderungsprinzip nicht an; aber ist dieses das sittlich Bessere? Die evangelische Kirche hat den Grundsatz — er ist zwar nicht symbolisch aufgestellt, gilt aber doch in der Praxis ganz allgemein, und das hat eigentlich denselben Wert —, daß jede Landeskirche und jede Volkskirche ein Ganzes für sich bilden. In der katholischen Kirche wird das nicht anerkannt, sie läßt vielmehr diese Differenzen in der Einheit der Kirche verschwinden. Daß jede Landeskirche ein Ganzes für sich bildet, beweist freilich, eben weil es sich nicht rein an die natürliche Grenze hält, sondern an die politische, eine gewisse Unterordnung der kirchlichen Gemeinschaft unter die bürgerliche; denn die politischen Grenzen sind an sich der Kirche gleichgültig. So liegt es also in der Natur der Sache, daß die deutschen Kirchgemeinden in näherer Verbindung stehen unter sich, als mit fremden; aber daß auch die preußischen eine eigene Kirche bilden, und ebenso die jedes anderen deutschen Staates, das ist nur ein Sich-fügen in das Politische. Aber auch das hat eine Realität, die darauf beruht, daß die Kirche auch eine äußere Existenz hat und vermöge dieser von der bürgerlichen Gesetzgebung abhängt, so daß sie alles, was ihre äußere Existenz betrifft, nur nach den Gesetzen des Staates, innerhalb dessen sie sich bewegt, einrichten kann. Wird also die Gesetzgebung eine andere, so müssen auch die kirchlichen Einrichtungen andere sein. Aber wodurch ist es nun möglich, daß die katholische Kirche selbst die Naturgrenzen der Sprache nicht anerkennt? Es ist nur möglich unter der Voraussetzung der Identität der gottesdienstlichen Sprache und der Identität der ganzen kirchlichen Symbolik. Aber beides ist nur in der ganzen Kirche identisch auf Kosten der Verständlichkeit und also der wahren lebendigen Teilnahme der Einzelnen am Gottesdienste. Die größere Einheit ist

erkauft mit einer größeren inneren Spaltung. Denn es ist
nun notwendig für die katholische Kirche, daß sie dasjenige
im Gottesdienste, wobei die Landessprache gebraucht wird,
nur für die Nebensache erklärt, den Meßgottesdienst aber
und alles, was in der gottesdienstlichen Sprache ausgedrückt
wird, für Hauptsache. In der protestantischen Behandlung
dieses äußeren Trennungsgrundes wird ein wahres Verhältnis dargestellt. In der katholischen Kirche dagegen ist
eine wesentliche Unvollkommenheit das bestimmende Prinzip
und die größere äußere Einheit nur durch diese Unvollkommenheit möglich. Was aber das zweite betrifft, den inneren
Grund, daß wir nämlich sagten: Ein wirkliches Zusammentreten zu religiöser Darstellung ist nur möglich unter denen,
deren religiöses Bewußtsein identisch ausgebildet ist, so ist
dieser Satz an sich gewiß keinem Zweifel unterworfen. Aber
ist denn nicht das religiöse Bewußtsein in allen Christen
identisch ausgebildet? Allerdings; denn darauf beruht die
Einheit der christlichen Kirche, die ein wesentlicher Glaubens-
artikel aller Christen ist. Beruht die christliche Kirche auf
dem darstellenden Handeln und kann sie nur aus diesem
konstruiert werden, so kann es auch nur eine wirkliche Einheit der Kirche geben unter der Voraussetzung, daß das
religiöse Bewußtsein in allen dasselbe ist. Aber es ist doch
nur in gewissem Grade in allen dasselbe, und wenn man
die Masse als Aggregat von Einzelnen betrachtet, so ist eine
große Differenz von Ähnlichkeit und Verschiedenheit unter
ihnen, daß man sie doch nicht als ein gleichmäßiges Ganzes
ansehen kann, sondern einiges in ihnen ist sich näher verwandt, anderes ferner, so daß sich einige mehr voneinander
angezogen fühlen, andere weniger. Allein wenn daraus
wirklich verschiedene Vereinigungen entstehen sollten, so muß
sich dieser fließende Unterschied in einen festen verwandeln;

es muß eine Mehrheit wirklicher Organismen entstehen.
Soll das sein, oder nicht? Die Geschichte zeigt uns beides,
Zeiten, wo in Rücksicht dieses inneren Bestimmungsgrundes
die ganze Kirche eins war, und Zeiten, wo gerade aus
diesem inneren Bestimmungsgrunde eine Differenz gesetzt
war, die mit dem äußeren nichts zu schaffen hatte. Das
ist nie so klar hervorgetreten, als seit der Reformation;
denn mit dieser entstanden in denselben Staaten eine Menge
relativ voneinander gesonderter Kirchengemeinschaften. Es
entsteht also die Frage, zumal eben dieses von der katholischen Kirche ganz entgegengesetzt angesehen wird, ob dieser
Zustand der relativen Trennung auch ein sittlicher sei, oder,
wie die katholische Kirche sagt, ein sündlicher, ein mut-
williges Losreißen Einzelner von der allgemeinen Einheit
der Kirche.

Wir haben im ersten Hauptteile unserer Darstellung
davon geredet, daß aus Versuchen, die Kirche von Miß-
bräuchen zu reinigen, oft solche Spaltungen hervorgegangen
sind, die auf entgegengesetzten Ansichten beruhten und sich
desto länger erhielten, je durchgreifender die Differenz war.
Wir haben aber auch bemerkt, daß aus dem reinigenden
Handeln neue Organisationen nur insofern sittlich abzuleiten
sind, als sich zugleich ein individualisierendes Prinzip mit
entwickelt. Der Grund davon liegt klar in der Natur des
reinigenden Handelns selbst. Darum konnten wir aber auch
dort nicht daran denken, eine Mannigfaltigkeit der religiösen
Gemeinschaft zu konstruieren; sondern sofern das überhaupt
möglich ist, ist auch nur hier bei der Betrachtung des darstellenden Handelns der Ort dazu, weil sich die religiöse
Gemeinschaft selbst nur konstruieren läßt aus der Richtung
auf das darstellende Handeln. Aber läßt sich denn nun
eine Mannigfaltigkeit der religiösen Gemeinschaft konstruieren?

Wir sind ursprünglich nur darauf gekommen, dieses beides als feste Punkte der Konstruktion anzusehen, die absolute Gemeinschaft aller Christen, die aber in der Wirklichkeit nicht bestehen kann, und die einzelne lokal abgegrenzte Kirchgemeinde. Wenn uns nun die Geschichte keine individuellen Organisationen vorlegte, würden wir wohl einen Grund haben, für die Zukunft ein Erlaubnisgesetz dafür anzulegen, daß sich innerhalb der christlichen Kirche andere Vereinigungen bildeten, als nur durch jene äußeren Verhältnisse gesonderte? Das ist die stringenteste Art, wie wir die Sache können zur Sprache bringen. Das Individuelle kann nie vollständig in Begriffe aufgelöst werden; man kann es nur in der Anschauung vernehmen. Darum kann es aber auch nie a priori konstruiert werden, sondern es wird immer nur anerkannt. Das gilt ganz allgemein, auf dem Gebiete der Natur, wie auf dem des Geistes. Noch hat niemand die einzelnen Arten der Pflanzen oder Tiere konstruiert, noch ist niemand imstande gewesen, den Gegensatz des Katholischen und des Evangelischen in einer bestimmten Formel auszudrücken. Wenn wir nun zugestehen, daß es mit zu dem höheren Charakter des Menschen auch als Naturwesen gehört, daß der Einzelne nicht nur ein örtlich und zeitlich verschiedenes Exemplar der Gattung ist, sondern auch ein eigentümliches, so liegt die Voraussetzung sehr nahe, daß es auch gemeinschaftliche Individualitäten gebe, ja, physiologisch wenigstens sind sie unleugbar vorhanden in den Differenzen des Nationellen. Hiervon noch ganz verschieden aber ist die Frage, ob es auch in der Entwickelung des christlichen Prinzips solche gemeinschaftliche Eigentümlichkeiten gebe, und darüber sind die Ansichten sehr verschieden. Die katholische Kirche nämlich leugnet es, weniger zwar in der bestimmten Theorie, aber ganz entschieden in der Praxis, indem sie überall alles Ab-

weichende, was sich organisch bilden will, für häretisch er=
klärt. Oder wenn sie es auch nur als etwas Schismatisches
bezeichnet, so ist das für unsere Beziehung hier ganz das=
selbe, denn es liegt immer das darin, daß es als etwas
Besonderes nicht bestehen soll. In der evangelischen Kirche
dagegen ist die entgegengesetzte Ansicht herrschend. Nicht als
ob in ihr nicht auch oft wäre behauptet worden in der
Hitze des Streites, in der katholischen Kirche sei nichts mehr
von der wahren Kirche; aber daraus ist es doch mit Sicher=
heit zu schließen, daß ihre beiden bis vor kurzem ganz ge=
trennten Hauptzweige sich einander nicht für schismatisch,
sondern überwiegend nur für individuell verschieden gehalten
haben. Diese ihre Meinung voneinander mag die rechte
gewesen sein, oder nicht; das thut hier nichts zur Sache.
Sei sie aber auch gegründet gewesen, so kann das kein Grund
sein, die Trennung nicht aufzuheben. Denn das Indivi=
duelle ist nicht ewig, sondern es kann vergehen, wie es ent=
steht. Aber wiefern kann man denn nun, vorausgesetzt daß
es solche individuelle Verschiedenheiten giebt, in welche sich
das christliche Prinzip teilt, und die sich rein auf dasselbe
beziehen, ohne etwas zu thun zu haben mit den physio=
logischen Differenzen unter den Menschen, wiefern kann man
ihnen ein Recht einräumen in Beziehung auf die religiöse
Gemeinschaft? Unstreitig müssen wir sagen: Nur insofern,
als dadurch die beiden festen Punkte, die wir angenommen
haben, nicht verrückt werden; denn diese letzteren beruhen
auf der reinen Erkenntnis der Sache selbst, während das
andere immer nur hypothetische Annahme ist. Darin liegt
also zuerst dieses, daß nichts, was sich für ein individuelles
Prinzip ausgeben will, einen Einfluß gewinnen darf auf die
Bildung der religiösen Gemeinschaft, wenn es derart ist,
daß es die Einheit der Kirchgemeinde in der Darstellung

vernichten will. Oder mit anderen Worten, daß etwas bloß Separatistisches niemals für eine individuelle Bildung des christlichen Prinzips, sondern immer nur als eine Korruption kann angesehen werden, weil es das christliche Prinzip unmittelbar aufhebt. Wollte also jemand sagen: In mir und einigen guten Freunden hat sich das christliche Prinzip so individuell ausgebildet, daß wir die religiöse Darstellung anderer durchaus nicht teilen können, so würden wir dieses immer für falsch und die Separation für eine Zerstörung des christlich sittlichen Lebens anzusehen haben, wie es denn auch immer begründet ist in geistlichem Hochmute, in diesem Überschätzen des Individuellen in der eigenen Persönlichkeit. Das zweite, was darin liegt, ist dieses, daß wir keinem individuellen Prinzipe ein Recht einräumen können, welches vermöge der besonderen Gemeinschaft der Darstellung, die aus ihm entsteht, die absolute Gemeinschaft aller Christen aufheben will. Denn diese dürfen wir niemals antasten lassen; sie ist unmittelbar in den beiden Grundlehren des Christentums ausgesprochen, in der Lehre von der Allgemeinheit der Erlösung durch Christum und in der Lehre von der Identität des göttlichen Geistes in allen Gläubigen. Auf diesen beiden Lehren beruht die Fähigkeit aller Christen zur Gemeinschaft untereinander, und die absolute Gemeinschaft aller Christen zugeben ist nichts anderes, als die ethische Seite des Dogma von der Einheit der Kirche. Darum hat die Kirche auch stets, selbst unter den Kämpfen, die mit der größten Erbitterung geführt wurden, mit großer Besonnenheit dieses anerkannt, daß das selbst ketzerisch sei, die Ketzer so auszuschließen, daß die Einheit aller derer, die alles auf Christum beziehen, der eine Teil wie der andere, absolut aufgehoben würde; sie hat stets die Ketzertaufe als eine gültige Taufe anerkannt, die Gemeinschaft mit den

Ketzern also nur zurückgedrängt, nicht absolut geleugnet. Doch das sind nur die Grenzpunkte, es sagt nur aus, daß die Gewalt eines individuellen Prinzips in der Christenheit niemals so weit gehen dürfe; aber ob es eine organisierende Macht ausüben dürfe, darüber haben wir noch keine Bestimmung. Es läßt sich aber auch keine darüber geben, sondern das Schwankende, was in der Sache selbst liegt, spricht sich in der ganzen Praxis der Kirche aus, und das müssen wir anerkennen. Indes werden wir es doch auf etwas einigermaßen Bestimmtes bringen, wenn wir es so stellen: Es kann für möglich angenommen werden, daß Verschiedenheiten in der Ansicht des Christentums so groß werden, daß die auf der einen Seite Stehenden in der religiösen Darstellung derer, die die andere Seite einnehmen, keine Befriedigung finden können. Dann werden die einen sich untereinander verbinden, und die anderen auch. Ob das aber auf sittliche Weise geschehe oder nicht, kann nur daraus bestimmt werden, ob jeder Teil ein gutes Gewissen dabei hat. Das Kennzeichen des guten Gewissens ist jedoch nur negativ anzugeben; wir können sagen, ein gutes Gewissen hat nur der, der nichts Leidenschaftliches in sein Verfahren hineingelegt hat. Aber vielleicht ist etwas Positives an die beiden vorher aufgestellten negativen Punkte anzuknüpfen. Wir sagen also: Ist ein solches organisierendes eigentümliches Prinzip wirklich etwas Reines, so wird es weder bloß separatistisch sein, noch die Einheit der Kirche ganz aufheben; und daraus läßt sich allerdings etwas Positives entwickeln, das wir am besten so bezeichnen werden: Wenn eine Trennung entsteht aus dem Bedürfnisse des religiösen Darstellens, so muß sie sich auch auf diesem Gebiete halten und auf die anderen Formen des Handelns keinen Einfluß haben, ausgenommen inwiefern jede die anderen als Minimum in sich schließt, d. h. es können diejenigen, die in Beziehung auf die Gemeinschaft des religiösen Darstellens getrennt sind, doch wieder ihre Identität beweisen in der Vereinigung ihres reinigenden und verbreitenden Handelns, darin also, daß sie unter allen Umständen die Gemeinschaft des Wahrheit-suchens in Liebe festhalten. Und wo die sich trennenden Organisationen sich so gestalten, da kann jeder mit gutem Gewissen an der ihm eignenden teilnehmen. Aber es liegt darin immer auch dieses, daß wir keine besondere Organisation für gleich unvergänglich halten können mit der christlichen Kirche selbst; denn wenn das Individuelle so wenig kann in den reinen Begriff aufgelöst werden, daß es z. B. noch niemandem gelungen ist, eine genügende Formel über Einheit und Differenz des Katholischen und des Protestantischen aufzustellen, so ist auch immer möglich, daß das, was man für ein Individuelles hält, als solches ein bloßer Schein ist, also verschwinden kann, sobald man gemeinschaftlich die Wahrheit sucht in Liebe. Unter dieser Voraussetzung können Teilungen in der christlichen Kirche bestehen, aber sie können auch nur entstehen, niemals willkürlich gemacht werden, wie sich das auch in der christlichen Kirche vollkommen bewährt. Denn auch die gegenwärtige Trennung in der abendländischen Kirche hat niemand gewollt, niemand willkürlich gemacht, selbst die katholische Kirche nicht, sofern die Exkommunikation, die sie aussprach, auch keine andere Absicht hatte, als diejenigen auf den vermeintlich rechten Weg zurückzuführen, die für Irrende gehalten wurden, und am wenigsten die Unsrigen, die ihrerseits die Trennung nur zuließen, weil sie sie nicht hindern konnten, wenn sie der Überzeugung treu bleiben wollten, daß in der katholischen Kirche, wie sie damals war und bleiben wollte, das in seiner ursprünglichen Reinheit wiedererwachte christ=

liche Gefühl keine Befriedigung finden könne. Wollte aber
jemand sagen: Wohl; es läßt sich aber doch nicht leugnen,
daß Leidenschaftliches hervortrat auf beiden Seiten, folglich
kann kein Teil ein gutes Gewissen haben, so werden wir
entgegnen müssen: Allerdings ist keine menschliche Handlung
absolut vollkommen, also auch diese nicht; aber dennoch beruht die Organisation der evangelischen Kirche nicht auf
etwas Leidenschaftlichem. Denn sie besteht fort, nachdem
doch das Leidenschaftliche längst zurückgetreten ist und nur
da sich noch zeigt, wo es besonders gereizt wird. Nun
könnte man sagen: Ist die Trennung so natürlich entstanden,
so sieht man, wie sie sittlich fortbesteht; aber das Wichtigste wäre doch, sittliche Formeln aufzustellen für das Verfahren der Einzelnen, während die Trennung gerade im
Entstehen ist, Formeln, nach welchen jeder bestimmen kann,
ob er mitzuarbeiten hat an der Trennung, oder ob er versuchen muß, sie zu hindern. Wir müssen also fragen, ob
solche Formeln möglich sind. Setzen wir uns zurück in die
Zeit der Entstehung der Trennung, so finden wir ausgezeichnete Menschen auf beiden Seiten, die entgegengesetzten
Maximen gefolgt sind; die einen haben die Trennung zu
hindern gesucht, die anderen sind den Impulsen der geschichtlichen Entwickelung gefolgt, aus welchen die Trennung entstand. So können wir z. B. Luther und Erasmus gegen-
überstellen: Wollen wir nun sagen, der eine oder der andere habe unsittlich gehandelt? Das könnten wir nur, wenn
der eine die Trennung willkürlich gemacht, oder wenn der
andere sie dadurch zu hemmen gesucht hätte, daß er das
Unvollkommene als solches beschützte. Aber die Maxime
des einen werden wir so wenig tadeln können, als die des
anderen. Wir werden also sagen müssen: Allgemeine Regeln,
wie jeder in solchem Falle handeln müsse, lassen sich gar

nicht feststellen, sondern jeder ist nur an sich selbst gewiesen; jeder muß suchen, sein gutes Gewissen zu bewahren, und diese Aufgabe können verschiedene auf ganz verschiedene Weise lösen. Luther hätte nie können ein gutes Gewissen haben bei der Maxime des Erasmus, Erasmus nie bei der Luthers; denn in Luther war das Bedürfnis der religiösen Darstellung ein sehr starkes, in Erasmus ein schwächeres, und zwar so, daß das nicht auf größerer oder geringerer Sittlichkeit beruhte, sondern auf differenter Individualität. Und dasselbe werden wir im wesentlichen müssen gelten lassen, wo wir eine Trennung als schon bestehend annehmen. Der eine wird da sagen können: Ich würde nie zur Trennung mitgewirkt haben, wenn sie nicht schon dagewesen wäre; der andere: Wenn ich zu der Zeit gelebt hätte, als die Trennung entstand, so würde ich nach Kräften gesucht haben, sie zu hindern. Unbeschadet also der christlichen Sittlichkeit wird der Eifer für die individuelle Organisation ein sehr verschiedener sein können, in dem einen ein sehr mächtiger, in dem anderen ein sehr zurücktretender, ohne daß man Ursach hätte, den einen ohne weiteres zu verdammen, oder den anderen ohne weiteres zu loben. Einer wird daher auch sagen können: Wenn einmal eine Zeit käme, wo die individuellen Organisationen sich wieder untereinander mischen wollten, so würde ich das begünstigen; ein anderer: Käme eine solche Zeit, ich würde darauf bedacht sein müssen, das Zusammenfließen zu hindern und die gegenwärtige Trennung zu erhalten. Aber die letzte Ansicht darf sich nicht bis zu einer absoluten Behauptung erheben; denn das Eigentümliche, das innerhalb eines größeren Ganzen entstanden ist, kann auch wieder vergehen. Und die andere auch nicht; sie darf nicht so dargestellt werden: Ich bin jetzt schon meiner Gesinnung nach darin begriffen, die Wiedervereinigung zu bewirken, ich bin nur äußerlich daran gehindert. Denn so wie die individuelle Organisation ein Recht hat zu entstehen, so hat sie auch ein Recht, ihre Zeit auszuleben, und das darf ihr nicht verkürzt werden. Beide Ansichten sind notwendig. Die eine repräsentiert auf eine stärkere Weise das individuelle Prinzip, die andere das sich selbst gleich bleibende Leben des Ganzen. Wir können uns dieses an vorliegenden Fällen deutlich machen, am Gegensatze zwischen der evangelischen und der katholischen Kirche, und innerhalb der evangelischen Kirche selbst am Gegensatze zwischen der reformierten und der lutherischen. Der letztere ist zu einer gewissen Zeit ebenso stark gewesen, als der erstere, dennoch ist er jetzt offenbar im Verschwinden begriffen. Soll er aber wirklich verschwinden, so müssen lange zuvor solche sein, die ihn von Anfang an würden verhindert haben. Von der anderen Seite müssen wir sagen, daß der Gegensatz zwischen der evangelischen und der katholischen Kirche noch keinesweges im Verschwinden begriffen ist. Aber wir müssen ihn doch ansehen als einen solchen, der auch wieder vergehen kann, ohne daß die christliche Kirche selbst verginge. Der große Unterschied aber ist der, daß dieser Gegensatz sich zugleich entwickelt hat aus einem reinigenden Verfahren, der andere dagegen rein unmittelbar in der evangelischen Kirche. Darum kann der Gegensatz zwischen der evangelischen Kirche und der katholischen nicht auf dieselbe Weise aufgehoben werden, wie der zwischen den beiden protestantischen Konfessionen; und ein Evangelischer, der jetzt, wo in der katholischen Kirche noch dasselbe fortbesteht, was bei der Trennung bestand, beide Kirchen, wie sie eben sind, vereinigen wollte, würde durchaus denen gleichen, die, als die Trennung entstand, dieselbe so zu hindern suchten, daß sie das Unvollkommene als solches in Schutz nahmen. Erst wenn die katholische

Kirche so bedeutende Reformen machte, daß alle Mißbräuche
weggeschafft würden, die zur Zeit der Reformation gerügt
wurden, erst dann könnten beide Kirchen nebeneinander fortbestehen rein als besondere Individualisationen desselben
Prinzips; aber dann müßte es auch gleich für sittlich gehalten werden, von beiden Seiten die Wiedervereinigung
mit Unterordnung des individuellen Prinzips unter die Einheit zu postulieren, also den Gegensatz auf dieselbe Weise
zu behandeln, wie den zwischen den beiden evangelischen
Kirchen. Aus diesen Differenzen, die man zugeben muß,
folgt, daß in jeder Partialkirche der Eifer für dieselbe als
solche in den Einzelnen sehr verschieden sein kann, ohne daß
ihnen deshalb ein Vorwurf zu machen wäre. Wir müssen
hier eine ganz bestimmte Scheidung machen und sagen: Es
giebt einen Standpunkt, von welchem aus man das Christentum selbst als eine individuelle Form der Religion überhaupt fassen kann, von welchem aus man also mit Recht
alle Religionen als solche ansehen kann, die einander koor-
diniert sind, inwiefern nämlich allen ein wahres Element
der Religion überhaupt zum Grunde liegt. Das aber ist
auf keine Weise zu statuieren, daß sich ein Mitglied einer
christlichen Partialkirche als solches indifferent verhalte gegen
das Christentum als individuelles; denn dieser Indifferentismus gegen das Christentum überhaupt wäre zugleich Indifferentismus gegen alle religiöse Gemeinschaft und gegen das
religiöse Prinzip selbst. Ganz anders indes verhält es sich,
wenn jemand sagt: Sobald die katholische Kirche alle Mißbräuche aufgehoben haben wird, an deren Bekämpfung die
Trennung ursprünglich entstand, wird mir der Zustand der
Einheit lieber sein, als der der Trennung; denn das ist
nicht Indifferenz gegen das Christentum überhaupt, und
damit gegen alle bestimmte religiöse Gemeinschaft; es bleibt

vielmehr die religiöse Gemeinschaft in bestimmter Form,
nämlich als eigentümlich christliche, bestimmt gewollt; und
es ist auch nicht Indifferenz gegen die eigene Partialkirche,
vielmehr bleibt man mit derselben in vollkommener Über=
einstimmung, nur daß man sich der Zeitlichkeit derselben
bewußt ist. Je spezieller daher das Individualisierte ist
und also auch je kurzlebiger, desto mehr liegt das Wahre
auf dieser Seite und desto mehr nähert sich das Haften an
kleinen Organisationen einer gewissen Beschränktheit. Müssen
wir also sagen: Die Vollkommenheit eines jeden Mitgliedes
einer Gemeinschaft der religiösen Darstellung ist der Reli=
gionseifer, so ist das nur in einer gewissen Beschränkung
zu verstehen und vorzutragen, in der nämlich, daß der
Religionseifer nur insofern rein ist, als er das wirkliche
Verhältnis einer bestimmten kleinen Organisation zu ihrem
Ganzen ausdrückt. Aber das bleibt ausgemacht, daß es
verschiedene Gradationen desselben geben kann. Er erscheint
größer, wenn er sich mehr auf das Interesse an der Par=
tialkirche bezieht, muß aber auch immer auf das Interesse
an der Einheit der ganzen Kirche bezogen werden, und beide
Beziehungen müssen sich gegenseitig in den richtigen Schranken
erhalten. Und von hier aus können wir nun noch einen
äußersten Punkt ins Auge fassen. Man hört oft die Be=
hauptung: Der Einzelne gehört seiner bestimmten Religions=
gesellschaft an durch die Geburt, und es ist unrecht, wenn
er sie verläßt. Wäre er also in einer anderen geboren, so
dürfte er sie ebenso wenig verlassen. Hier sehen wir eine
Mischung von Indifferentismus und Religionseifer, und
beide scheinen, von der einen Seite angesehen, falsch zu sein,
der Religionseifer nämlich, weil er nur auf einem äußeren
Grunde beruht, der Indifferentismus, weil er gar nicht be=
ruht auf dem Verhältnisse der untergeordneten Organisation

zur ganzen Kirche. Und insofern ist diese Maxime allerdings zu tadeln. Aber man muß dann auch beide Glieder
gleichmäßig tadeln und sagen: Wenn einer, der protestantisch geboren ist, sagt: „Wäre ich katholisch geboren, so wäre
ich mit demselben Eifer katholisch, als ich jetzt protestantisch
bin", so ist sein Eifer so verwerflich, als sein Indifferentismus; er ist eigentlich gar kein Protestant. Von der anderen Seite angesehen, scheint sich die Sache anders zu stellen.
Nicht alle nämlich können gleichmäßig thätig sein in dem
Momente, in welchem eine individuelle Organisation entsteht; also können auch nicht alle gleichmäßig teilnehmen an
der teilenden Bildung. Folglich müssen wir auch zugeben,
daß in einer Religionsgesellschaft der Eifer in verschiedenen
Gliedern sehr verschieden sein kann, ohne daß der getadelt
werden könnte, in welchem er nur gering ist, vorausgesetzt,
daß dieses sittlich motiviert ist, d. h. also, wenn das Individuelle seiner Kirche seiner ganzen Stellung gemäß schwächer
in ihm ausgebildet ist. Je mehr die Überzeugung schwach
ist und doch eine Entscheidung gefaßt werden muß, desto
mehr müssen äußere Gründe zuhilfe genommen werden.
Sagt also jemand: Ich bleibe protestantisch, weil ich innerhalb der protestantischen Kirche geboren bin; wäre ich aber
innerhalb der katholischen Kirche geboren, so würde ich katholisch bleiben, wie ich jetzt protestantisch bleibe, so giebt er
zu erkennen, daß er gar keine Entscheidungsgründe in sich
habe, sondern sich lediglich durch äußere bestimmen lasse,
weil einmal eine Bestimmung nötig sei. Und je mehr klar
ist, daß eine starke Überzeugung zugleich eine größere Kenntnis von der Eigentümlichkeit beider Kirchen erfordert und
diese wieder nicht denkbar ist ohne die Kenntnis des geschichtlichen Lebens derselben, desto begreiflicher ist auch, daß in
jeder Kirche immer viele in dem Falle sein werden, von

äußeren Gründen bestimmt zu sein, wenngleich nur wenige
sich dessen bewußt und geneigt sein werden, es zuzugeben.
Wenn nun diese Eifer zeigen, so ist derselbe freilich jeden=
falls ein falscher, weil er nicht sittlich motiviert ist; aber
auch das ist deutlich, daß es Lagen im menschlichen Leben
geben kann, wo der Indifferentismus gegen die individuelle
Organisation, der in dem beschriebenen Zustande zutage liegt,
ein ganz natürlicher ist und in dem Maße keinen Tadel
verdient, als er nicht von einem Indifferentismus gegen
das Christentum überhaupt tingiert ist. Worauf kommt es
denn hierbei eigentlich an? Wo Mitglieder beider Kirchen
in demselben Raume nebeneinander sind, da kann jeder von
dem eigentümlichen Sein und Leben derselben eine Anschauung
gewinnen und sich ein Urteil darüber bilden, in welchem
Grade er von jeder angezogen wird oder abgestoßen. Ist
das aber nicht der Fall, so hat auch der Einzelne, der von
der geschichtlichen Kenntnis ausgeschlossen ist, keine Gelegen=
heit, zu einer anschaulichen Kenntnis vom Wesen und der
Art zu sein der anderen Kirche zu gelangen. Er muß also
fühlen, daß sein Bleiben in der einen nur in der Unkennt=
nis von der anderen beruht; er kann folglich auch sagen:
Wäre ich in der anderen mit derselben Unkenntnis von meiner
jetzigen, so würde ich in jener auf dieselbe Weise bleiben,
wie jetzt in dieser. Wer aber in jenem anderen Falle ist,
daß er das Wesen und die Art zu sein der anderen Kirche
anschauen kann, der ist sittlich verpflichtet, sich hinlängliche
Kenntnis von derselben zu erwerben, um eine Überzeugung
darüber zu gewinnen, in welchem Grade das individuelle
Prinzip seiner Kirche mächtig in ihm ist, und ob und in
welchem Maße er sich der anderen Form nähert. Hieraus
wird zugleich deutlich, daß und unter welchen Umständen
der Übertritt aus einer individuellen Organisation in eine

13*

andere sittlich möglich ist. Denn ist jemand, der seiner
eigentümlichen Natur nach einer bestimmten Form angehört,
in einer anderen erzogen und in diese aufgenommen, ehe er
von jener eine anschauliche Kenntnis hatte, so ist es ihm
nicht zu verargen, wenn er übertritt, sobald er zu klarem
Bewußtsein und zu sicherer Überzeugung darüber gelangt
ist. Anders aber ist es, wenn einer zu einer anderen Kirchen=
gemeinschaft übertritt, nachdem er sie längst gekannt und
bewohnerachtet in der ihm ursprünglichen auf besonnene
Weise gelebt hat; denn dann ist offenbar eins von beiden
unsittlich, entweder das, daß er so lange in der einen ge=
blieben ist, oder das, daß er zur anderen übertritt. Auf
eine allgemeine Weise ist also über die Sittlichkeit der Fälle
dieser Art nicht zu entscheiden, sondern nur über jeden Fall
besonders und nur aus der genauesten persönlichen Bekannt=
schaft mit dem, dessen Verfahren beurteilt werden soll. Wo
das aus dem Auge gelassen wird, wird oft getadelt, der
gelobt werden sollte, und umgekehrt; oder Billigung und
Tadel werden doch nicht auf das bezogen, worauf sie zu be=
ziehen sind. So wird z. B. so mancher des Übertritts
wegen getadelt, der nur getadelt werden sollte, weil er nicht
längst übergetreten ist.

Wie nun die Vollkommenheit des Einzelnen als Mit=
gliedes einer bestimmten Kirchengemeinschaft der Religions=
eifer ist, so ist die Vollkommenheit des Einzelnen im Akte
der religiösen Darstellung selbst die Andacht. Ist es nun
auch mit dieser so, daß sie einen Spielraum des Mehr oder
Weniger zuläßt? In einer Hinsicht ist die Frage gleich
entschieden; denn in dem Verhältnisse der Rezeptivität und
der Produktivität in einem jeden liegt schon eine Differenz.
Aber das ist doch nur eine Differenz in der Erscheinung,
weil nur die produktive Andacht erscheint, die rezeptive nicht;

es ist nur eine Differenz zwischen erscheinender und nicht erscheinender Andacht, während die Andacht selbst in jedem wesentlich dieselbe bleibt. Sehen wir aber auf das Ganze der religiösen Gesellschaft und auf den Zusammenhang der religiösen Darstellung in demselben mit der in der kleineren Organisation, so werden wir sagen müssen: Innerhalb einer individuellen Organisation differiert die Andacht in den Einzelnen, je nachdem sich der Religionseifer stärker oder schwächer in ihnen ausspricht. Die Andacht in der religiösen Darstellung wird darum am meisten haften an denjenigen Elementen des Gottesdienstes, in welchen alle produktiv sind, weshalb aber auch zu wünschen ist, daß unter diesen Elementen zugleich die seien, in denen sich das individuelle Prinzip am wenigsten, die Einheit mit der ganzen Kirche am meisten ausspricht, damit auch diejenigen, die von dem Prinzipe der Partialkirche nicht so stark ergriffen sind, Gelegenheit haben, in der Darstellung produktiv zu sein. Nur wiefern es an solchen Elementen im Gottesdienste nicht fehlt, kann jeder in ihm seine volle Befriedigung finden.

B. Der Gottesdienst im weiteren Sinne.

Er besteht in der Darstellung der Herrschaft des Geistes im christlichen Sinne über das Fleisch, in dem, was wir die christliche Tugend genannt haben, sofern sie nicht Übung, sondern reine Ausübung ist. Wir müssen uns aber auch hier daran erinnern, daß die verschiedenen Formen des Handelns in der Wirklichkeit immer ineinander sind, daß also auch kein verbreitendes und kein reinigendes Handeln sein kann, ohne daß dieses darstellende mit darin vorkommt. Es tritt nämlich dabei hervor, ganz abgesehen von dem eigentlichen Zweck der Handlung, in der Leichtigkeit der Ausübung, als Darstellung von dem Grade der Herrschaft des Geistes über das Fleisch. Sonach scheint die Hauptbestimmung, von der wir ausgehen, nur negativ zu sein, daß es nämlich alles Handeln ist, sofern dasselbe die Verbreitung und die Reinigung als eigentlichen Zweck ausschließt. Wir müssen uns aber diese Bestimmung in eine positive zu verwandeln suchen, weil wir sonst zu keiner Konstruktion gelangen können. Wenn wir darauf zurückgehen, wie wir die Impulse des Handelns unterschieden haben, so erscheinen die beiden, aus denen das verbreitende und das reinigende entsteht, aus-schließend als rein für sich verständlich und rein selbstthätig. Zu dem verbreitenden Handeln wird Impuls das Gefühl unter der Form der Lust, indem das Bewußtsein der über-schießenden Kraft sich verbindet mit dem Bewußtsein eines für die Entwickelung empfänglichen Gegenstandes. In dem reinigenden Handeln wird das Gefühl der Unlust Impuls, indem sich die Erinnerung an einen früheren vollkommeneren Zustand verbindet mit dem Gefühl des Bedürfnisses. Haben wir es nun hier zu thun mit dem Selbstbewußtsein, sofern weder die Lust noch die Unlust darin überwiegt, aber auch wie es sich auf die Einzelnen bezieht, nicht nur sofern sie Mitglieder der einzelnen religiösen Gemeinschaften sind, son-dern sofern sie eben in der Totalität des Lebens stehen, so müssen wir auch etwas suchen, wodurch dieses Gefühl, welches so ganz in sich selbst zu ruhen scheint, zu einem Impulse gesteigert wird. Wir müssen hier bei dem Gegensatz von Geist und Fleisch stehen bleiben. Die Darstellung selbst kann nichts anderes sein, als eine Thätigkeit, worin sich das Verhältnis zwischen beiden offenbart, welches der Grund ist zu dem darzustellenden Selbstbewußtsein an sich. Es bedarf also dieses Handeln ebenfalls, außer dem zum Grunde lie-genden Bewußtsein, einer Veranlassung dasselbe darzustellen, und es erscheint demnach zu der Veranlassung als eine Reaktion. Halten wir das fest, so geht daraus hervor, daß das Handeln, sofern es überwiegend darstellend ist, sich als eine Reaktion verhält zu demjenigen, was wir durch den Ausdruck Affekt bezeichnen, zu demjenigen also, was das In-Bewegung-setzen des Selbstbewußtseins ist; es muß ein im weiteren Sinne des Wortes pathematischer Zustand vorangehen, zu welchem das darstellende Handeln die Reaktion ausdrückt. Das können wir uns am bestimmtesten verdeutlichen, wenn wir auf die symbolische Idee des ewigen Lebens zurückgehen, in welcher alles verbreitende und alles reinigende Handeln als vollkommen abgeschlossen gesetzt wird, so daß nur das darstellende Handeln übrig bleibt. Aber wenn wir fragen: Welcher Art ist denn das darstellende Handeln, welches als das das ewige Leben ausfüllende gedacht und beschrieben wird? so finden wir, daß es sich uns immer nur darbietet als Gottesdienst im engeren Sinne, als das Begriffensein der Gemeinde der Heiligen in der Anbetung Gottes; denn auch das darstellende Handeln im weiteren Sinne kann keinen Raum mehr darin finden, weil eine völlige Scheidung gesetzt wird zwischen den Seligen und denen, die es noch nicht sind, also auch nichts mehr gedacht wird, was einen pathematischen Zustand in den Seligen hervorbringen könnte. Und so zeigt sich also, daß die Tugend, auf die es uns ankommt, auf der Voraussetzung eines solchen pathematischen Zustandes beruht, darauf, daß das Selbstbewußtsein auf eine bestimmte Weise gereizt wird, und daß nur hier der Ort ist, sie schärfer ins Auge zu fassen.

Wir wollen dieses erst an einzelnen Beispielen betrachten, damit wir die Idee recht festhalten und sie dann um so leichter zu vollständiger Konstruktion bringen. Dabei wird aber auf eine ursprünglich philosophische Terminologie zurückzugehen das beste sein. Die griechische Philosophie, beson-

ders von Ariſtoteles an, unterſchied weſentlich die σωφροσύνη von der ἐγκράτεια. Die letzte dieſer Tugenden ſetzt
Begierden, pathematiſche Zuſtände voraus; die erſte dagegen ſoll eigentlich die Unfähigkeit dazu darſtellen. Wenn
der Menſch noch ſinnliche Neigungen fühlt, ſie aber den
ſittlichen unterordnet, ſo iſt das ἐγκράτεια. Das geht auf
jede Art von Luſt und auf jede Art von Unluſt. Der
σώφρων aber iſt derjenige, in welchem ſich nichts zeigt, was
unmittelbar ſtörend, oder nicht unmittelbar höheren Ur-
ſprungs wäre, was nicht unmittelbar ſeinen Grund hätte
im νοῦς. Wie kann aber die σωφροσύνη erkannt werden?
Nur durch Vergleichung. Bei dem einen zeigen ſich ſolche
Zuſtände des erregten Selbſtbewußtſeins, in welchen ſich die
ἐγκράτεια manifeſtiert, bei dem σώφρων aber zeigen ſie ſich
nicht, ſondern die Unterordnung des Fleiſches unter den Geiſt
ſteht a priori feſt. Wenn jemand ſichtlich zu Unwillen aufgeregt wird, ſich aber beherrſcht, ſo iſt er ἐγκρατὴς θυμοῦ.
Wer aber in der reinen Betrachtung bleibt, ohne zum
Affekt aufgeregt zu werden, der iſt σώφρων. Das ſetzt aber
voraus, zuvörderſt daß man die Vergleichung anſtellen und
dann, daß ſolche da ſind, von welchen die Aufregung ausgehen kann, alſo den Zuſtand, in welchem Vollkommene und
Unvollkommene untereinander ſind. In unſerer Vorſtellung
vom ewigen Leben iſt keine ſolche Miſchung; da würde alſo
unſere σωφροσύνη in allen ſein, weil wir alle als vollendet denken, aber ſie würde in niemandem zum Vorſchein
kommen, ſondern rein innerlich bleiben in allen, weil keine
Vergleichung angeſtellt werden könnte, da alle gleich vollkommen ſind. Setzen wir nun aber einen, der bei einer
Veranlaſſung, die andere in einen pathematiſchen Zuſtand
bringt, durchaus ohne Affekt bleibt, ſo daß auch nicht der
leiſeſte Anfang ſichtbar wird von einem Ausgehen der Be-

wegung aus der Sinnlichkeit, auch nicht der leiseste Anfang eines Gegensatzes zwischen Sinnlichkeit und Geist, so sind noch zwei Fälle möglich. Entweder seine Sinnlichkeit hat eine natürliche Unerregbarkeit, er ist ἀπαθής von Natur; oder seine Sinnlichkeit ist ganz dem Geiste unterworfen, seine ἀπάθεια also keine natürliche, sondern die Folge von so vollkommener Herrschaft des Geistes in ihm, daß keine un- abhängige Bewegung der Sinnlichkeit möglich ist. Beides zu unterscheiden, setzt eine Vergleichung verschiedener Zu- stände in demselben Menschen voraus. Wenn ich denselben Menschen früher gekannt habe in Zuständen, in denen er nicht als σώφρων, sondern als ἐγκρατής hervortrat, nun aber sehe ich ihn ohne Affekt, ohnerachtet die Veranlassung dazu gegeben ist, so muß ich annehmen, daß die Herrschaft des Geistes in ihm zugenommen hat. Habe ich ihn aber auf gleiche Weise unerregt gefunden, wo auch der Geist noch gar keine Herrschaft in ihm gewonnen hatte, so muß ich an- nehmen, seine ἀπάθεια sei eine natürliche, und dann wäre sie eine natürliche Unvollkommenheit. Also das darstellende Handeln, mit dem wir es jetzt zu thun haben, ist einerseits nur auf dem Gebiete der fortschreitenden zeitlichen Entwicke- lung des Menschen, und anderseits nur, wo sittlich Voll- kommenere und Unvollkommenere gemischt sind, wo also jeder in einer solchen Umgebung ist, daß ihm immer Ver- anlassungen zu sinnlicher Aufregung entstehen können. Und fassen wir nun dieses zusammen mit dem früher Gesagten, so müssen wir gestehen: Außerhalb des Gebietes des eigent- lichen Darstellens, des Gottesdienstes im engeren Sinne, kann es keine überwiegend darstellende Thätigkeit geben als nur, inwiefern sie bezogen wird, auf das Gebiet eines Ein- drucks und der Gegenwirkung gegen denselben, doch ohne alle Beziehung auf einen äußeren Erfolg; denn mit dieser

Beziehung fiele das Handeln sogleich dem reinigenden oder verbreitenden anheim. Nach dem Prinzip, daß die verschiedenen Formen des Handelns in der Wirklichkeit nicht zu trennen sind, müssen wir freilich sagen: Das darstellende Handeln im weiteren Sinne, die christliche Tugend als bloße Ausübung, muß immer einen Erfolg haben; aber er liegt dabei nicht in der Absicht, sondern ist rein ein συμβεβηκός, entsteht per accidens, und die Idee der Handlung ist immer nur die reine Darstellung.

Können wir nun wohl die christliche Tugend in diesem Sinne unter eine allgemeine Formel bringen, sie als bestimmte Einheit fassen, die wir nachher wieder zu teilen imstande sind? Wir werden die Sache so ansehen müssen: Es wird, damit ein solches Handeln zustande komme, vorausgesetzt innerlich ein gewisser Grad von Herrschaft des Geistes über das Fleisch, ein Grad nämlich, der für den vorliegenden Fall hinreichend ist; denn sonst könnte nur ein reinigendes oder ein verbreitendes Handeln entstehen, was doch nicht in der Idee dieser Darstellung liegt. Außerdem aber wird vorausgesetzt eine äußere Veranlassung, welche, wenn jenes Innerliche, jener Grad von Herrschaft des Geistes über das Fleisch nicht da wäre, auch etwas hervorrufen würde, was den Mangel desselben an den Tag brächte. Daraus folgt aber unmittelbar, daß ein Handeln um so weniger ein darstellendes ist in unserm Sinne, je mehr sich darin die Herrschaft des Geistes als Anstrengung manifestiert; denn es zeigt sich in demselben Maße, daß die Herrschaft des Geistes noch einer Vergrößerung bedarf. Die Herrschaft des Geistes muß also den Charakter der Leichtigkeit an sich tragen, und unsere Formel wird nun die sein: Das Handeln, von dem wir reden, ist die Darstellung der Herrschaft des Geistes ohne Anstrengung. Das ist aber dasjenige,

was wir anderweitig in sittlicher Hinsicht das Schöne oder das
Anmutige zu nennen gewohnt sind; und eben dieses, das sittlich
Schöne oder Anmutige in der eigentümlich christlichen Form
ist der wesentliche Charakter dieses darstellenden Handelns.

Betrachten wir die Sache noch von einer andern Seite.
Die Ausdrücke, deren wir uns bisher bedient haben, sind
nicht in der christlichen Sprache, sie sind in der Schrift nicht
einheimisch, das eigentlich Christliche ragt also auch nicht
darin hervor. Denken wir uns aber einen Menschen in
einem solchen Verhältnisse, daß ein pathematischer Zustand
in ihm entstehen würde, wenn seine sinnliche Natur nicht
schon in einem gewissen Grade dem göttlichen Geiste untergeordnet wäre, wie wird es denn in der christlichen Sprache,
in der Schrift bezeichnet? Als Versuchung, werden wir
sagen müssen; denn das ist wesentlich der Begriff derselben,
eine Reizung des Menschen von außen, wodurch etwas in
ihm entwickelt werden kann, was einen Mangel an Herrschaft des Geistes über das Fleisch manifestiert und wodurch
die Herrschaft des Fleisches nachher verstärkt wird. Wo
also der Mensch Versuchungen zu bestehen hat, da ist schon
nicht mehr das darstellende Handeln, von dem wir jetzt reden,
sondern da muß sein Handeln zugleich einen reinigenden
Zweck haben und darum auch in das reinigende Handeln
selbst übergehen. Und ebenso muß es von der andern Seite
auch ein verbreitendes sein, nämlich eine Wirkung auf dasjenige, wovon die Versuchung ausgeht. Das Bestehen einer
Versuchung ist auch immer Anstrengung, und so ist von allen
Seiten deutlich, daß unser darstellendes Handeln nur in dem
Maße denkbar ist, als keine Versuchung mehr zu bestehen
und die Leichtigkeit der Ausübung der Tugend gegeben ist.
Dieses führt uns aber noch auf eine andere Betrachtung.
Es scheint nämlich dem christlichen Charakter angemessen

und läßt sich auch bestimmt aus demselben entwickeln, daß
der Mensch sich nie soll über alle Versuchung erhaben glauben, denn diese sittliche Vollendung kommt Christo allein
zu. Christus ist der einzige, der versucht worden ist in allen
Stücken, aber ohne Sünde, d. h. für welchen alles, was
für uns Versuchung wird, niemals in irgendeinem Grade
Versuchung geworden ist. Denn so wenig wir uns vorstellen können, daß er der Versuchung unterlegen sei, ebenso
wenig können wir uns vorstellen, daß er sie noch erst habe
überwinden müssen, weil das immer noch eine Unvollkommenheit, noch Sündhaftigkeit in ihm vorausgesetzt hätte. Aber
eben weil dieses auf dem eigentümlichen Charakter Christi
beruht, in dem das Gute nicht ein gewordenes war, sondern ein ursprüngliches, so müssen wir uns hier immer
Christo entgegensetzen, und da scheint es also, als ob wir
sagen müßten: Nur Christus war unseres darstellenden Handelns fähig, weil nur er mit seiner absoluten Vollendung
unter diejenigen Bedingungen gestellt war, die wir dazu als
notwendig vorausgesetzt haben. Wir hingegen sind niemals
absolut vollendet, sind also immer noch der Versuchung
unterworfen, so daß wir sie bestehen müssen, folglich der
reinen Ausübung der Tugend nicht fähig. Demohnerachtet
aber können wir die Rubrik hier nicht leer lassen, vielmehr
wird jedem sein Gefühl sagen, daß wir immer auch in uns
einen Unterschied machen müssen zwischen einem Handeln,
welches überwiegend vervollkommnend ist, und einem Handeln, welches überwiegend der Ausdruck ist der schon er-
worbenen Vollkommenheit. Die absolute Erfüllung der Idee
des darstellenden Handelns auch auf diesem Gebiete ist freilich nur in dem Leben Christi, so daß in ihm alles rein
darstellend war. Aber relativ müssen wir dieses Handeln
auch jedem Christen zuschreiben als ein allmählich sich er-

weiterndes und vervollkommnendes, wenngleich Chriſtum nie
erreichendes; und je vollkommener der Chriſt ſchon geworden iſt, deſto größer wird auch das Gebiet, wo er die
erworbene Vollkommenheit darſtellen und ausdrücken kann.
Daß er alſo die abſolute Leichtigkeit der Herrſchaft des
Geiſtes über das Fleiſch niemals erreicht hat und immer
noch wenigſtens einem Minimum von Verſuchung unterworfen iſt, davon abſtrahieren wir hier bei unſerm Geſichtspunkte, das darſtellende Handeln zu betrachten, ebenſo wie
wir hier von der Rückſicht auf den Erfolg abſtrahieren, den
wir beſtimmt ins Auge faßten, als wir von der chriſtlichen
Tugend im verbreitenden Handeln ſprachen.

Wie werden wir uns nun aber dieſes unſer Gebiet des
Handelns einteilen? Wir haben geſehen, daß zwei Charaktere
zuſammentreffen müſſen, um unſer darſtellendes Handeln
zu bilden, zuvörderſt die Leichtigkeit in dem Ausdrucke der
Herrſchaft des Geiſtes, ſodann die Abhängigkeit von einer
äußeren Veranlaſſung. Fehlte der erſte Charakter, ſo kämen
wir unmittelbar in das Gebiet des reinigenden oder des
verbreitenden Handelns; fehlte der zweite, ſo fiele die Darſtellung in den Gottesdienſt im engeren Sinne. Wenn nun,
wie wir geſehen haben, die äußeren Veranlaſſungen ſolche
ſein müſſen, daß ſie ein ſinnliches Handeln hervorbringen,
wenn die Herrſchaft des Geiſtes über das Fleiſch noch nicht
bis auf einen gewiſſen Punkt gediehen iſt, ſo werden wir
die Einteilung des Ganzen von ihnen hernehmen können.
Denn können ſie nur Eindrücke ſein, welche unmittelbar den
pſychiſchen Organismus, die ſinnliche Natur des Menſchen
betreffen, ſolche alſo, aus denen auch Handlungen entſtehen
können, die ein Für-ſich-ſein-wollen des Sinnlichen im Menſchen in Beziehung auf die gegebenen Veranlaſſungen doku-
mentieren, ſo ſind ſie notwendig immer ſolche, die eine Be-

stimmtheit des sinnlichen Selbstbewußtseins hervorbringen;
sie werden also immer nur eins von beiden erregen, entweder Lust oder Unlust. Und nehmen wir nun dazu, daß
auch hier der Einzelne nur erscheinen kann entweder überwiegend als Einzelner, also mit überwiegend persönlichem
Selbstbewußtsein, oder überwiegend als Glied der Gemeinschaft, also mit überwiegendem Gemeingefühle, so ist eine
Übersicht gewonnen über das ganze Gebiet.

Betrachten wir zuerst den Eindruck unter der Form der
Lust, und zwar in Beziehung auf den Einzelnen an und für
sich, so ist die hierher gehörige Tugend die der Keuschheit,
ἁγνεία, im weiteren Sinne, in Beziehung nämlich auf jede
sinnliche Lust. Ist in jemandem die Herrschaft des Geistes
noch nicht gehörig ausgebildet, so geht hier das Pathematische
des Eindrucks in die Begierde über, in die ἐπιϑυμία. Tritt
diese in die Erscheinung, so ist auch die Herrschaft des Geistes
negiert, und die Keuschheit hat in dieser Beziehnng den negativen Charakter, daß die Begierde als solche nicht hervortritt. Wenn wir nun den Umfang des Ausdrucks Keuschheit so bestimmen, daß wir ihn auf jede sinnliche Lust anwenden, so muß zu dem Negativen das Positive hinzukommen, daß sich die organische Funktion, indem sie als
Begierde nicht heraustritt, doch überall als Organ des
Geistes manifestiert. Immer aber wird dieses dabei vorausgesetzt, daß der Eindruck, der pathematische Zustand, stattfindet. Diese Tugend also, wie wir sie aufgefaßt haben,
unterscheidet sich von allem, was man sonst unter Mäßigkeit oder Selbstbeherrschung versteht; denn sie ist ein Zustand, in welchem die Selstbeherrschung nicht mehr nötig ist,
und gerade darum haben wir den Ausdruck Keuschheit in
diesem allgemeinen Sinne gewählt, in welchem das schon
mit ausgesprochen ist. Denken wir nämlich, daß eine Be-

gierde schon erregt ist, so loben wir es zwar, wenn sie übermältigt wird, aber Keuschheit nennen wir das nie, weil es nicht der Ausdruck ist einer schon bestehenden Herrschaft des Geistes, sondern nur einer werdenden. Denken wir uns dagegen, daß auf jemandem etwas gar keinen Eindruck macht, was in denen, die noch auf einer niederen Stufe der Sittlichkeit stehen, die Begierde hervorruft, so wäre dieses die natürliche ἀπάθεια, die gar nichts Sittliches ist. Die Keuschheit ist also so wenig diese natürliche Unerregbarkeit, als jene Übermältigung der schon erregten Begierde. So wenn Christus sagt: Du sollst ein Weib nicht ansehen, seiner zu begehren, sonst hast du die Ehe schon gebrochen, so heißt das, daß mit der Entstehung der Begierde auch schon die Unsittlichkeit gesetzt ist. Aber keineswegs meint er: Deines Nächsten Weib soll dir gar nicht wohlgefallen; denn das wäre eine natürliche ἀπάθεια, auf welche die Keuschheit zurückzuführen er weit entfernt ist. Der Eindruck soll vielmehr entstehen, und Christus setzt ihn in seiner Darstellung voraus; aber das Wohlgefallen soll reingehalten werden, so daß die Begierde nicht mit entsteht. Wir haben über die Sache schon von einem anderen Punkte aus gehandelt, als wir die Ehe setzten als notwendige Form des verbreitenden Handelns zur Fortpflanzung des menschlichen Geschlechts, und zugleich bestimmten, daß der Trieb innerhalb dieser Grenzen müsse eingeschlossen sein. Daraus läßt sich freilich dasselbe konstruieren, aber es wird doch erst recht vollendet, wenn wir dieses hier dazu nehmen und sagen: Da, wo sich auf diesem Gebiete die Reinheit der Empfindung und damit die gänzliche Unterordnung der Sinnlichkeit unter die Herrschaft des Geistes so manifestiert, daß gar keine ἐπιθυμία mit entsteht, da ist das hierher gehörige darstellende Handeln. Ebenso haben wir auch schon

von dem Prozesse der Selbsterhaltung geredet, ganz analog
mit dem Prozesse der Erhaltung des menschlichen Geschlechts,
und gesehen, die Thätigkeit des Menschen in der Selbsterhaltung solle niemals das Werk der Begierde sein, sondern er solle sich erhalten rein als Organ des Geistes.
Und hier sagen wir ganz dasselbe, aber wir fassen die Sache
von einer anderen Seite. Dort nämlich gingen wir aus
von der Art, wie die Selbsterhaltung soll realisiert werden;
hier aber gehen wir davon aus, daß mit der Selbsterhaltung verbunden ist ein Reiz, ein pathematischer Eindruck,
der nämlich des sinnlichen Wohlgefallens. Wenn wir hier
die Regel aufstellen, derselbe solle keine Begierde erzeugen,
so behaupten wir ganz dasselbe, was sich auch von jenem
Punkte aus konstruieren läßt; aber wir haben hier einen
ganz anderen Gesichtspunkt, den nämlich, von welchem aus
wir sagen: Der Reiz kann überall entstehen da, wo eine
Forderung des Selbsterhaltungstriebes ist, und da, wo keine
ist; der Reiz als solcher ist eine Äußerung der Sinnlichkeit. Wie wir dort aber sagten, die Thätigkeit selbst solle
unter dem Gebote des Bedürfnisses stehen, dieses nämlich
von der geistigen Seite aufgefaßt, so sagen wir hier: Die
Begierde soll nicht entstehen aus dem Reize, sondern rein
das Zeichen des Bedürfnisses sein; die Empfindung des
Wohlgefallens soll keine Begierde erzeugen. Was man also
im gemeinen Leben Mäßigkeit nennt in dieser Beziehung,
ist etwas viel Untergeordneteres, denn es setzt eine aus dem
Reize entstandene Begierde und eine Befriedigung derselben
schon voraus, und bewirkt nur, daß diese in Schranken gehalten wird, daß Begierde und Bedürfnis im Gleichgewichte
erhalten werden. Aber der ganze Selbsterhaltungsprozeß
soll auf geistige Weise bewirkt werden. Das sinnliche Wohlgefallen soll nicht fehlen, aber es soll niemals die Impulse

geben; denn im Geiste liegt kein Motiv, es zum Impulse zu machen; es soll an und für sich nichts sein als Rezeptivität und darf erst dann Spontaneität werden, wenn es durch den Geist hindurchgegangen ist, und das ist eben die Keuschheit im sinnlichen Genusse dieser Art.

Betrachten wir ferner das Pathematische der Unlust, bezogen auf das überwiegend persönliche Selbstbewußtsein des Einzelnen, so ist die Tugend, die hierher gehört, die Geduld, unter der wir hier verstehen das Aushalten des unangenehmen Eindrucks, ohne daß daraus eine rein sinnliche Thätigkeit als Rückwirkung entsteht. Die Schrift und auch die kirchliche Sprache nimmt zwar den Ausdruck Geduld oft auch im weiteren Sinne; wir aber nehmen ihn hier im engeren Sinne, um den Gegenstand rein zu erhalten, wie wir vorher den Ausdruck Keuschheit im weiteren Sinne nahmen, um den Gegenstand zu erschöpfen. Geduld im weiteren Sinne ist nämlich wesentlich die Beharrlichkeit, vermöge deren man sich in einer aufgegebenen sittlichen Thätigkeit durch unangenehme sinnliche Eindrücke nicht hindern läßt. Auch das gehört freilich hierher, aber nur auf sehr untergeordnete Weise. Denn die eigentliche Tendenz bei der Beharrlichkeit ist das wirksame Handeln; wir aber fassen die Geduld hier nur als Darstellung, sofern sie nämlich eine Leichtigkeit der Herrschaft des Geistes ausdrückt, und darum sagen wir, sie sei die Tugend, vermöge deren der unangenehme sinnliche Eindruck keine sinnliche Selbstthätigkeit hervorbringen kann. Daß sich in ihr aber die Leichtigkeit der Herrschaft des Geistes über das Fleisch offenbart, ist klar. Denn daß auch hier der Übergang aus der Rezeptivität, aus dem Pathematischen des Eindrucks in die Spontaneität an das Unwillkürliche grenzt, zeigt sich aufs Bestimmteste; und je mehr die Herrschaft des Geistes selbst das scheinbar Unwillkürliche unter sich bringt, desto größer muß sie sein. Ist also ein Mensch im christlichen Leben begriffen, so muß der Grundton seines Selbstbewußtseins durchaus die Heiterkeit sein, die der irdische Abglanz der Seligkeit ist und die konstante Anzeige wie von dem Leben, so auch immer von der Herrschaft des Geistes. Wenn der sinnliche unangenehme Eindruck eine sinnliche Selbstthätigkeit hervorbringt, so manifestiert sich darin die Störung des geistigen Lebens. Er soll aber das geistige Leben nie stören; folglich muß die innere Stimmung, die auf der Herrschaft des Geistes über das Fleisch ruht, immer dieselbe sein, so wie sie auch mit zur Darstellung kommen muß in jedem Momente, in welchem der Mensch überhaupt darstellen kann. Daher auch die wahre Geduld, von dieser leidentlichen Seite betrachtet, wie hier, nicht nur besteht in dem Nie-aufkommen-lassen der sinnlichen Reaktion gegen den unangenehmen sinnlichen Eindruck, sondern vornehmlich auch darin, daß die Leichtigkeit der Herrschaft des Geistes zur Anschauung kommt, die innere Heiterkeit, die hier recht eigentlich die sittliche Anmut repräsentiert und vor der sich das Pathematische des Eindrucks ganz verliert. Das ist das Positive in der christlichen Geduld und das wahrhaft Rührende. Daß sie aber mit der natürlichen ἀπάθεια, mit Stumpfheit gegen den Schmerz oder gegen die geselligen Lebensstörungen, die eine Unvollkommenheit ist, weil in ihr die Rezeptivität der Sinnlichkeit auf Null gebracht ist, nichts gemein hat, bedarf keiner Ausführung, da sie sich nur in dem Maße manifestieren kann, als die natürliche ἀπάθεια nicht vorhanden ist.

Gehen wir nun über zu der anderen Seite, wo im Einzelnen sein Verhältnis zur Gemeinschaft und also das Gemeingefühl vorherrschend ist, so wird es uns hier nicht so

leicht, das ganze Gebiet in so wenigen Ausdrücken zu um-
fassen. Das kommt aber teils daher, daß sich die Sprache
hier mehr aufs Spalten eingelassen hat und also nicht dieselbe Leichtigkeit des Zusammenfassens giebt, teils daher,
daß es Regionen giebt, in welchen es nicht leicht ist zu bestimmen, ob ein Gemütszustand auf diese Seite gehört oder
auf jene andere. Wir haben z. B. von der Gebuld ge-
sprochen. Aber was ist denn nun das, was die Schrift
μακροϑυμία und πραότης nennt? Offenbar etwas, was
mit zur Gebuld gehört. Es ist dabei auch ein unangenehmer
sinnlicher Eindruck vorausgesetzt, so wie auch darin ausgesprochen ist, daß dieser Eindruck nicht in sinnliche Selbstthätigkeit übergeht. So ist offenbar gebuldig, wer, obgleich
zum Zorne gereizt, doch den Zorn nicht in sich aufkommen
läßt. Aber es wird dabei nicht rein seine Persönlichkeit gereizt, sondern in dem Maße, als er sich als Organ des
Ganzen ansieht, wird er auch als solches sich verletzt fühlen.
Daher scheint es zweifelhaft, ob der Fall hierher gehöre
oder dorthin. Die griechische Sprache nun unterscheidet
beide Fälle; denn die Aufreizung der bloßen Persönlichkeit
nennt sie ὀργή, das affizierte Gemeingefühl aber ϑυμός.
Unsere Sprache aber macht diesen Unterschied nicht. Sie
hat zwar auch eine Mannigfaltigkeit von Ausdrücken gerade
in dieser Beziehung, aber sie haben kein so bestimmtes Ge-
präge. So könnten wir ϑυμός durch Unwillen wiedergeben,
aber der Sprachgebrauch bezeichnet damit oft auch nur einen
geringeren Grad des Zorns. Dennoch unterscheiden wir
in der Sache beides um nichts weniger, und wir werden
sagen müssen: Die Negation der ὀργή, des Zornes, gehört
mit unter die Gebuld, und die πραότης, die Sanftmut,
scheint in dieses Gebiet zu gehören und Gebuld zu sein nicht
gegen physische, sondern gegen moralische persönliche Auf-

regungen. Dagegen was wir Langmut nennen, μακροθυμία, das scheint auf die Aufregung des Gemeingefühls
als solchen zu gehen und die Negation des θυμός zu sein.
Und so bezeichnen wir sie denn als die sittliche Schönheit
bei Unlust im Gemeingefühle. Das Verletzende, das hier
vorausgesetzt wird, ist die moralische Unvollkommenheit eines
anderen, und das Aufgeregte, das vorausgesetzt wird, ist
das Gemeingefühl, gleichviel, ob ich selbst bin verletzt worden oder ein anderer. Denn wenn das einen Unterschied
machte, so wäre die Apathie, die darin zum Vorschein käme,
von um so ärgerer Art, weil sie hier ganz auf der moralischen Seite läge. Es soll aber keine selbstthätige sinnliche
Rückwirkung von der verletzten Empfindung ausgehen, sondern die Rückwirkung soll rein vom Geiste ausgehen, und
das reine darstellende Handeln ist hier nur dieses, daß der
Mensch gleich offen bleibt für die Totalität der christlich-
sittlichen Aufgabe. Das Gemeingefühl in seiner Äußerung
gegen die Einzelnen ist die brüderliche Liebe, das zusammen-
haltende Prinzip der Gemeinschaft, und seine Einwirkung
ist um so notwendiger, je mehr noch Unvollkommenheiten da
sind. Aber auch das Gemeingefühl kann in einen leiden-
schaftlichen Zustand kommen, und dieser eben ist es, den wir
negieren und dessen Negation wir durch Langmut bezeichnen.
Sie gilt uns als die ungestörte Fortdauer der Liebe, ohnerachtet der moralischen Unvollkommenheit des Gegenstandes.
Aber auch hier darf keine natürliche ἀπάθεια stattfinden,
wenn das Gemeingefühl gesund sein soll; es soll nur alle
Thätigkeit rein von der sittlichen Aufgabe ausgehen, und
was eben dieses in aller die Unvollkommenheiten bekämpfen-
den Thätigkeit darstellt, das ist die Tugend der μακροθυμία,
an der wir also ein Prinzip haben, welches uns alle Ge-
mütszustände, die an Rachsucht grenzen, oder eine Reizbar-

keit zeigen für Gekränktsein, oder eine Anmaßung im Bewußtsein eigener höherer Vollkommenheit als einen hohen Grad von Unvollkommenheit auf dem christlichen Gebiete bezeichnen; denn das alles ist überall da nicht möglich, wo eine Leichtigkeit der Herrschaft des Geistes über das Fleisch gegeben ist.

Das vierte Glied, das nun noch übrig ist, bezieht sich auf die Erregung des Gemeingefühls in dem Einzelnen als Lust. Alle sittliche Lust beruht auf einem Überschusse von Kraft, welcher zum Bewußtsein kommt, daß ein für die Einwirkungen der Kraft empfänglicher Gegenstand da ist. Wenn nun ein pathematischer, in etwas Sinnliches ausgehender Zustand, gegen den das, was wir hier konstruieren sollen, die Offenbarung von der Herrschaft des Geistes ist, möglich sein soll, so müssen wir uns das Gemeingefühl wieder denken in das Persönliche aufgenommen. Wenn sich die Empfänglichkeit anderer einem Einzelnen als Organe des Ganzen zuwendet, so kann dadurch das Bewußtsein von einem überwiegenden Verhältnisse, in welchem er gegen sie stehe, in ihm erweckt werden. Wird es wirklich erweckt, so ist es etwas Sinnliches, wenngleich auf geistigem Grunde ruhend; es ist Hochmut, Eitelkeit. Beide sollen nie erregt werden, und die sittliche Schönheit besteht eben darin, daß alle Versuchung dazu gar nicht als Versuchung erscheint. Christliche Demut ist der natürliche Name dieser Richtung der sittlichen Schönheit, dieses Gegensatzes gegen alle intellektuelle Eitelkeit, gegen allen geistlichen Hochmut. Wir werden uns ihr Wesen am besten erklären, wenn wir ganz bei der bisherigen Form der Behandlung stehen bleiben. Wir setzen voraus, daß ein Eindruck ins Selbstbewußtsein aufgenommen wird. Eine Gleichgültigkeit dagegen, wenn ein Einzelner von der Empfänglichkeit anderer aufgesucht wird, könnte nicht das Richtige sein; denn sie wäre eine Stumpfheit des Gemein-

gefühls, eine Gleichgültigkeit gegen das Bedürfnis in der
christlichen Gemeinschaft und dessen Befriedigung. Der Eindruck also muß entstehen, und die natürliche Voraussetzung
muß gemacht werden, daß sich die Empfänglichkeit anderer
nicht an ihn wenden würde, wenn sie nicht in ihm einen
Überschuß von Kraft erkannt hätte. Die christliche Demut
aber läßt zuvörderst niemals zu, daß dieser Eindruck als
das richtige Maß der Selbstschätzung angesehen werde. Denn
das Urteil, das wir über uns selbst fällen, ist allemal eine
Selbstthätigkeit, und die soll nicht von dem sinnlichen Eindrucke des persönlichen Vorzuges bestimmt sein. Sie läßt
zweitens ebenso wenig zu, daß die sittliche Aufgabe allein
dadurch bestimmt werde, daß die Empfänglichkeit anderer sich
uns zuwendet. Sondern diese Aufgabe darf immer nur
bestimmt werden aus der gehörigen Unterordnung des Momentes, in welchem die Aufforderung liegt, unter die Totalität der ganzen Aufgabe und aus der natürlichen Ordnung, in welche der Einzelne in Beziehung auf dieselbe gestellt ist; und christliche Demut hat nur, wer diese Ordnung
immer im Auge hat, wer sich an den Ort hält, der ihm
vom Ganzen angewiesen wird und nicht aus demselben
heraustritt, um eines nur zwischen Einzelnen bestehenden
Verhältnisses willen. Wir können daher dasjenige, dem die
christliche Demut entgegengesetzt ist, in den einen Ausdruck
„Anmaßung" zusammenfassen; denn Hochmut und Eitelkeit
sind nur verschiedene Formen davon.

Es wird nun keiner großen Erörterung bedürfen, daß,
wenn wir diese vier Begriffe in ihrem gehörigen Umfange
fassen, wir alles beisammen haben, was zum Gottesdienste
im weiteren Sinne gehört. Nämlich es ist hier nur die
Rede von diesem Gottesdienste in der eigentümlich christlichen Sphäre, und der Mensch, auf den wir sie beziehen,

ift kein anderer, als der in der chriftlichen Gemeinfchaft.
Wenn wir nun da die Keufchheit und die Gebuld einerfeits,
und die Demut und die Langmut anderfeits in ihrem ganzen
Umfange faffen, fo wird einleuchten, daß der allgemeine
Charafter der fittlichen Schönheit und Anmut und der
Tugend, fofern fie reine Ausübung ift, damit vollftändig
zufammengefaßt ift, oder daß jede unregelmäßige, dem chriftlichen Geifte nicht angemeffene Bewegung des Gemütes, die
auf irgendeinen äußeren Anlaß zum Vorfchein kommen
könnte, fich immer im Gegenfatze gegen einen diefer Punkte
befinden wird, vorausgefetzt, daß fie nicht im Gebiete der
äußeren Sphäre liegt. Und felbft diefe Einfchränkung ift
ganz unnötig. Denn auch im gefelligen Leben, inwiefern
es darin ein rein darftellendes Handeln giebt, müffen fich
diefe Tugenden zeigen als die Bafis, worauf das ganze
gefellige Verhalten der Chriften ruht; ja, wenn wir auf
unfere Grundanficht zurückgehen, daß fich das darftellende
Handeln immer auch im verbreitenden und reinigenden finden muß, fo werden wir den fittlichen Wert jedes verbreitenden und reinigenden Handelns nach dem Maße meffen
können, in welchem es diefe Tugenden vollftändig in fich
hat. Denn fehlt dabei eine derfelben, fo fehlt auch etwas
an der ficheren und leichten Herrfchaft des Geiftes über das
Fleifch, und ein von folchen Zuftänden ausgehendes reinigendes oder verbreitendes Handeln kann nur unvollkommen
fein. Darum, wo die wirkfame Tugend in dem einen oder
anderen ihrer Zweige unvollkommen ift, da liegt der innere
Grund davon immer auch in dem Mangel einer oder der
anderen derjenigen Tugenden, die reine Ausübung find.
Und umgekehrt, wo diefe in einem Einzelnen jede in ihrer
Vollkommenheit beifammen find, da möge· ihm eine Aufgabe
des wirkfamen Handelns geftellt fein, welche es fei, er wird

sie immer vollkommen lösen, sofern nur die übrigen außerhalb der sittlichen Beschaffenheit liegenden nötigen Bedingungen gegeben sind; sind diese nicht gegeben, so wird er sich die Aufgabe nicht stellen lassen. Der Demütige z. B. wird es nie auf sich nehmen, eine Aufgabe zu lösen, so lange es ihm noch an der dazu nötigen richtigen Einsicht fehlt.

II. Die äußere oder die allgemein gesellige Sphäre.

Es ist uns nun noch das Letzte übrig, nämlich die Betrachtung des darstellenden Handelns in dem Zusammensein der Menschen, sofern dasselbe der christlichen Gemeinschaft schon vorangeht und also auch älter ist als sie und relativ von ihr unabhängig. Denn wie wir im verbreitenden Handeln Gesinnungbildung und Talentbildung, oder kirchliche Gemeinschaft und bürgerliche geschieden haben, so müssen wir auch hier eine analoge Teilung machen. Die bürgerliche Gemeinschaft, rein als solche, hat aber ihren Ort ganz im verbreitenden Handeln; das darstellende Handeln dagegen als solches hat seinen Ort rein im geselligen Leben der Menschen, sofern dasselbe eben nicht das eigentlich geschäftige, sondern überwiegend das beschauliche und genießende ist. Wir müssen also hier zurückgehen auf das Geistige im Menschen, wie es ist, abgesehen von dem eigentümlich christlichen Prinzipe, auf den Geist im allgemein menschlichen Sinne. Und wenn wir nun da ein Analogon auffassen wollen von dem, was auf dem christlichen Gebiete das zwischen Lust und Unlust schwebende höhere Selbstbewußtsein war, so bietet es sich uns ganz von selbst dar, wenn wir sehen, wie das gesellige Leben in der gemeinschaftlichen Bildung des Menschen und der Natur einerseits ein Gefühl

von Luft, anderseits ein Gefühl von Unluft im Selbstbewußtsein hervorbringt, je nachdem die Zulänglichkeit oder
die Unzulänglichkeit in einem einzelnen Momente indiciert
ist. Denn beidem muß zum Grunde liegen das Selbstbewußtsein des Menschen von seiner höheren Natur, das
wesentlich auch in ein darstellendes Handeln ausgehen muß,
wie sich das in allen geselligen Verhältnissen auf das Bestimmteste zeigt. Wir sind nun schon, als wir vom Gottesdienste im engeren Sinne redeten, darauf gekommen, daß
eben dieser Ort, in der allgemein menschlichen Entwickelung
betrachtet, der ist, auf dem sich die Kunst im engeren Sinne
erzeugt, und wir haben gesehen, daß diese die Darstellungsmittel hergeben muß auch für die religiöse Darstellung.
Jeder nimmt auf irgendeine Weise, nur mit einem verschiedenen Maße von Selbstthätigkeit und Empfänglichkeit, teil
an demjenigen, was in dem Gebiete einer bestimmten menschlichen Gesellschaft das Kunstleben ist. Fehlt aber dieses
Kunstleben gänzlich, so ist der Zustand vorhanden, den wir
Roheit nennen, der jedoch nirgend ein bleibender sein kann,
und in dem Maße, als die Gesellschaft gebildet und mündig
wird, entwickelt sich auch in ihr ein gemeinsames Kunstgebiet.
Dieses nun steht jenem, dem Gebiete des Gottesdienstes im
engeren Sinne, gegenüber, identisch mit demselben durch die
Identität der Darstellungsmittel, verschieden davon durch
die Verschiedenheit des Dargestellten. In dem einen ist es
das eigentümlich christliche Leben, welches sich darstellt, in
dem anderen das allgemein menschliche, durch den eigentümlichen Charakter der zusammengehörigen Gemeinschaft
modifiziert. Die allgemeinen Prinzipien, daß alle Darstellung Gemeinschaft voraussetzt und Gemeinschaft stiftet
und erhält, brauchen hier nicht wiederholt zu werden; auch
das nicht, daß wir auch hier Grenzpunkte der Gemeinschaft

annehmen müſſen. Als den einen nämlich die abſolute Gemeinſchaft aller mit allen, die freilich in keinem Momente
realiſiert, mit der aber doch immer das gegeben iſt, daß
kein Einzelner a priori von der Gemeinſchaft ausgeſchloſſen,
ſondern jeder ſogleich in dieſelbe aufgenommen wird, wenn
die äußere Möglichkeit dazu vorhanden und er ſo weit gefördert iſt, daß er die Darſtellung verſtehen kann, und dann
als den anderen die primitive, die Naturgemeinſchaft, über
welche wir aber die Menſchen immer ſchon hinaus finden,
weil es keinen Zuſtand giebt, in welchem uns die Familie
ganz abgeſchloſſen in ihrer Einzelheit vorkäme, und zwiſchen
dieſen beiden andere Gemeinſchaften, die durch örtliche Verhältniſſe beſtimmt und vornehmlich durch die Sprache ab-
gegrenzt werden. Das alles kann aus dem Vorigen, in
welchem wir es ſchon anticipiert haben, vorausgeſetzt werden.
Aber können nun auch hier Teilungen gemacht werden, denen
analog, die wir auf dem eigentlich religiöſen Gebiete gefunden haben? Allerdings. Aber die Grenze läßt ſich hier
nicht ſo beſtimmt ziehen, als auf jenem Gebiete, ſo daß wir
alles mehr nach demſelten Typus meſſen können und weniger Urſache haben, Trennungen zu machen. Und das
kann nicht anders ſein. Denn auf dem religiöſen Gebiete
dominiert das Verhältnis des Einzelnen zum Ganzen, im
allgemein geſelligen Leben dagegen tritt dieſes Verhältnis
zurück, und das der Einzelnen zu Einzelnen dominiert.
Darum muß ſich alles mehr untereinander vermiſchen, die
allgemein menſchliche Darſtellung im engeren und die im
weiteren Sinne, die mehr bewußt und geordnet, alſo mehr
im Charakter des Feſtlichen, und die mehr unwillkürlich und
unmittelbar, alſo mehr in der freieren Form hervortretende.
Und dazu kommt noch dieſes: Wir können nämlich gar wohl
unterſcheiden den chriſtlichen Gottesdienſt als die religiöſe

Kunstdarstellung im großen und die Manifestation der Kunst im geselligen Leben; aber in der Darstellung der inneren Eigentümlichkeit des Einzelnen und der sittlichen Stufe, auf welcher er steht, im Verhältnisse des Einzelnen zum Einzelnen auch den Gottesdienst im weiteren Sinne und das allgemein menschliche Darstellen zu sondern, dazu giebt es eigentlich gar kein Mittel; denn die genannten christlichen Tugenden müssen auch das ganze Verhältnis des Einzelnen zum Einzelnen beherrschen. Wir werden also außer jenem bestimmten Gebiete nur noch zu betrachten haben, wie eben die Tugenden, die wir aufgezeigt haben als Manifestationen des Christlichen, in dem allgemein geselligen Verhältnisse der Menschen sich modifizieren und den Charakter desselben in sich aufnehmen. Denn nur darum kann es sich handeln, weil es undenkbar ist, daß es sittlicherweise eine andere Selbstdarstellung geben könnte auf dem einen Gebiete, und eine andere auf dem anderen. Oft genug freilich entsteht Streit zwischen den Forderungen der christlichen Sittenlehre und dem, was die allgemeine Sitte im geselligen Leben gestattet. Aber könnte ein solcher Streit als ein unauflöslicher gedacht werden, so müßte ein doppeltes Gewissen vorausgesetzt werden. Wo er also entsteht, entsteht auch die Aufgabe, ihn zu schlichten, und wir müssen die Prinzipien dazu suchen.

Das Dasein des Streites zu beweisen, zuvörderst in Beziehung auf die geselligen Verhältnisse der Einzelnen, wird nicht nötig sein, da es sich überall von jedem der dargestellten Punkte aus zu erkennen giebt. So finden wir, wenn wir die Idee der Keuschheit betrachten, im Leben einen ganz anderen Maßstab der Beurteilung angelegt, als wir aufgestellt haben. Und ebenso verhält es sich in Beziehung

auf die Geduld und die Demut; denn die gesellige Sitte
fordert nicht selten ein Hervortreten, das von der christlichen
Demut als Anmaßung verworfen wird; sie fordert nicht
selten, Beleidigungen nicht zu ertragen, denen gegenüber der
Christ in seiner Geduld ein ganz anderes Verfahren zu be-
obachten hat. Vorhanden also ist der Streit, aber wie soll
er entschieden werden? Wir müssen auf das zurückgehen,
worauf die ganze Scheidung der beiden Gebiete des Darstellens beruht, des Gebietes, auf welchem das christliche
Prinzip im engeren Sinne, und des Gebietes, auf welchem
die allgemein menschliche Intelligenz das Darstellende ist,
darauf nämlich, daß das Christentum das allgemein gesellige
Zusammensein der Menschen überall schon vorgefunden hat.
Wie hat es sich aber zu diesem, das früher war als es
selbst, zu verhalten? Sehen wir auf die Zeit der Entstehung des Christentums, so ist gleich da der Streit hervorgetreten. Das gesellige Leben, welches es vorfand, war
auf heidnischen Prinzipien erbaut, und diese galten nicht nur
als religiöse, sondern sie konstituierten auch auf das Bestimmteste die gesellschaftliche Sitte, wie z. B. die Unkeuschheit in beiderlei Beziehung ordentlich sanktioniert war.
Hier geriet also der Einzelne, indem er Christ wurde, in
Streit, und es blieb ihm oft nichts übrig, als entweder von
der Strenge des christlichen Prinzips nachzulassen oder sich
von der Gesellschaft ganz auszuschließen. Keins von beiden
aber kann vom christlichen Prinzipe aus gutgeheißen werden,
denn das Christentum fordert immer beides, daß der Einzelne ihm überall treu bleibe, und daß er es in die öffentliche Sitte einzuführen suche. Allein dies erschöpft die Sache
noch nicht. Denn fragen wir: Ist denn das ein und derselbe Akt, daß der Einzelne, der das Christentum angenommen hat, das Prinzip desselben in sich aufnimmt, und daß

er nun auch alle Fälle im Leben nach ihm beurteilt und richtig unter dasselbe subsumiert? so müssen wir das verneinen, da die richtige Subsumtion eine Sache der Übung ist, eine Fertigkeit, die nur allmählich erworben wird. Die Christen in der ersten Zeit thaten also gewiß manches, das sie erst später als dem christlichen Prinzipe widerstreitend erkannten. Und was wir so im Einzelnen zugeben müssen, das finden wir im Gemeingefühle ebenso tief eingewurzelt und also oft auch sich über eine ganze Reihe von Generationen erstreckend. Es wird nicht schwer, das an einem bestimmten Falle nachzuweisen. Niemand nämlich wird behaupten, daß sich der Zweikampf auf christliche Weise rechtfertigen lasse. Es ist ein in keine Grenzen eingeschlossener und seinen Folgen nach gar nicht zu berechnender Ausbruch der gereizten Persönlichkeit, der Zustand also, von dem er ausgeht, das reine Gegenteil der christlichen Geduld und Sanftmut. Dem ohnerachtet finden wir ihn immer noch in der Christenheit, und nicht nur das, wir finden, daß Christen ihn rechtfertigen, d. h. also, wir finden eine falsche Subsumtion, die doch immer darauf zurückkommt, das christliche Prinzip müsse hier in der Anwendung von seiner Strenge etwas nachlassen wegen des Einflusses eines in der Gesellschaft herrschenden Gemeingefühls. Dabei ist aber immer ein innerer Widerspruch gesetzt, in welchem niemand kann bleiben wollen, und wir haben hier denselben Fall, der sich in den ersten Zeiten des Christentums so oft ereignete, daß dem Einzelnen nichts übrig bleibt, als sich für eins von beiden zu entscheiden, entweder von der Strenge des christlichen Prinzips nachzulassen oder sich von seiner Gemeinschaft auszuschließen. Aber ist das ein Zustand, den wir loben können und als bleibend ansehen müssen? Gewiß nicht; denn es gehört zur sittlichen Aufgabe, alle solche scheinbaren sittlichen Widersprüche aufzuheben. Worin ist der Zustand gegründet? Darin, daß das Gemeingefühl, in welchem das Christentum die Gesellschaft gefunden hat, noch nicht recht vom christlichen Prinzipe durchdrungen ist. Aber was soll denn der Einzelne thun, wenn er in den Fall kommt, zwischen den Gliedern dieses Dilemma wählen zu müssen? Die christliche Sittenlehre entscheidet: Er soll dem christlichen Prinzipe treu bleiben, müßte er sich auch aus der Gemeinschaft ausschließen lassen, in der das Unchristliche noch besteht; er soll die Strenge des christlichen Prinzips bewahren und von der Überzeugung ausgehen, daß er dadurch die Genossenschaft früher oder später auf seine Seite ziehen und das Gemeingefühl reinigen werde. Wer das Gegenteil thut, erklärt dadurch, daß das christliche Gefühl in ihm zu schwach sei gegen das andere, und daß er nicht imstande sei, in allen Fällen als Christ zu handeln; er legt vor der Gesamtheit das Bekenntnis ab, daß es eines reinigenden Handelns auf ihn bedarf, damit das christliche Gefühl zu der Stärke, die er schon anerkennt, die er aber noch nicht hat, gelange. Wir können also kein anderes, als dieses Prinzip der Strenge anerkennen. Aber es muß auch gehörig begrenzt werden, nicht als ob es einer Beschränkung bedürfte, sondern daß es nur richtig verstanden werde; denn es ist nicht zu leugnen, daß viel Mißverständnis dabei obwaltet. Wie oft nämlich wird ganz aus dem Auge gesetzt, daß die darstellende Tugend niemals auf einer natürlichen Apathie beruhen dürfe! Und dazu kommt dann gleich ein anderes als Gegenstück. Es ist nämlich einerlei, ob in mir selbst ein Mangel an Empfänglichkeit ist, oder ob mir keine Gelegenheit gegeben wird, den Zustand hervorzubringen, in Beziehung auf den sich die darstellende Tugend äußern kann. Sagt man also: Um diese sicher zu erreichen, muß man

alle Gelegenheit von sich zu entfernen suchen, durch welche
der fragliche Zustand erregt werden könnte, so wird dadurch
die darstellende Tugend nicht gewonnen sondern vernichtet;
denn es geschieht damit wesentlich dasselbe, was die natür=
liche Apathie hervorbringt. Wenn wir z. B. die Keuschheit
in Beziehung auf die Geschlechtslust betrachten, so soll sie
also nicht auf der natürlichen Apathie beruhen; das Wohl=
gefallen an körperlicher Schönheit soll nicht Null sein, son=
dern es soll aufgenommen werden, nur soll keine Begierde
daraus entstehen. Sagt man nun, man müsse, damit die
Begierde nicht entstehe, die Geschlechter bis zur Ehe ganz
gesondert halten, so heißt das für diesen Zeitraum die Tugend
der Keuschheit ganz aufheben. Wenn also unter dem Vor=
wande, das christliche Prinzip geltend zu machen, eine solche
Gestaltung der geselligen Verhältnisse postuliert wird, welche
dieselbe Wirkung hervorbringt wie die natürliche Apathie,
so ist das ein Mißverständnis des christlichen Prinzips.
Auf diesem Mißverständnisse ruht z. B. die herrnhutische
Disziplin, nach welcher beide Geschlechter so viel als mög=
lich getrennt werden, und bei der die Tugend der Keusch=
heit nicht entstehen, sondern nur gehindert werden kann,
weil es ihr unmöglich gemacht wird in die Erscheinung zu
treten. Dasselbe ergiebt sich, wenn wir auf die Keuschheit
sehen in Beziehung auf jede andere sinnliche Lust. Denn
wenn man sagt, man müsse sich alles dessen enthalten, was
den Sinnengenuß reizt, so kann sich die Keuschheit gar nicht
zeigen, ja der Sinn wird abgestumpft und die natürliche
Apathie hervorgebracht. Und so entsteht ein großer Teil
des Streites auf diesem Gebiete daraus, daß man im Namen
des christlichen Prinzips falsche Forderungen gemacht hat,
wie denn die ganze alte Asketik nichts anderes ist, als ein
Ausgehen darauf, eine Apathie hervorzubringen. Auf ihr

beruht die in sich selbst absolut verwerfliche zwiefache Moral, eine besondere für diejenigen, welche die asketische Lebensart wählten, und eine andere für alle übrigen. Oder betrachten wir die Sache in Beziehung auf die Geduld, so sagt die christliche Sittenlehre offenbar: Wer seinen Nächsten beleidigt, ist ein Gegenstand der wahrhaft christlichen Erbarmung, und man muß ein reinigendes Handeln auf ihn richten. Aber eben deshalb darf das Gefühl der Beleidigung gar keine Reaktion hervorbringen, sondern nur Kenntnis von dem Zustande, in welchem der Beleidiger sich befindet. Und wo es so ist, da ist christliche Sanftmut. Der beleidigte Christ kann also nichts anderes thun, als seinen Beleidiger zur rechten Erkenntnis seines unsittlichen Zustandes bringen, oder vermag er das der Verhältnisse wegen nicht, so muß er es anderen überlassen, und für ihn wird die Sache rein null. Wäre in dem entgegengesetzten Gefühle irgendetwas Begründetes, so müßte es sich gerade auch in der Form aussprechen, in der es gegeben wird, d. h. als Gemeingefühl. Wenn die Gemeinschaft den tadelt, der wie ein Christ gegen den Beleidiger handelt, so thut sie es vermöge des Gemeingeistes. Sie müßte also auch das entgegengesetzte Handeln als Gemeingefühl wollen, und sie will es von der einen Seite auch wirklich, indem sie sagt: Wir können nicht beurteilen, was der Einzelne für Recht hält; aber als Glied unserer Gemeinschaft soll er nicht so handeln. Allein was würde daraus folgen? Dieses, daß wenn das ein Gemeingefühl sein sollte, auch die Reaktion unter der Form einer gemeinsamen, nicht als die That des Einzelnen hervortreten dürfte. Das Gefühl aber fordert sie gerade als die That des Einzelnen; es ist also mit sich selbst im Widerspruch. Soll das Gemeingefühl als solches reagieren und dabei auf sittliche Weise bestehen, so kann es nur reagieren in bestimmten Formen. Das geschieht nun in der bürgerlichen Gemeinschaft, wo die Gesellschaft sich des einzelnen Beleidigten annimmt und dafür sorgt, daß keine Beleidigung ohne einen Ausdruck des öffentlichen Unwillens bleibe. Dazu gehört aber, daß die Beleidigung auf eine bestimmte Weise unter die bürgerlichen Verhältnisse subsumiert werden könne. Aber, sagt man, es giebt Beleidigungen, die diese Subsumtion nicht zulassen. Allerdings giebt es solche, und die kann dann der Staat auch nicht strafen. Aber sie werden doch zu subsumieren sein unter die Verhältnisse der Gesellschaft überhaupt, oder unter die irgendeiner anderen, als die bürgerliche ist, sei sie so groß oder so klein als sie wolle. Erkennt nun eine solche Gesellschaft etwas für strafbar, wohl, so mag die Reaktion von ihr ausgehen, und sie mag für Formen sorgen, in denen sie den öffentlichen Unwillen gegen Beleidigungen aussprechen kann. Fordert sie aber, daß der Einzelne die ihm widerfahrenen Beleidigungen selbst räche, so ist das durch und durch verkehrt. Der Streit ist also hier leicht und zwar so zu schlichten. Wer christlich handeln will, muß, indem er das eine unterläßt, das andere hervorzubringen suchen. Denn es ist allerdings notwendig, daß in Beziehung auf diejenigen etwas geschieht, welche in der Gewohnheit sind, andere zu beleidigen; es bedarf gegen das Unrecht einer Darstellung des allgemeinen Unwillens, und diese muß die Basis werden des reinigenden Handelns. Aber sie muß auch vom Gemeingefühle ausgehen und etwas Gemeinsames sein, und das wird gerade verhindert durch die Fortsetzung des Systems der persönlichen Rache. Werden indes auch hier, wie auf jenem anderen Gebiete, übertriebene Forderungen aufgestellt, z. B. die, daß man jeder Möglichkeit sich in Streitigkeiten zu verwickeln vorbeugen müsse, so ist das

auch wieder falsch, weil daraus eine Hemmung der natürlichen menschlichen Verhältnisse entsteht, die dem christlichen
Prinzipe, das eben alle menschlichen Verhältnisse durchdringen
will, entgegengesetzt ist. Die allgemeine Formel für dieses
alles wird also diese sein: Der Christ als Einzelner muß
in allen seinen geselligen Verhältnissen gegen alle Einzelnen
die darstellenden christlichen Tugenden anstreben, sie überall
manifestieren, aber zugleich auch immer dahin wirken, daß
das Gemeingefühl in jeder Gesamtheit, der er angehört,
immer mehr in Übereinstimmung gebracht werde mit den
Forderungen des christlichen Prinzips. Das Gemeingefühl
in jeder Gesamtheit, der er angehört. Denn das ist offenbar, daß, so wie die geselligen Verhältnisse bis auf einen
gewissen Grad ausgebildet sind, jeder in eine Mannigfaltigkeit von Gemeinschaften hineingehört. Das geht schon aus
dem hervor, was wir in dem Abschnitte vom verbreitenden
Handeln in Beziehung auf die bürgerliche Gemeinschaft gesagt haben. Denn es ist die notwendige Aufgabe, den
allgemeinen Beruf der Bildung der Natur für den Menschen
zu teilen, so daß eine Menge besonderer Berufsarten entstehen, und kann sich die Gemeinschaft der Menschen in dieser
Beziehung erst recht ausbilden, wenn der Gegensatz zwischen
Obrigkeit und Unterthan hervorgetreten ist und wenn verschiedene kleinere Gemeinschaften in eine größere zusammen=
geflossen sind, so haben wir ja für jeden Einzelnen eine
Verschiedenheit von Gemeinschaften; jeder gehört einer Gemeinschaft an vermöge seines Berufes, einer anderen vermöge des besonderen Ortes, den er in dem Gegensatze von
Obrigkeit und Unterthan einnimmt, und einer anderen, die
er mit allen denen bildet, die mit ihm denselben Ort be-
wohnen, also als Glied einer Lokalgemeinde, die einen organischen Bestandteil eines größeren Ganzen ausmacht. Jede

dieser verschiedenen Gemeinschaften hat ihre besonderen Prinzipien, jede hat ihr besonderes Gemeingefühl, und in jeder wird sich etwas finden, was dem christlichen Prinzipe noch widerstreitet. Darum bleibt die Ausgleichung aller dieser Differenzen eine beständige Aufgabe, und der Einzelne muß sie nach der Formel zu bewirken suchen, die wir aufgestellt haben; sein Gewissen muß also einerseits immer die Unvollkommenheiten jeder Gemeinschaft aussagen, anderseits das christliche Prinzip in sich tragen, um demselben immer mehr alles zu assimilieren.

Was ferner das allgemein gesellige Darstellen betrifft, wie es dem Gottesdienste im engeren Sinne gegenübersteht, so sind auch hier die Ansichten in der christlichen Kirche sehr verschieden. Wollen wir aber zur Auflösung des Streites beitragen, so werden wir den Gegenstand, um ihn in seinem ganzen Umfange zu erfassen, in quantitativer und qualitativer Hinsicht bestimmen müssen.

Wenn überhaupt ein besonders darstellendes Handeln, welches sich auf den allgemein menschlichen Beruf bezieht, statthaben soll, so muß es auch insofern die allgemeine Natur des darstellenden Handelns an sich tragen, daß es in die Pausen des wirksamen hineinfällt. In eben diese haben wir aber auch den Gottesdienst im engeren Sinne gelegt: es entstehen also über das quantitative Verhältnis gleich zwei Fragen, die eine, wie das Handeln, von dem jetzt die Rede ist, sich verhält zum Gottesdienste im engeren Sinne, die andere, wie es sich verhält zum wirksamen Handeln. Wir kommen hier in den Fall, das Sittliche aufsuchen zu müssen in der Mitte zwischen zwei Extremen; denn unser darstellendes Handeln kann zu groß werden und zu klein nach beiden Seiten hin, und dazwischen muß das Richtige liegen. Die Mitte zu finden ist aber eine sehr schwierige

Sache. Denn da die Extreme sich eigentlich immer ins Unendliche verlieren, so kann man sie nicht anders auffassen, als daß man das eine der beiden Glieder Null werden läßt. Aber daraus ist unmöglich die Mitte zu finden; ein Fehler, der allen Untersuchungen nach dieser aristotelischen Formel anhaftet. Indessen es ist dieses doch das Einzige, was uns für jetzt gegeben ist; wir müssen es also entwickeln und sehen, wie weit wir auf diesem Wege kommen, und ob sich uns dabei etwas Genügenderes darbieten wird. Betrachten wir zuerst die Extreme nach beiden Seiten hin.

Es läßt sich die Maxime denken, der Mensch solle zu dem bloß darstellenden Handeln im Gebiete des geselligen Lebens gar keine Zeit haben, sondern immer im wirksamen und im religiös darstellenden begriffen sein, also die Maxime, durch welche unser darstellendes Handeln auf Null gesetzt würde. Aber kann das eine richtige sittliche Bestimmung sein? Wir könnten uns hier gleich auf das allgemeine Gefühl berufen, wenn das nur etwas wäre, wobei man in einer wissenschaftlichen Untersuchung stehen bleiben dürfte. Denn überall, wo es eine menschliche Gesellschaft giebt, wie unvollkommen sie auch sei, giebt es neben der Arbeit auch das Spiel und den geselligen Lebensgenuß im ganzen Sinne des Wortes, und diese Allgemeinheit läßt auf ein natürlich zum Grunde liegendes schließen. Aber absolute Allgemeinheit hat dieses Gefühl doch nicht; denn in der christlichen Kirche hat es immer kleine Sozietäten und Einzelne gegeben, welche überaus strenge waren und gesagt haben, der Christ müsse sich von allem, was auf diesem Gebiete liege, fern halten. Woher ist diese Abweichung vom allgemeinen Gefühle entstanden? Am nächsten liegt es wohl, zu sagen, sie habe ihren Grund in der Differenz, die in der Zeit stattfindet, zwischen der christlichen Kirche und den geselligen

Verbindungen der Menschen. Die letzteren waren das Frühere; nicht als ob die vorchristliche Zeit ohne Religion gewesen wäre, aber das religiöse Gebiet und das gesellige waren in ihr mehr oder weniger in völliger Ungeschiedenheit. Das findet sich in den beiden Hauptformen, die der christlichen Kirche vorangingen, im Judentum und im Heidentum, nur auf verschiedene Weise. Bei den Juden war die Arbeitslosigkeit für den Sabbat absolut vorgeschrieben, also eine Pause für alles wirksame Handeln. Einerseits aber wurde der Sabbat nicht ganz ausgefüllt mit den gottesdienstlichen Handlungen, anderseits war für die Feier des Sabbats ein gewisses geselliges Wohlleben und in demselben eine Darstellung des Wohlstandes vorgeschrieben, so daß wir also gesellige und religiöse Darstellungen genau vereinigt und gleichsam aus einem Keime hervorgehen sehen. Man sagte nämlich, das gesellige Wohlleben an festlichen Tagen gehöre mit zur Verehrung Gottes. Das läßt sich auch leicht erklären. Denn aus dem streng jüdischen Standpunkte die Sache betrachtet, war Jehovah der Schutzgott des Volkes, und alles Gute, dessen es sich erfreute, eine göttliche Wohlthat. Dahin gehörte, zumal sein Landbesitz auf einer besonderen göttlichen Veranstaltung beruhte, der Grad der Naturbeherrschung, auf den es sich erhoben hatte; denn in allen Vergnügungen, in aller bürgerlichen Geselligkeit ist es etwas Wesentliches, daß der Punkt, auf welchem die Naturbeherrschung steht, dargestellt wird. Dieses also zum Bewußtsein zu bringen und zu allgemeiner Anerkennung gehörte zu der realen Verehrung Gottes und schloß sich an den Gottesdienst an. Bei den Heiden gingen alle geselligen Festlichkeiten von dem Religiösen aus; selbst alles Politische ging, nur auf andere Weise, in das Religiöse zurück; denn alle Siegesfeste und überhaupt alle Feste in Beziehung auf Begebenheiten, die das Glück der Gesellschaft begründet hatten, fingen mit gottesdienstlichen Gebräuchen an, und an diese schloß sich dann das gesellige Vergnügen, so daß es in dem Maße ganz in dieser Region versierte, als das öffentliche Leben die Oberhand hatte über das Privatleben. Aber bekanntlich ging das Religiöse auch in das Privatleben ein, und so verband sich auch hier das Vergnügen unmittelbar mit dem Religiösen. Nun kam das Christentum. Wenn das nur wäre innerhalb des Judentums geblieben, so wäre wahrscheinlich der ganze Charakter des Judentums in dieser Hinsicht in das Christentum übergegangen. Das Christentum hatte auch einen Punkt, in welchem sich die religiöse Feier und das gesellige Leben aneinander schlossen, die Agapen; und indem der Auferstehungstag Christi der der gottesdienstlichen Feier wurde, so war der freudige Charakter des religiösen Festtages festgestellt. Allein nun kam das Christentum auch in das Heidentum hinein. Je mehr es also aus dem Judentum hervorkam, desto mehr nahm es die jüdische Ansicht in sich auf, der alles heidnisch Gottesdienstliche ein Greuel war, und so entstand eine Neigung der ersten Christen, sich von allem geselligen Vergnügen der übrigen zurückzuziehen, weil noch ein Anteil an den heidnischen Religionsübungen darin zu finden war. Es ist aber auch bekannt, daß die liberalere Ansicht des Christentums von Anfang an dagegen gestritten hat. Paulus bemüht sich, hier eine zarte Grenzlinie zu ziehen, indem er einerseits das allgemeine Gefühl darauf festzustellen sucht, daß der ganze Götzendienst nichtig sei, in dem Nichtigen aber eigentlich nichts Greuelhaftes liegen könne, anderseits dagegen das Mitgefühl für schwache und leicht irre zu leitende Gemüter erweckt, indem er sagt, auch was man selbst nicht mißbillige, das müsse man doch unterlassen, sofern es anderen einen Anstoß gebe.

(1 Kor. 8. Röm. 14.) Wenn wir nun hiermit den Zustand der Dinge vergleichen mitten im Leben der christlichen
Kirche zu unserer Zeit, wo sie in sich selbst gegründet ist,
— und wir finden auch jetzt bei vielen dieselbe Tendenz, sich
von allem geselligen Vergnügen zurückzuziehen, weil dasselbe
etwas Sündliches sei, — wie verhält sich denn dieses zu jenem?
Offenbar kann jetzt das Sündliche, das im Geselligen vorausgesetzt wird, nicht mehr gesucht werden in dem Heidnischen,
sondern nun kann man nur darauf zurückkommen, daß es
in der Thätigkeit sei, in welcher die sinnliche Natur des
Menschen gesetzt wird. Und allerdings müssen wir zugestehen, daß jede selbstthätige Aktivität der Sinnlichkeit, jede
Aktivität, zu der der Impuls nicht vom Geiste ausgeht,
etwas Sündliches ist, weil alle Selbstthätigkeit im Menschen
vom Geiste ausgehen soll. Aber läßt sich das nun theoretisch entscheiden, inwiefern dabei etwas Sündliches ist und
inwiefern nicht? Aus der äußeren Erscheinung läßt es sich
niemals abnehmen, denn in der ist der innere Anfang, der
eigentliche Wert der Thätigkeit nicht mehr mit dargestellt.
Man kann daher sagen: Es giebt solche Thätigkeiten der
sinnlichen Natur, von welchen man an und für sich weder
behaupten kann, sie seien rein sinnliche Selbstthätigkeit, gar
nicht ausgegangen vom Impulse des Geistes, noch auch das
Gegenteil, sondern es kommt dabei alles auf das Motiv
an. Da also ein darstellendes Handeln nur möglich ist in
der Gemeinschaft, so kann ein und dasselbe in dem einen
rein und unschuldig, in dem andern sündlich sein. Wie
wird es nun da möglich sein, zu einer übereinstimmenden
gleichmäßigen Entscheidung zu kommen? Nicht anders, als
indem wir auf das Gewissen jedes Einzelnen zurückgehen.
Was jedem in seinem Gewissen Sünde ist, d. h. wovon er
sich bewußt ist, daß der Geist ihm nicht den Impuls dazu

gegeben hat, das muß er unterlassen, während ein anderer, der das entgegengesetzte Bewußtsein in sich trägt, es sicher thun kann. Aber wir können nicht sagen, daß hier ebenso wie in dem vorher bezeichneten Falle einer dem andern die Regel geben könne. Denn zur Zeit des Paulus konnte einer dem andern den Zusammenhang mit etwas Antichristlichem, nämlich die Teilnahme an dem Götzendienste, geradezu nach-weisen, so daß, wenn auch einer für sich sagen konnte: Für mich existiert das Gesellige nicht mehr als etwas Antichrist-liches, weil mir der Götzendienst darin etwas absolut Nich-tiges ist, ich halte mich bloß an die politische Bedeutung, der Zusammenhang mit dem Antichristlichen, dem Götzen-dienste, doch so unmittelbar vor Augen gestellt war, daß der Apostel sagen mußte: Wenn dein Bruder, für den der Götzendienst nicht auf gleiche Weise etwas Nichtiges ist, An-stoß nimmt an deiner Teilnahme am heidnisch Geselligen, so enthalte dich derselben. Anders aber ist es unter unsern Verhältnissen. Hat jemand unter uns im geselligen Ver-gnügen eine rein sinnliche Tendenz, fehlt ihm jeder höhere Impuls, so ist das zwar auch antichristlich, aber das Anti-christliche kann nicht für sich in die Erscheinung treten, ist also auch nicht nachzuweisen, und darum bleibt die ganze Sache rein dem Gewissen eines jeden überlassen. Ist aber das, müssen wir sagen, daß es unmöglich eine und dieselbe Anwendung der Regel für alle geben kann, so muß jeder aus christlicher Liebe voraussetzen, der andere werde die Regel so anwenden, wie es seiner besten Überzeugung ge-mäß sei. Und so kann es ein verschiedenes Verhalten geben, ohne daß einer an dem andern Anstoß nimmt. Aber es entsteht auch immer gleich die Aufgabe, die Differenz so zu behandeln, daß darüber keine Trennung unter den Christen entsteht; denn wo irgendeine solche zum Vorschein kommt,

da muß notwendig auf der einen oder auf der andern Seite
etwas Unchristliches, etwas Sündliches sein, entweder auf
der Seite des freien, oder auf der Seite des strengen Gewissens. Wir haben gesehen, daß keine sinnliche Selbstthätigkeit an sich sündlich ist oder das Gegenteil. Wenn man
z. B. den Tanz als eine geregelte gemeinschaftliche Leibes-
bewegung ansieht, welche eine fröhliche Stimmung darstellen
soll, so ist er nichts Sündliches. Kommt aber bei der Vereinigung der Geschlechter in demselben die Wollust hinzu,
so ist er unsittlich. Das kann sich aber nicht absolut äußerlich zeigen, es sei denn, daß Tänze aufgeführt werden, die
ihrer ganzen Konstruktion nach wollüstig und also durchaus
sündlich sind. Wie wir nun hier in derselben Handlung
das Sittliche und das Unsittliche dicht beieinander haben,
so sehen wir, wie das Sündliche auf der Seite des freien
Gewissens liegen kann, wenn nämlich der Unterschied auf
leichtsinnige Weise verkannt wird, der zwischen dem Sinnlichen, welches dem Geiste widerstrebt, und dem, was aus
dem Geiste hervorgegangen sein kann, stattfindet. Wenn
man aber anderseits die Selbständigkeit des Einzelnen in
der Anwendung der Regel nach seiner Überzeugung gefährdet,
so ist das Unchristliche auf der Seite des engen und strengen
Gewissens. Die Hauptsache also zur Ausgleichung in dieser
Hinsicht besteht eben darin, daß das Unchristliche, wo es ist,
zur Erkenntnis gebracht werde, aber daß auch, wo kein Unchristliches zur Anerkennung gebracht werden kann, über die
verschiedene Anwendung der sittlichen Regel keine Störung
der christlichen Liebe eintrete, und zu einer solchen Ausgleichung
finden wir den Grund in der Paulinischen Regel, so daß
wir also auf ganz schriftmäßigem Boden sind, nur daß die
Regel der Schonung in der Anwendung eine andere Gestalt
gewinnt, sofern jetzt der Christ vom Mitchristen fordern

kann, daß immer vorausgesetzt werde, er handle bona fide, wo ihm kein Zusammenhang seiner geselligen Darstellung mit dem Unchristlichen nachgewiesen werden kann. Das aber kann nie erreicht werden, wenn nicht, so lange die Differenzen in der Ansicht bestehen, diese unausgesetzt ein Gegenstand der Verständigung sind und bleiben. Denn nur so kann die Gleichförmigkeit in der Anwendung der Regel erzielt werden und immer mehr zum Bewußtsein kommen, auf welchen Verschiedenheiten in der menschlichen Natur die verschiedene Anwendung der Regel beruht. Um indes die Sache bestimmter und positiv zu entscheiden, müssen wir darauf zurückgehen, daß auf dem Gebiete der geselligen Darstellung die ausübenden christlichen Tugenden überall mit zur Darstellung kommen müssen und daß jeder von sich selbst und für sich selbst nur insofern sagen kann, das Gebiet der geselligen Darstellung stehe in Übereinstimmung mit dem religiösen Prinzip, inwiefern er in der religiösen Darstellung selbst sich in der Ausübung dieser Tugenden befindet. Und dabei ist der andere Punkt, von dem wir ausgehen müssen, dieser. Alles darstellende Handeln auf dem geselligen Gebiete ist nur in der Gemeinschaft möglich und das Sich-hinein-begeben des Einzelnen in das Zusammentreten mehrerer zum Behuf der Darstellung ist immer der erste Akt in einem Falle solcher Art und dasjenige, was am unmittelbarsten aus dem geistigen Impulse hervorgehen kann. Darauf haben wir also auch vorzüglich zu sehen, daß dieser erste Akt auf einem geistigen Impulse beruhe. Aber wir dürfen nicht verlangen, daß jeder einzelne Teil der Handlung als etwas durchaus Selbständiges könne betrachtet und auf einen besonderen geistigen Impuls zurückgeführt werden. Übersieht man dieses und will man die einzelnen Momente nicht angesehen wissen als organische Teile des Ganzen, so kommt man dahin, so übertriebene Forderungen zu machen, daß alle gesellige Darstellung unmöglich wird. Daß es aber dahin niemals kommen dürfe, geht schon aus unserer ganzen Konstruktion hervor. Dann aber läßt es sich unmittelbar auch daraus zeigen, daß mit der geselligen Darstellung alle anderen sittlichen Gebiete ebenfalls würden aufgehoben werden. Alles wirksame Handeln nämlich, da es durch Lust und Unlust bedingt ist, setzt immer schon diejenige Bestimmtheit des Bewußtseins voraus, aus welcher das darstellende Handeln von selbst hervorgeht; denn Lust und Unlust ruhen immer auf dem Bewußtsein des sittlichen Zustandes überhaupt, auf dem Bewußtsein des höheren Lebens in seinem Verhältnis zu dem bloß sinnlichen. Wenden wir nun das auf das Gebiet an, welches für uns hier das ursprüngliche ist, auf das Gebiet des Naturbildungsprozesses, so müssen wir sagen: Auch das verbreitende und das reinigende Handeln auf diesem Gebiet des Naturbildungsprozesses setzen vor allem voraus das allgemeine Bewußtsein des Menschen von seiner Bestimmung zur Beherrschung der Natur. Nun aber ist es allein der Geist, die Intelligenz im Menschen, was die Natur beherrscht; denn alles übrige in ihm ist selbst wieder Natur. Folglich wird überall zum wirksamen Handeln als Grundbewußtsein des Menschen vorausgesetzt das Bewußtsein davon, daß seine Intelligenz tüchtig ist zur Beherrschung der Natur, und das ist eben das Bewußtsein, aus welchem unser darstellendes Handeln unmittelbar hervorgeht. So setzt also alles wirksame Handeln das darstellende voraus, es sei denn, daß jemand sagen wollte, das Bewußtsein könne da sein, ohne Impuls zu werden. Aber das kann eben niemand sagen, weil es ja auf gleiche Weise auch gelten müßte von Lust und Unlust, so daß auch diese müßten gedacht werden können als nicht Impuls wer-

denb, womit dann alles wirksame Handeln sogleich aufge=
hoben würde. Auch lehrt die Erfahrung, daß das darstel=
lende gesellige Handeln gleichsam der Maßstab ist für die
Wirksamkeit einer Gesellschaft im Naturbildungsprozeß. Denn
je weniger wir dieses darstellende Handeln ausgebildet finden,
desto weniger sehen wir auch den Naturbildungsprozeß vor=
geschritten, und niemand denkt eine gänzliche Zerstörung des
Gebietes der geselligen Darstellung, ohne zugleich die gänz=
liche Zerstörung des gesamten Naturbildungsprozesses mit
zu denken. Und auch dieses Empirische läßt sich in seiner
Notwendigkeit verstehen. Denn jede Fortschreitung des
Ganzen ist bedingt durch die richtige Erkenntnis des gege=
benen Zustandes, und diese geht immer nur aus dem dar=
stellenden Handeln als solchem hervor. Die ganze Gesell=
schaft lernt den Grad, in welchem die Naturbildung bei
ihr fortgeschritten ist, nur kennen im Zustande ihrer gesel=
ligen Darstellung; denn in dem Zustande der naturbildenden
Thätigkeit selbst ist sie eben in der Bewegung, nicht in der
Betrachtung ihres gegebenen Fortschrittes. In ihrer Dar=
stellung allein also kann sie sich besinnen über sich selbst und
jeden ihrer Momente mit allen anderen verbinden. Wenn
wir, was hierher nicht gehört, sondern in ein technisches Ge=
biet, die verschiedenen Elemente in dem ganzen Gebiete der
geselligen Darstellung konstruieren wollten, so würden wir
auf alle verschiedenen Zweige des Naturbildungsprozesses
sehen müssen, in welche wir uns denselben geteilt haben;
es müßten alle Talente vorkommen in der geselligen Dar=
stellung und auch alle gebildeten Gegenstände; und schon
diese natürliche Konstruktion zeigt, daß in diesem Gebiete
zugleich die eigentliche Beschauung des gegebenen Zustandes
liegt, der aber seinen Wert nur hat durch das, was er in
dem Innern des Menschen selbst hervorbringt und also nur,

wenn er beschaut wird in Verbindung mit dem Selbstbe=
wußtsein der Gesellschaft. Das hat auch im ganzen noch
niemand geleugnet, ja wo wir die größte Strenge in dem
Gebiete der geselligen Darstellung sehen, da finden wir sie
meistens unter Menschen, die gerade für den Luxus arbeiten,
unter den Verfertigern seiner Webereien und anderer Gegen=
stände dieser Art, also unter solchen, die, wenn sie konse=
quent wären, eher jedes andere Geschäft betreiben sollten,
als das, dem sie sich gerade gewidmet haben. Es giebt
aber eigentlich auf dem ganzen Gebiete der Gesellschaft kein
einziges Geschäft, das nicht wieder in der geselligen Dar=
stellung seinen Halt hätte. Doch auch abgesehen davon ist
in dieser und in jeder Zurückziehung immer etwas Unsitt=
liches, wenn man nämlich davon ausgeht, es gehöre zur
höheren Moralität, an der geselligen Darstellung keinen Teil
zu nehmen. Denn dieses Gebiet ist früher da als das
Christentum, folglich auch durch den geschichtlichen Verlauf
beständig in Zusammenhang mit dem Vorchristlichen, und
darum immer nur darin begriffen, christianisiert zu werden;
und von dieser Aufgabe, es mit dem christlichen Geiste zu
durchbringen, soll sich niemand ausschließen, am wenigsten
der, welcher sich einen höheren Grad von christlicher Rein=
heit zuschreibt. Denn eben wer da glaubt, das christliche
Prinzip in höherer Reinheit in sich zu tragen, ist darauf
angewiesen, durch sein Beispiel zu zeigen, daß überall im
geselligen Leben die Keuschheit im weitesten Sinne des Worts,
auf die es hier gerade ankommt, bewahrt und bewiesen werden
kann. Verhält es sich nun so, daß einerseits die Zerstörung
dieses Gebietes die Zerstörung auch des wirksamen Handelns
nach sich zieht, und daß sich anderseits einem wesentlichen
Teile der sittlichen Aufgabe entzieht, wer sich zurückzieht von
der geselligen Darstellung, so ist klar, daß diese letztere nie=

mals auf Null dürfe gebracht werden. Und das ist nicht nur das Resultat unserer Folgerungen, sondern wir können es auch unmittelbar auf die Lehre der Bibel zurückführen. Freilich haben auch diejenigen, die sich dem von uns Aufgestellten widersetzen, ein Bibelwort zu ihrem Wahlspruche gemacht. Stellt euch nicht dieser Welt gleich (Röm. 12, 2), sagen sie. Aber was ist denn diese Welt, der wir uns nicht gleichstellen sollen? Man scheint ganz vergessen zu haben, daß der Apostel an einer andern Stelle sagt, wenn man sich von den Ungläubigen zurückziehen wollte, so müßte man diese Welt räumen (1 Kor. 5, 10); man scheint die Welt, welche wir vermeiden sollen, zu verwechseln mit der Welt, in der wir handeln müssen. Doch das sind alles nur unbestimmte Ausdrücke und die Schrift hat anderes, viel Bestimmteres über die Sache. Zuvörderst nämlich lehrt sie, daß Christus selbst an solchen Festlichkeiten teilgenommen hat, die ganz bestimmt in unser Gebiet gehören, an Hochzeiten und Gastmählern. Dann ist deutlich, daß Paulus nicht daran kann gedacht haben, die Teilnahme an heidnischen Gastmählern zu verbieten. Denn hätte er das im Sinne gehabt, so hätte er nicht Regeln geben können über das Verhalten der Christen bei denselben (1 Kor. 10, 27 bis 30). Auch deutet er nicht im entferntesten an, daß er die Teilnahme an solchen Festlichkeiten für eine nur damals nicht zu umgehende Notwendigkeit angesehen, oder daß er sie nur der Schwachheit derer zugut gehalten, an welche er schrieb, sondern er setzt sie ganz schlicht als etwas voraus, das der Christ nicht zu fliehen habe. Und so ist ganz der Schrift gemäß, was wir aufgestellt haben, daß die gesellige Darstellung, ohnerachtet sie vor dem Christentum dagewesen ist, doch nicht gemieden, sondern vielmehr aufrecht erhalten, aber auch immer mehr christianisiert werden soll.

Nun aber wollen wir mit einigen Worten auch das Entgegengesetzte hinstellen, daß nämlich die gesellige Darstellung, wie sie niemals Null werden darf, auch niemals alles sein, niemals das wirksame Handeln und die religiöse Darstellung auf Null bringen soll. Nur der Symmetrie wegen stellen wir dieses hier auf und ohne es weiter auszuführen; denn schwerlich ist es jemals einem Menschen eingefallen, es zu bestreiten. Aber wir können zugleich eine Folgerung daraus ziehen, die uns bedeutend weiter bringt. In dem Satze liegt nämlich auch die Verneinung alles dessen, was in der geselligen Darstellung irgend die Richtung darauf hat, die anderen Gebiete des Handelns auf Null zu bringen, also die Verneinung alles dessen in der geselligen Darstellung, was den Einzelnen zum wirksamen Handeln oder zur religiösen Darstellung ungeschickt macht. Die erste Position, daß das gesellige darstellende Handeln niemals so eingerichtet sein darf, daß es zum wirksamen unfähig macht, ist für sich klar und wird keinen Widerspruch erregen. Denn wenn der Luxus in der geselligen Darstellung die äußeren Kräfte verringert, welche auf das wirksame Handeln im Naturbildungsprozesse gerichtet sein sollen, so ist das offenbar eine Thorheit, die den Wohlstand zerrüttet und mit den Mitteln zum Naturbildungsprozesse diesen selbst aufhebt. Und wenn die Teilnahme an der geselligen Darstellung eine Anstrengung wird und die Munterkeit und Frische des Geistes und der körperlichen Kräfte aufhebt, so ist das offenbar ein sündliches Übermaß mit derselben den Naturbildungsprozeß zerstörenden Wirkung. Aber die andere Position, daß das gesellige darstellende Handeln auch nicht unfähig machen soll zum religiösen Darstellen, erregt gewiß Bedenken. Denn viele meinen, die gesellige Darstellung und die religiöse seien viel bestimmter entgegengesetzt, als die gesellige Darstellung

und das wirkfame Handeln, so daß die Teilnahme an der
geselligen Darstellung immer und notwendig für die religiöse
ungeschickt mache, und da unsere Position das leugnet, so
sind sie ihr entgegen. Aber wenn sie recht hätten, so stände
es sehr übel für uns; denn dann müßte in der ganzen Ansicht des menschlichen Lebens, die wir aufgestellt haben,
etwas Unrichtiges sein. Anderseits aber stellt man uns die
Erfahrung entgegen als etwas, was laut wider uns zeuge.
Die Sache ist diese: Alles darstellende Handeln fällt in die
Pausen des wirksamen, und es ist der natürliche Takt des
Lebens, welcher den Wechsel zwischen dem einen und dem
anderen hervorbringt. Die Pausen aber, in welche die gesellige, und die, in welche die religiöse Darstellung fällt, sind
entweder dieselben, oder verschiedene. Wäre das letzte, so
ließe sich offenbar gar nicht mehr behaupten, die Unfähigkeit
zur Teilnahme an der religiösen Darstellung rühre aus der
Teilnahme her an der geselligen. Sind die Pausen aber
auch dieselben, wie dieses allerdings im ganzen genommen
bei uns der Fall ist; denn bei uns ist, anders wie in England, der Sonntag der Tag der religiösen und der geselligen
Darstellung, so liegt doch schon in dem natürlichen Takte
dieses, daß die Zeiten für die eine und für die andere gesondert sind. Es fragt sich also nur, ob die Teilnahme an
der geselligen Darstellung den Übergang erschwere in die
religiöse, und ob die Teilnahme an der religiösen Darstellung
den Übergang erschwere in die gesellige. Nun liegt in unserer ganzen Lebensordnung, daß die religiöse Darstellung
den ersten Ort einnimmt, wie wir es denn für sündhaft
halten, wenn schon am frühen Morgen vor aller religiösen
Darstellung die geselligen Vergnügungen beginnen. Wenn
also auch die gesellige Darstellung den unmittelbaren Übergang in die religiöse erschwerte, so würde doch für die reli-

giöse kein Nachteil daraus entstehen können. Aber wir
wollen uns gar nicht damit begnügen, zu sagen, damit sei
eigentlich jeder Widerspruch vom Interesse der religiösen
Darstellung aus schon beseitigt; sondern wir wollen un=
mittelbar beides in seinem Verhältnisse zu einander be=
trachten. Daß nun die lebendige Teilnahme an der reinen
religiösen Darstellung niemanden unfähig machen kann zur
Teilnahme an der geselligen, folgt aus dem obigen von selbst.
Aber auch wenn wir uns das Gebiet der geselligen Dar=
stellung so denken, wie wir es uns bereits in einzelnen
Zügen gestaltet haben, so ist freilich gewiß, daß wir nicht
in der religiösen Darstellung begriffen sein können, so lange
wir in der geselligen begriffen sind, weil beide Gebiete ge=
schiedene sind und sein müssen. Wenn wir aber fragen:
Ist es denn unmöglich, daß wir in der Teilnahme an der
geselligen Darstellung diejenige Erregung in uns haben, die
in religiöse Darstellung ausgehen würde, wenn wir nicht
eben in der geselligen begriffen wären? so müssen wir das
leugnen; ja wir müssen gestehen, daß jede rein gesellige
Darstellung, weit entfernt, religiöse Erregung und Darstellung
zu hindern, sie vielmehr mannigfach hervorruft. Wer könnte
eine größere oder geringere Anzahl fröhlicher Menschen, in
deren Freudigkeit sich die leichte Ausübung der Herrschaft
des Geistes über das Fleisch darstellt, auch nur sehen, ohne
religiös erregt zu werden? Spiegelt sich nicht in der gesel=
ligen Darstellung der ganze Entwickelungsgang der Gesell=
schaft? Vergegenwärtigt sie also nicht den ganzen Komplexus
der göttlichen Wohlthaten, den ganzen Gang der göttlichen
Vorsehung? Gewiß, wenn anders entwickelte Talentbildung
und Aufhebung mannigfacher Trennungen auch Vollkommen=
heiten sind, die der göttliche Geist wirkt. Also hat dieses
Gebiet durchaus nichts in sich, was die Fähigkeit, religiös

erregt zu werden, schwächte, und es ist ebenso gut ein Mittel für die religiöse Erregung als jedes andere sittliche Verhältnis. Und nun können wir aus allem zusammengenommen diesen Kanon aufstellen, aber freilich nur als einen subjektiven: Jeder muß für sich selbst beurteilen, ob etwas in der geselligen Darstellung Vorkommendes ihm das Zurückgehen auf die religiöse Darstellung unmöglich macht. Was er derart findet, muß er freilich negieren, aber auch nur dieses, nicht das ganze Gebiet, und nur für sich, nicht für andere; denn das sind Idiosynkrasieen, die keinem anderen zur Regel gemacht werden dürfen. Und je gewissenhafter jeder dabei für sich ist, desto mehr wird das ganze Gebiet der geselligen Darstellung christianisiert werden. Dasselbe gilt für die spezielle Frage über die Nähe beider Gebiete der Darstellung. An sich betrachtet kann keins derselben dem anderen durch seine Nähe schaden, weil eins das andere in sich schließt, sofern beide reingehalten werden. Dennoch ist in der evangelischen Kirche hier und da die Maßregel getroffen, alle geselligen Vergnügungen vom Sonntage entfernt zu halten, indem man von der Ansicht ausgeht, die zu kurz vorangegangene und die zu nahe bevorstehende gesellige Darstellung werde der religiösen Gedankenentwickelung Eintracht thun oder die Andacht hemmen. Aber wenn die gesellige Darstellung rein sittlich ist, so wird eine solche Beeinträchtigung nur dann möglich sein, wenn die religiöse Darstellung mangelhaft ist oder das Verhältnis des Einzelnen darin nicht so geordnet, wie es sein sollte; und ist das, so kann dem Übel nicht dadurch abgeholfen werden, daß beide Gebiete der Darstellung weiter auseinander gerückt werden, sondern nur dadurch, daß auf die religiöse ein reinigendes Handeln gerichtet wird. Das können wir uns am besten deutlich machen an dem gegenwärtigen Zu-

stande in England, wo alle geselligen Vergnügungen am
Sonntage durch das bürgerliche Gesetz streng untersagt sind.
Da ist aber die gottesdienstliche Darstellung sehr wenig
lebendig und erregend, sondern sie besteht meistenteils in
totem Formelwesen und in toter Rhetorik. Wird nun die
Zerstreuung gehemmt und die Andacht gehoben durch Hemmung der geselligen Darstellung? Keineswegs, die Verbesserung der religiösen Darstellung wird vielmehr in dem
Maße gehindert, als man versucht wird, sich mit dem äußerlichen Scheine zu begnügen. Darum können wir die strenge
Sonderung beider Gebiete in England als eine allgemeine
Forderung niemals gut heißen. Aber freilich, die Bedürfnisse der Einzelnen und das Verfahren verschiedener Gemeinschaften kann immer noch sehr verschieden sein, wenngleich
im allgemeinen anerkannt wird, daß seiner Natur nach kein
Gebiet das andere aufhebt. So kann also ein im ganzen
genommen reiches Volk seine gesellige Darstellung von der
religiösen mehr fernhalten, und die Gesellschaft wird sich
dabei um nichts schlechter befinden. Aber ein armes Volk,
dem eine strengere Arbeitsamkeit nötig ist, wird nur bestehen
können, wenn es alle Pausen im wirksamen Handeln so viel
als möglich abkürzt; es wird ihm also auch nicht möglich
sein, beide Gebiete der Darstellung weit auseinander zu halten,
ohne das eine oder das andere und somit beide zu gefährden.

Gehen wir nun über zur Betrachtung des Qualitativen,
der inneren Beschaffenheit der geselligen Darstellung, was
das sittliche Prinzip dabei betrifft. Das erste, worauf es
hier ankommt, ist das schon oben Aufgestellte, daß alles,
was in das Gebiet der geselligen Darstellung gehört, nur
insofern zulässig ist, als der Impuls dazu nicht von der
Sinnlichkeit, sondern vom Geiste ausgegangen ist. Dieser
Kanon ist einerseits ein ganz allgemeiner; alles menschliche

Handeln ist nur sittlich, sofern der Impuls dazu vom Geiste im allgemein menschlichen Sinne ausgeht. Soll er anderseits dennoch ein Kanon der christlichen Sittenlehre werden, so kann dieses auf zweierlei Weise geschehen. Einmal so, daß wir uns begnügen, zu sagen: Weil das Gebiet der geselligen Darstellung früher ist, als das christliche, so haben wir es im allgemeinen anzuerkennen, und es kann uns nur obliegen, im besonderen begrenzende Vorschriften darüber aufzusuchen. Dann aber auch so, daß wir das, was, als allgemein ethischer Kanon betrachtet, die Herrschaft der Intelligenz im allgemein menschlichen Sinne voraussetzt, unmittelbar auf den Geist im christlichen Sinne reduzieren und behaupten, daß der Impuls zur geselligen Darstellung auch vom πνεῦμα ἅγιον ausgehen müsse. Es fragt sich, welches von beiden das Richtige sei. Hier müssen wir auf die Analogie mit dem wirksamen Handeln zurückgehen, das immer schon vor dem Eintreten des Christentums als notwendige Aufgabe besteht. Da konnten wir einerseits auch sagen: Der ganze Naturbildungsprozeß ist eine allgemeine sittliche Aufgabe aller Menschen, unabhängig von jeder besonderen religiösen Form, also auch von der christlichen, und das erkennen wir mit unserer christlichen Gesinnung an. Während wir aber so allerdings behaupten, daß sich für den Christen keine besondern Vorschriften darüber ergeben, so leugnen wir damit nicht, daß das ganze Handeln auf diesem Gebiete durch den christlichen Geist auf bestimmte Weise modifiziert werde. Anderseits aber konnten wir auch sagen: Der christliche Geist selbst postuliert dieses Gebiet; denn indem der Geist Gottes sich die menschliche Natur zum Tempel und zum Werkzeuge bereiten soll, so muß, weil die menschliche Natur in notwendigem Zusammenhange steht mit der irdischen Gesamtnatur, sein bildender Einfluß sich auch auf diese erstrecken. Daß sich aber daraus keine besonderen Vorschriften für den Christen ergeben werden, ist klar; aber auch das ist klar, daß sich dem Christen alles aus einem anderen Gesichtspunkte darstellen wird. Auf dieselbe Weise nun werden wir auch hier verfahren können. Das Christentum hat die gesellige Darstellung überall schon vorgefunden und das ganze Gebiet derselben als ein natürliches anerkannt. Dabei ist aber die weitere Fortbildung dieses Gebietes immer ihren Gang gegangen, ohne überwiegend durch das Christentum bestimmt zu werden; denn nur das hat können anerkannt werden in dem Fortbildungsprozesse dieses Gebietes, was auch die allgemein sittlichen Vorschriften ergaben. Nun müßten wir eine völlige Revolutionierung dieses Gebietes annehmen, wenn an irgendeinem Punkte dieses aufhören sollte, und dazu haben wir gar keine Veranlassung. Aber wenn auch das Christentum besondere Vorschriften nicht aufstellen kann, so ist doch noch ein Mittelweg zwischen der bloßen Anerkennung und der bestimmten materiellen Modifikation, der nämlich, daß der Gesichtspunkt, aus welchem gehandelt wird, ein anderer wird, sofern sich im Christentume das ἅγιον πνεῦμα den κοινὸς λόγος aneignet. Inwiefern nun aber dieser Gesichtspunkt doch schon eingeht in den Zweckbegriff aller Handlungen, welche in dieses Gebiet gehören, so kann man auch immer sagen, daß der Impuls auch zu diesem Handeln vom christlichen Geiste ausgehen müsse. Hat also nach dem allgemeinen apostolischen Kanon nichts Kraft, als der Glaube, der durch die Liebe thätig ist, und ist damit die allgemeine Formel für jeden vom christlichen Geiste ausgehenden Impuls ausgesprochen, so kann der Christ auch nur eine solche gesellige Darstellung anerkennen, die diesem Kanon entspricht.

Um nun zu sehen, was sich hieraus weiter entwickelt,

müssen wir fragen: Was wird denn auf diesem Gebiete des Handelns, wenn der christliche Geist den Impuls zu demselben giebt, ausgeschlossen? Der christliche Geist fordert die gesellige Darstellung, denn sie ist notwendig für die religiöse Darstellung und für das wirksame Handeln. Alle Darstellung aber geht aus von einer Bestimmtheit des Selbstbewußtseins, die zwischen Lust und Unlust schwebt, aber eben deshalb auch den Übergang in beide freiläßt. Ein anderes jedoch ist es, den Übergang in beide freilassen, und die eine oder die andere absichtlich hervorrufen. So wie also die gesellige Darstellung auf die Erweckung der Lust ausgeht, so überschreitet sie schon ihre Grenze. Nämlich die Lust wird Impuls zu einem wirksamen Handeln. Da nun hier in diesem Gebiete der geselligen Darstellung die Intelligenz in ihrer Einheit mit der sinnlichen Natur des Menschen sich manifestieren soll, so wird auch die Lust nicht auf den relativen Gegensatz zwischen beiden gehen, sondern ebenso wohl sinnlich sein können als geistig. So wie aber das Sinnliche Impuls wird, entsteht die Begierde, die den Charakter des darstellenden Handelns auslöscht. Folglich müssen wir sagen, daß die Übereinstimmung der geselligen Darstellung mit dem Standpunkte des Christen dadurch begrenzt ist, daß in der geselligen Darstellung nichts vorkommen darf, woraus sich die Begierde entwickeln müßte. Es ist z. B. unter allen Völkern Sitte, daß das Essen und Trinken mit aufgenommen ist in das Gebiet der geselligen Darstellung, und es gehört auch wesentlich dahin, sofern es ein Naturbedürfnis ist, das der Mensch nur befriedigen kann, indem er die Natur beherrscht, und sich also die Stufe darin zu erkennen giebt, bis zu welcher die Ntaurbeherrschung gediehen ist. Wenn wir nun bei einem Mahle Gegenstände aus verschiedenen Weltteilen zusammenhäufen, so gehört auch das in die gesellige Darstellung, sofern sich darin der Punkt zu erkennen giebt, auf dem die Naturbildung steht. Und auch das ist nicht abzuwenden, sondern ein notwendiges Element, daß nur Wohlschmeckendes dargereicht wird; denn Übelschmeckendes könnte das Bedürfnis gar nicht befriedigen. So wie sich aber aus der nicht abzuwendenden Empfindung des Wohlgeschmacks die sinnliche Begierde entwickelt, so geht der sittliche Charakter der Darstellung verloren; denn das liegt nicht in der Sache, daß die Begierde entsteht, sondern in dem unsittlichen Zustande des Einzelnen, darin, daß die Herrschaft des Geistes noch nicht groß genug in ihm ist. Jede sinnliche Empfindung hat nämlich immer auch eine objektive Seite, insofern etwas daraus erkannt wird, und das Erkennen kann nie etwas Unsittliches sein. Das gilt auch von den Geschmacksempfindungen. Auch sie haben ihre objektive Seite, die das geistige Element des Erkennens in sich schließt und insofern das Sittliche in ihnen ist; und je mehr sie sich auf die Seite der Kennerschaft neigen, desto mehr müssen sie von aller Begierde rein erhalten werden. Denn gerade das rein Objektive vertilgt die Begierde, und nur ein Mangel an Herrschaft des Geistes überhaupt und an Objektivierung der sinnlichen Empfindungen kann bewirken, daß sich aus dem notwendigen Elemente des sinnlichen Wohlgefallens die Begierde entwickelt. Hier haben wir also wieder ein Gebiet, wo aus einer an sich reinen Gestaltung ein Unsittliches hervorgehen kann. Aber das ist immer nur subjektiv für den Einzelnen, und jeder hat darin sein eigentümliches Maß.

Wie die gesellige Darstellung aber niemals ausgehen darf auf die Erweckung der Lust, so darf sie auch die Unlust nicht hervorbringen. Der letztere Kanon scheint freilich der Form nach dem ersteren gegenüberzustehen, dem Inhalte nach aber leer zu sein, eben weil die gesellige Darstellung die Unlust niemals beabsichtigt, sondern sich eher immer auf die entgegengesetzte Seite neigt. Aber es ist hier nicht allein von der Absicht die Rede, sondern auch vom natürlichen Erfolge, und da müssen wir sagen: Es giebt einen Miß= brauch aller Elemente der geselligen Darstellung, der die Unlust hervorruft, und sich eben darum, weil er diesen Erfolg hat, als Mißbrauch, also als etwas Unsittliches, zu erkennen giebt. Es soll sich in der geselligen Darstellung die Leichtigkeit des Lebens überhaupt offenbaren. Aber in dieser Offenbarung selbst ist eine Thätigkeit, die ihr natür= liches Maß hat, und überschreitet sie dieses, so wird sie Anstrengung und ruft die Unlust hervor. Im wirksamen Handeln soll Anstrengung sein und die daraus hervorgehende Unlust überwunden werden; aber nicht so in der geselligen Darstellung, in welcher alle Anstrengung nur ein Zeichen davon sein kann, daß sie verunreinigt ist. Damit sind wir freilich wieder in das Quantitative zurückgekommen; aber beides, das Qualitative und das Quantitative, bildet auch immer nur einen relativen Gegensatz. Ist wirklich immer das Qualitative, wie wir es bestimmt haben, ist immer nur die Liebe thätig in der geselligen Darstellung, so wird keine der beschriebenen Ausartungen erfolgen; denn wer nur von der Liebe geleitet wird, kann weder Begierden erwecken, noch auch zu Anstrengungen in der geselligen Darstellung verleiten, weil beides der Liebe entgegen ist. Und dadurch, daß jeder für alle sorgt, ist auch für jeden selbst gesorgt. Ist also nur die Liebe das gemeinschaftliche Prinzip, von dem alle ausgehen, so ist die gesellige Darstellung vor jeder Ver= unreinigung gesichert.

Zusatz. Beiden Ausartungen der geselligen Darstellung, der in Begierden erzeugende Lust und der in analoge Un=

luſt, ſteht gleichmäßig eine andere gegenüber, die nämlich, daß die Darſtellung nicht dazu geeignet iſt, dieſelbe Beſtimmtheit des Selbſtbewußtſeins mitzuteilen, aus welcher ſie ſelbſt hervorgegangen ſein ſoll. Denn wie die Darſtellung immer Gemeinſchaft vorausſetzt, ſo muß ſie immer auch Gemeinſchaft ſtiften; ſie muß als Darſtellung zugleich immer der Mitteilungsprozeß desſelben Impulſes ſein, aus dem ſie hervorgegangen iſt. Iſt ſie das alſo nicht, ſo iſt ſie krankhaft. So finden wir ſie aber überall in dem, was Sitte iſt, wenn ihr tote Formeln anhangen, beſonders alſo in den höheren Kreiſen der Geſellſchaft. Auf welchem Wege entſteht dieſe Ausartung vorzüglich? Man kann ſie niemals als etwas Urſprüngliches anſehen; uns wenigſtens erſcheint dieſe Anſicht ganz unnatürlich, wenngleich es Völker giebt, wie die Chineſen, bei welchen die toten Formeln im geſelligen Leben ſo eingewurzelt ſind, daß man faſt beſorgen könnte, ſie ſeien etwas Urſprüngliches. Wir können uns alſo die Sache nur ſo denken, daß einmal lebendig geweſen iſt, was jetzt als völlig tot erſcheint. Sehen wir, um das deutlich zu machen, auf den Gebrauch der Sprache in dieſer Hinſicht. Da finden wir eine Menge von Redensarten in der geſelligen Darſtellung, Ausdrücke beſtimmter Grade von Zuneigung oder Unterwürfigkeit und was deſſen mehr iſt, die gegenwärtig nichts ſind als leere Ausfüllung von Pauſen. Aber wir können zurückgehen auf eine Zeit, in der ſie einen wirklichen Gehalt hatten. Sind ſie alſo erſt allmählich leer geworden durch ausgedehnteren Gebrauch, ſo finden wir den Grund davon in einer urſprünglichen Unwahrheit, deren Verwerflichkeit erſt recht klar wird, wenn wir eine große Maſſe von Folgen überſehen. Es hängt nämlich das Gelingen eines Moments der Darſtellung nicht allein ab von der darſtellenden Thätigkeit ſelbſt, ſondern auch von der

Empfänglichkeit deffen, für den dargestellt wird. Je größer diefe vorausgefezt wird, defto mehr kann in der Stärke der Darstellung nachgelaffen werden; je geringer, defto mehr muß die Darstellung gesteigert werden. Aus dem Bestreben nun, die Darstellung zu verstärken, entstehen Ausdrücke, welche inadäquat sind und also im Gebrauch sehr bald ihren Wert verlieren. Es ist damit wie mit Arzeneimitteln, die reizen und gegen welche der Sinn allmählich abgestumpft wird. Denn auch diefe inadäquaten Ausdrücke machen je länger defto geringeren Eindruck, und je mehr man sie häuft, um den Eindruck hervorzubringen, defto mehr nimmt die Maffe des Toten in der Darstellung zu. Dagegen, wo man sich ihrer enthält, wird doch ein Mangel in der gefelligen Darstellung empfunden. Wenn wir es aber genauer betrachten, fo werden wir gestehen müffen, daß das πρῶτον ψεῦδος dabei immer ein Fehler ist gegen die Keufchheit im weitesten Sinne, wie wir diefen Ausdruck ja auch unmittelbar auf die Sprache anzuwenden gewohnt sind. Man will etwas hervorbringen durch die gefellige Darstellung; aber ein folches Bestreben foll ihr fern fein, sie foll nie wie ein wirkfames Handeln konstruiert werden. Wird das aus dem Auge verloren, will man ein bestimmtes perfönliches Verhältnis durch sie hervorrufen, fo ist das Eigennutz auf diefem Gebiete und die Häufung unkeufcher, weil fchmeichlerischer Ausdrücke ist unvermeiblich, damit aber auch die Verwandlung der gefelligen Darstellung in eine Maffe toter Formeln. Und diefe Korruption in der Sprache und in der Sitte finden wir überall in dem Maße und Verhältniffe, in welchem der Unterschied der Stände stärker oder fchwächer hervortritt, was wir am bestimmtesten am Altertum nachweifen können. Im klaffischen hellenischen Leben finden wir gar nichts davon. Im römischen auch nicht, fo lange noch

ein gewisses Gleichgewicht bestand zwischen Patriziern und
Plebejern. Aber schon in der Zeit der römischen Monar-
chie, dann in der Zeit des römischen Prinzipats und besonders im byzantinischen Zeitalter steigt das tote Formelwesen zu einer unermeßlichen Höhe in demselben Maße, als
wir das Prinzip der Gleichheit aus dem geselligen Leben
verschwinden sehen. Wo aber diese Korruption als ursprünglich erscheint, wie bei den Chinesen, da erscheint auch
die Klassifikation der verschiedenen Stände der Gesellschaft
nach dem Kastengeiste ebenso ursprünglich. Nun haben wir
schon an einem andern Orte bemerkt, daß das Christentum
das Prinzip hat, die allzugroßen Abstufungen aufzuheben
und zwar von innen heraus durch die Mitteilung des höchsten geistigen Prinzips an alle, wodurch notwendig die Niederen zu den Höheren emporgehoben werden. Das Christentum muß also fordern, daß solche tote Formeln aus der
geselligen Darstellung verbannt werden; aber man darf dabei auch nicht so gewaltsam verfahren wie die Quäker, die
auf das größere Ganze einzuwirken unfähig gewesen sind,
weil sie es verschmäht haben, zuvörderst das rein christliche
Prinzip der ursprünglichen Gleichheit zum Bewußtsein zu
bringen und dann, was daraus folgt, allmählich und ohne
Sprung zu gestalten. Es ist gewiß, daß nur auf christlichem
Boden die Frage entstehen konnte, ob man lüge, wenn man
sich einer Höflichkeitsformel bediene, es ist auch klar, daß
sie auf christlichem Boden notwendig entstehen mußte. Aber
man muß auch festhalten, daß im strengen Sinne des Wortes
nicht lügt, wer sich solcher Ausdrücke bedient, von denen er
mit Sicherheit voraussetzen kann, daß andere ihnen keinen
anderen Wert beilegen werden, als den er selbst ihnen giebt.
, Dies führt uns nun auf die Differenz der geselligen
Darstellung in den verschiedenen Kreisen der Gesellschaft.

Wenn wir einerseits wieder von der Voraussetzung eines allgemeinen Zusammenhanges aller Menschen, anderseits aber auch davon ausgehen, daß alle Darstellung in Beziehung auf die Gemeinschaft als Erweiterung dessen erscheint, was ursprünglich das häusliche Leben ist, so müssen wir auch hier sagen: Eine ursprüngliche und natürliche Zusammenfassung auf der einen und Sonderung auf der andern Seite ist diejenige, die auf der Nationalität beruht; und jedes Volk, welches dieselbe Sprache hat und unter sich verwandt ist, ist eine von Natur abgeschlossene Masse der geselligen Darstellung. Wenn wir aber darauf sehen, wie in das Volk die bürgerlichen Institutionen hineintreten, so entstehen da wieder Sonderungen, und je größer diese sind, desto mehr bildet jede für sich ein relativ abgeschlossenes Gebiet der Darstellung. Welches ist nun hier das richtige Verhältnis? Einmal müssen wir über das Gebiet des Nationalen hinaussehen. Indem ein Volk eine in sich abgeschlossene Masse der geselligen Darstellung und eine Einheit in sich ist, notwendig aber dabei auf Gemeinschaft ausgehen muß, so will es sich der gesamten Menschheit darstellen, und das giebt also ein Verhältnis der Völker gegen einander. Wenn sich dann aber das Darstellungssystem eines Volkes so spaltet, daß die verschiedenen Klassen des Volkes ganz voneinander gesondert sind, so hört die Einheit der Darstellung dieses Volkes für alle, die außerhalb desselben stehen, gänzlich auf; es kann dann in seiner Darstellung gar nicht mehr den Eindruck machen, daß es eine Einheit ist. Hier ist also eine Grenze gegeben, und wir müssen sagen: Die innere Spaltung eines Volkes darf nie so groß sein, daß die Einheit der Darstellung für den, der außerhalb desselben steht, aufhörte. Wenn anders, so erscheint es anderen Völkern als ein leicht zu vernichtendes und reizt sie zu einem feindseligen

Verhältnisse. Darum gehört es zur Würde in dem Dar-
stellungssysteme eines Volkes, daß die Differenzen in der
Sitte der verschiedenen Stände bis auf einen gewissen Grad
gemäßigt werden, und denen, die draußen sind, die verschiedenen Stände nicht erscheinen als ohne Zusammenhang unter
sich. Allerdings ist es nicht möglich, dieses auf ein genaues
Maß und auf eine bestimmte Formel zu bringen. Aber
das ist auch nicht nötig; denn vergleicht man nur das eigene
Gefühl mit dem fremden, so wird man die Zustände leicht
erkennen, durch welche die Würde, die Einheit eines Volks
in den Augen der anderen getrübt wird. Diesen Kanon
müssen wir vom christlichen Standpunkte aus um so bestimmter anerkennen als das Christentum die absolute Gemeinschaft aller Menschen fordert und in sich selbst den Unterschied der Klassen abzustumpfen und ihre Einheit zu stärken
die Tendenz hat. Wir sehen aber auch, wie hier das Gebiet der geselligen Darstellung ganz dem folgt, was seinen
ursprünglichen Sitz im wirksamen Handeln hat und wie es
von diesem abhängig ist. Aber diese Abhängigkeit ist auch
eine gegenseitige; es ist ein natürlicher Zusammenhang zwischen
der Beschaffenheit der bürgerlichen Einrichtungen und der
der geselligen Sitten in dieser Beziehung, so daß man die
Vollkommenheit und Unvollkommenheit der einen immer
nach der andern messen kann. Leichter ist es, was für den
Einzelnen das Richtige ist, auf eine bestimmte Formel zu
bringen. Wenn nämlich die verschiedenen Stände im Dar-
stellungssysteme scharf getrennt sind, dann gehört der Einzelne nur zu einem bestimmten Kreise und hat außerhalb
desselben keinen Darstellungswert und keine Darstellungs-
empfänglichkeit. Offenbar soll sich niemand in diesem Zustande befinden, und es ergeht an jeden Einzelnen die bestimmte sittliche Forderung, daß er einem bestimmten Dar-

stellungskreise nur a parte potiori angehöre, übrigens aber
Anteil habe an den Kreisen über ihm und unter ihm. In
den höheren Ständen der Gesellschaft soll das Gemeingefühl
ein bewußtes sein, was in den niederen Ständen nicht in
demselben Maße gefordert werden kann, weil sie die ganze
Konstruktion der geselligen Institutionen nicht so übersehen.
Also soll auch in den höheren Klassen die volksmäßige Darstellung am vollkommensten hervortreten, was freilich sehr
erschwert wird durch etwas, wovon gleich die Rede sein soll.
Aber weil das Bewußtsein des Volksmäßigen in ihnen am
lebendigsten sein kann, so sollen sie sich niemals streng ab-
sondern, sondern in so engem Zusammenhange stehen mit
den Kreisen, die ihnen die nächsten sind, daß ihre Darstellung
gesetzgebend auf dieselben wirkt, und so soll es fortgehen bis
in die Kreise hin, in welchen die Masse dominiert. Jeder
aber in einem mittleren Stande wird zwar rein repräsen-
tativ sein in dem Kreise, welchem er eigentlich angehört,
d. h. er wird den Geist und den Standpunkt desselben aus-
drückend die Darstellung in ihm bewirken helfen. Er muß
aber zugleich auch Anteil haben an einem höheren, in welchem
er überwiegend rezeptiv ist, und aus diesem, was er in ihm
empfangen hat, in seinen Kreis übertragen. Und ebenso
soll er auch Anteil haben an einem Kreise unter ihm, in
welchem er produktiv wirkend und gesetzgebend sein muß.
Auf diese Weise muß sich durch alle verschiedenen Kreise ein
lebendiger Zusammenhang hindurchziehen. So ist freilich
notwendig, daß Abstufungen existieren; aber es wird auch
immer noch eine Lücke sein, wenn nicht außerdem ein unmittelbarer Zusammenhang ist zwischen der Darstellung der
höchsten Stände und in der Masse selbst; nicht bloß so, daß
von den höchsten Ständen unmittelbar auf die Darstellungsweise der Masse gewirkt wird, was sich immer nur in ge-

ringerem Grade wird bewerkstelligen lassen, sondern ganz vornehmlich so, daß die höheren Kreise empfänglich sind für die Darstellungsweise der niederen. Vernachlässigen die höheren Stände diesen Zusammenhang, so machen sie sich ihres Standpunktes unwürdig; denn dieser legt ihnen die Pflicht auf, das Volksleben am bestimmtesten und am reinsten darzustellen. Das also ist das Ziel, dem jeder in seiner geselligen Darstellung nachstreben muß, und weil gerade das Christentum im kirchlichen Leben alle verschiedenen Abstufungen zusammenbringt und da eine unmittelbare Verbindung stiftet zwischen den bürgerlich Höchsten und Niedrigsten, so ist damit auch die Möglichkeit gegeben für eben dasselbe auf dem Gebiete der geselligen Darstellung, so daß wir eben unter der Voraussetzung der Christlichkeit der Gesellschaft diese Forderung mit Recht stellen können. Aber indem wir die Darstellung eines Volkes als eine Einheit ansehen müssen und als für andere Völker bestimmt, so wird damit postuliert, daß auch andere Völker sich darstellen für dieses, so daß ein allgemeiner Zusammenhang aller Völker aufgegeben ist, der nur realisiert werden kann, wenn jedes Volk teilnimmt an der Darstellung aller übrigen. Darin liegt freilich, daß die Grenzen, die durch die Differenz der Sprachen und der Sitte gesteckt werden, wieder müssen vernichtet werden; aber das darf doch nur partiell geschehen. Es muß eine Gemeinschaft der Sprachen geben und auch der Sitte; denn ohne das ist der allgemeine Zusammenhang der Völker nicht zu realisieren, sondern jedes bleibt absolut für sich abgeschlossen, wie das die alten Völker beweisen, die die übrigen als βαϱβάϱους betrachten, d. h. als solche, mit welchen sie nicht in der Gemeinschaft der Darstellung sein könnten. Aber aus solcher Gemeinschaft entsteht auch sehr leicht eine Schwächung des nationalen Charakters der

Darstellung, und die höheren Stände werden diesem Übel am meisten ausgesetzt sein, weil nur die Gebildeten an der Gemeinschaft der Völker teilzunehmen imstande sind. Es ist also die Aufgabe, den Zusammenhang der verschiedenen Völker so einzurichten, daß die Volksmäßigkeit der Darstellung nicht dadurch gestört wird. Wenn man nun statt der Gemeinschaft der Sprachen eine allgemeine Konversationssprache eintreten läßt, so ist das ein falsches Hilfsmittel. Denn so gewiß es ist, daß die Kraft des Nationalen nicht geschwächt wird durch die Teilnahme an verschiedenen Sprachen, so gewiß ist es, daß sie leidet, wenn die Muttersprache einer anderen nachgesetzt wird, wie wir Deutschen das sattsam erfahren haben durch die Herrschaft, die der französischen Sprache eingeräumt war. Sich aber in der eigenen Sprache abzuschließen und gar keine andere lernen zu wollen, ist das entgegengesetzte Extrem, das des Hochmutes, das um nichts besser ist als jenes, welches die Nationalität vernichtet. Zwischen beiden liegt allein die lebendige Gemeinschaft der Sprachen, und darum ist diese auch das allgemein sittlich geforderte. Und ebenso verhält es sich in Beziehung auf die Sitte. Bildet sich in den höheren Gesellschaftskreisen der verschiedensten Völker eine und dieselbe Sitte, so wird das Nationale geschwächt, was in dem Maße gefährlicher wird, als der Zusammenhang zwischen den höheren und niederen Ständen schon geschwächt ist, wie z. B. England bei weitem weniger zu befürchten hätte von einer allgemeinen europäischen Sitte, als Deutschland. Darum muß das Volkstümliche überall ein Gegengewicht geben gegen das Streben nach einer allgemeinen den Charakter des Volkes leicht gefährdenden Sitte; aber die Annäherung der verschiedenen Volkssitten ist immer auch so weit aufgegeben, als sie zur Realisierung eines lebendigen Zusammenhanges unter den verschiedenen Völkern unentbehrlich ist.

Aber wie es Verschiedenheiten giebt gleichsam im Raume der Gesellschaft, die durch das Prinzip der brüderlichen Liebe ausgeglichen werden müssen, so giebt es auch Verschiedenheiten in der Zeit, in der allmählichen Entwicklung dieses ganzen Gebietes. Dabei kommt nun besonders dieses in Betracht, daß die gesellige Darstellung immer schon vorhanden ist, ehe sich die Gesellschaft in eine christliche umwandelt. Daraus muß eine Verschiedenheit der Ansichten entstehen darüber, inwiefern gewisse Elemente der Darstellung im Gegensatze gegen das Christentum stehen oder nicht. Gehen wir auf die vorchristliche Zeit zurück, so ist da überall das Gebiet der religiösen und der geselligen Darstellung weniger gesondert, also auch die religiöse sich hineinverbreitend in die gesellige. In allen Künsten finden wir bei den Alten überall Gebrauch gemacht im Gebiete des geselligen Lebens von demjenigen, was ursprünglich der religiösen Darstellung angehört, also ein Verfahren, welches nach unserer Ansicht den Charakter der Frivolität an sich trägt. Bei den Alten nahmen aber auch die Frommsten keinen Anstoß daran, die Philosophen etwa ausgenommen, wenn auch in der epischen und in dem ganzen Umfange der dramatischen Poesie von den Göttern die Rede war; und der Gebrauch der Götterbilder auch im häuslichen Leben war etwas durchaus Gewöhnliches. Nun fragt sich, inwiefern dieses deswegen, weil der religiöse Gehalt dabei schon verloren war, in die christliche Darstellung übergehen konnte. Wir haben hier keine andere Regel, um darüber zu entscheiden, als die, welche Paulus aufstellt in Beziehung auf das Götzenopfer, wenn er sagt: Ich für mein Teil weiß, daß ein Götze nichts ist; aber inwiefern doch bei den Heiden selbst ein Glaube mit dem Götzenopfer verbunden ist, und ein Christ auch an meiner scheinbaren Teilnahme am heidnischen Glauben Anstoß

nehmen könnte, enthalte ich mich der Sache. Nun beruht
die gesellige Darstellung immer auf einer sehr verschieden
zusammengesetzten Gemeinschaft; es kommt also alles darauf
an, welches das herrschende Gefühl in der Gesellschaft ist,
der man angehört, und wie sie solche Dinge beurteilt.
Man hat z. B. gefragt, ob es christlichen Dichtern erlaubt
sein könne, mythologische Vorstellungen ihren Gedichten ein-
zuweben. Die Praxis ist es in unserer Litteratur fortwährend, und wir können nicht sagen, daß das Publikum,
das Volk überhaupt, sofern es empfänglich ist für ein Kunstgebiet, Anstoß daran genommen habe. Der Glaube, daß
es bloß Dichtung ist, ist auch viel zu tief eingewurzelt, als
daß noch irgendein religiöser Schein darauf ruhen könnte.
An sich ist also nicht abzusehen, wie etwas gegen den Gebrauch des Mythologischen bei uns könnte einzuwenden sein,
wenn es als bloßes Darstellungsmittel angesehen wird.
Allein es kann doch wohl einzelne Gesellschaften geben, die
Anstoß daran nehmen, wenngleich nur weil sie irren, und
ist irgendwo ein solches irriges Gefühl allgemein verbreitet,
so ist man verpflichtet, es zu berücksichtigen, weil sonst die
Darstellung ihres Zweckes verfehlen würde; aber auch nicht
länger hat man es zu berücksichtigen, als bis die irrige Vorstellung berichtigt ist. In der älteren Kirche finden wir
noch einen anderen Fall als schwierig aufgestellt. Es war
nämlich die bildende Kunst ein sehr weit verbreiteter Ge-
werbszweig, und auch unter den Christen gab es solche,
welche sich auf die Verfertigung heidnischer Götzenbilder legten.
Das wurde statuiert und nachgesehen im allgemeinen, aber
von einzelnen Lehrern auch streng verworfen. Natürlich war
ein solches Geschäft, im großen betrieben, immer von der
Art, daß die Götzenbilder nur Formen waren von Gefäßen
oder mehr Verzierungen, und da kann man offenbar nicht

jagen, ihre Verfertiger hätten auch nur mittelbar am Götzen-
dienste teilgenommen. Es war also auch kein Grund
es zu tadeln, und am wenigsten, wenn der Christ es sich
nicht als Christ gewählt, sondern längst ausgeübt hatte, ehe
er Christ war. Was aber uns betrifft, so ist nun dieser ganze
Stoff in die christliche Kunst übergegangen, sowie wir überhaupt in unserer ganzen geselligen Bildung mit jener vorchristlichen Zeit zusammenhangen und unsere Kultur darauf-
gegründet ist. Und das sollte niemand tadeln. Denn waren
auch nach unserer Ansicht die Alten frivol, indem sie das,
was ihnen das Göttliche war, in den Kreis ihrer geselligen
Darstellung hineingezogen, so ist doch für uns das alles
nicht mehr das Göttliche, sondern nur etwas, was einerseits
die alte Zeit uns vergegenwärtigt und also geschichtlichen
Wert hat, anderseits den, daß wir es als eine Symbolik
der Natur und der menschlichen Leidenschaften gebrauchen
können, also ein Gebiet von Darstellungsmitteln, dessen wir
uns nicht leicht entäußern können. Daher, wenn nur sonst
kein moralischer Mißbrauch davon gemacht wird, kann man
an sich nichts unrechtes darin finden, wenn auch das ganze
Gebiet der mythologischen Religionen des Altertums in den
Kreis unserer geselligen Darstellung mit hereingezogen wird.
Wir können uns auch nicht denken, daß hierin eine allgemeine
Änderung eintreten wird, ausgenommen wenn unsere ganze
Bildung sich immer mehr von dem Zusammenhange mit
dem Altertume losmacht; denn dann würde freilich diese
Zeit selbst uns ferner treten und fremder werden, und die
Elemente derselben würden immer weniger sich dazu eignen,
in unsere Darstellung aufgenommen zu werden. Und in
dieser Beziehung findet sich allerdings in der Geschichte unserer
Bildung ein Schwanken, oft eine Rückkehr zu einem genaueren
Verkehre mit dem Altertume und dann wieder ein Bestreben,

17*

uns von demselben zu entfernen und unsere Bildung rein
zu nationalisieren. Beide Bestrebungen müssen nebeneinander
bestehen; aber es ist auch nicht einzusehen, daß jemals aus
ihrem relativen Gegensatze ein anderes Resultat hervorgehen
sollte als jenes Schwanken. Der Grund davon ist auch
eigentlich nicht ein religiöser, sondern der nationale; ein
religiöser nur per accidens. Denn je mehr wir jene Zeiten
in unser Darstellungsgebiet aufnehmen, desto weniger ist
dieses rein national, und mit den Gegenständen des Altertums drängen sich auch die Formen desselben auf. Und
umgekehrt, in demselben Maße als man sich auf diesem
Gebiete vom klassischen Altertume entfernt, kehrt man zur
heidnischen Zeit unseres eigenen Volkes zurück. Darum
kommt alles darauf an, daß man sich die Sache richtig vor-
stellt, um nicht von Vorurteilen eingenommen zu werden,
die ganz unnütze Beschränkungen hervorbringen.

Aber auch darüber sind die Ansichten unter uns verschieden, ob das religiöse und das gesellige Gebiet mehr zu
sondern sind oder mehr zu vereinigen. Die katholische
Ansicht nähert sich auffallend der heidnischen Praxis; denn
offenbar geben der religiöse Pomp im katholischen Gottesdienste und die gehäuften Pausen, die in das wirksame Leben
hineingebracht werden, eine Veranlassnng, daß sich beide, die
religiöse und die gesellige Darstellung mischen. Es tritt
jedesmal ganz bestimmt ins Bewußtsein, daß die Feiertage
zwar einer bestimmten religiösen Veranlassung ihren Ursprung
verdanken, aber doch auch angesehen werden als die Quelle
einer Erweiterung des geselligen Vergnügens, und so schiebt
sich immer das Gesellige und das Religiöse ineinander. Bei
uns dagegen hat der Gottesdienst überhaupt eine strengere
Form. Er nimmt den Geist auf eine Weise in Anspruch,
daß er sich der Anstrengung nähert, und entfernt sich da-

durch von dem Gebiet der geselligen Darstellung, eben weil
in dieser das Motiv ist, daß die Anstrengung ruhen soll.
Daher ist bei uns eine solche Vermischung nicht zu besorgen,
weil sie uns auch bei weitem mehr zuwider ist, als den
Katholischen. Es ist aber auch noch auf die große sinnliche
Mannigfaltigkeit in den Gegenständen der religiösen Verehrung zu achten. Denn wenn auch die katholische Kirche
buchstäblich in ihrem Dogma die Verehrung der Heiligen
nicht zugiebt, so werden ihr diese Personen doch wirklich
religiöse Gegenstände, und das giebt eine scheinbare Annäherung an den Polytheismus. Bedenkt man dazu, wie
nahe das Gebiet der Legende an das mythologische grenzt,
so muß man es ganz natürlich finden, daß davon nicht bloß
der heilige Gebrauch für die religiöse Darstellung gemacht
wird, sondern auch eine Annäherung stattfindet an den fri-
volen Gebrauch, der von den Göttern im Altertume gemacht
wird, und also ein Übergang zum geselligen Spiele, ja zum
Scherze. In den eigentlich katholischen Ländern, besonders
in den romanischen, findet man das so ganz in der Ordnung,
daß es uns völlig so gemahnt, wie das Mythologische im
Altertume, das ganz in das gesellige Leben hineingezogen
wurde. Wenn nun keine innere Stimme sich dagegen er-
hebt, so ist es in dem Maße etwas Unschuldiges, in welchem
dem religiösen Gebiete der Darstellung kein Eintrag dadurch
geschieht. Uns freilich liegt dieses so fern, daß wir uns
nicht gut hineinversetzen können; aber der Eindruck, den wir
davon haben, wird immer ein solches milde Urteil begründen. Wir sagen: Es liegt uns fern; denn das wenige
ähnlicher Art, was bei uns vorkommt, nimmt gleich einen
ganz anderen Charakter an, den nämlich, daß es in tote
Formen übergeht. Wir können uns das verdeutlichen an
dem gegenwärtigen Zustande. Jetzt sind z. B. die Kruzifixe

und Kreuze ein Gegenstand der Mode geworden. Im ersten Ursprunge wird uns das immer als ein Mißbrauch des Gegenstandes erscheinen, denn dieser verliert dadurch seine religiöse Bedeutung; aber das geschieht auch so schnell, daß wir kaum Zeit haben, den störenden Eindruck aufzufassen, und solange nun niemand sich etwas dabei denkt, solange niemand ein Kruzifix im Schmucke hat, um auch die heitere Gesellschaft dadurch zu religiöser Stimmung aufzufordern, solange können wir es entschuldigen; so wie dagegen eine Absicht darin hervortritt, so wird es verletzend. Dabei ist aber wohl zu beherzigen, daß bei uns das Kruzifix kein wesentlicher Gegenstand der kirchlichen Architektur ist, daß also auch bei uns daran keine unmittelbare Beziehung haftet auf das Gebiet der religiösen Darstellung; und nur unter diesen Verhältnissen können wir sagen, daß es, sich auch im Kleinen wiederholend, keine Ansprüche daran macht, religiös zu erregen. Fragen wir aber: Wie konnte man denn darauf kommen, in der protestantischen Gesellschaft das Kruzifix zu einer Schmucksache zu machen? so ist es nur aus dem Ver- kehre mit den Katholischen zu erklären, und insofern schon könnte man, wiewohl nicht ohne Übertreibung, Anstoß daran nehmen als an einer Annäherung an den Katholizismus. Ganz und gar aber ändert sich das Verhältnis, wenn man gerade jetzt auch anfängt, das Kruzifix häufiger in unserer protestantischen Architektur anzuwenden und als wesentlichen Bestandteil des Altares anzusehen; denn nun soll ihm eine bestimmte religiöse Bedeutung beigelegt werden, und dadurch wird der Gebrauch desselben in der Gesellschaft ein wirk- licher Mißbrauch. Für sich betrachtet ist freilich keins von beiden schlechthin zu verwerfen, aber beides zusammen kann unmöglich bestehen, ohne den reinen evangelischen Sinn zu gefährden. Es muß also eins von beiden aufgegeben werden, das Kruzifix als Schmuck oder das Kruzifix als wesentlicher Bestandteil der kirchlichen Architektur, wenn unser Gefühl nicht in Verwirrung befangen sein soll.

Dies führt uns nun auf den letzten Punkt, von dem auch schon im allgemeinen die Rede gewesen ist, daß nämlich auch in dem Gebiete der geselligen Darstellung, sowohl was ihren Inhalt, als was ihr richtiges Verhältnis betrifft, zur religiösen Darstellung und zum wirksamen Handeln, eine beständig fortgehende Verständigung notwendig ist, die bald mit dem Charakter des reinigenden, bald mit dem des intensiv erweiternden Handelns auftritt. Wir haben gesehen, wie dieses Gebiet der geselligen Darstellung seinen notwendigen Ort hat in der allgemeinen sittlichen Aufgabe, aber auch, welche besonderen Schwierigkeiten es hat, es ganz rein zu halten. Da muß also der Ausübung selbst eine beständige Prüfung zur Seite gehen. Es ist aber etwas Falsches indiziert überall, wo entweder die gesellige Darstellung in das Sündliche ausgeht, oder ein Streit entsteht zwischen ihr und der religiösen Darstellung einerseits, und zwischen ihr und dem wirksamen Handeln anderseits; und so ist es eine eigentümliche Gewissenssache für jeden, der irgend Einfluß hat in der Gesellschaft, und den hat in einem gewissen Maße jeder, an der Prüfung teilzunehmen. Doch eben weil hier alles auf der Bestimmtheit des Gefühls beruht, so kann die Verständigung nicht vor sich gehen ohne die größte Duldung und die bestimmteste Achtung für die Modifikation des Gefühls, wie sie in andern ist, und niemand kann Einfluß gewinnen auf Reinigung und Vervollkommnung dieses Gebietes, als wer sich ganz unbefangen in die Gefühlsweise anderer hineinzudenken vermag. So wie hier ganz besonders das Wort gilt: Dem Reinen ist alles rein, so gilt das auch von der Verschiedenheit der Ansicht. Wer selbst rein ist, der wird leicht das Reine in den verschiedenen Vorstellungen anderer aufzufinden wissen, sei es, daß sie der strengeren, sei es, daß sie der laxeren Richtung folgen, und so gilt auch hier und hier ganz besonders die Regel des Wahrheitsuchens in Liebe.